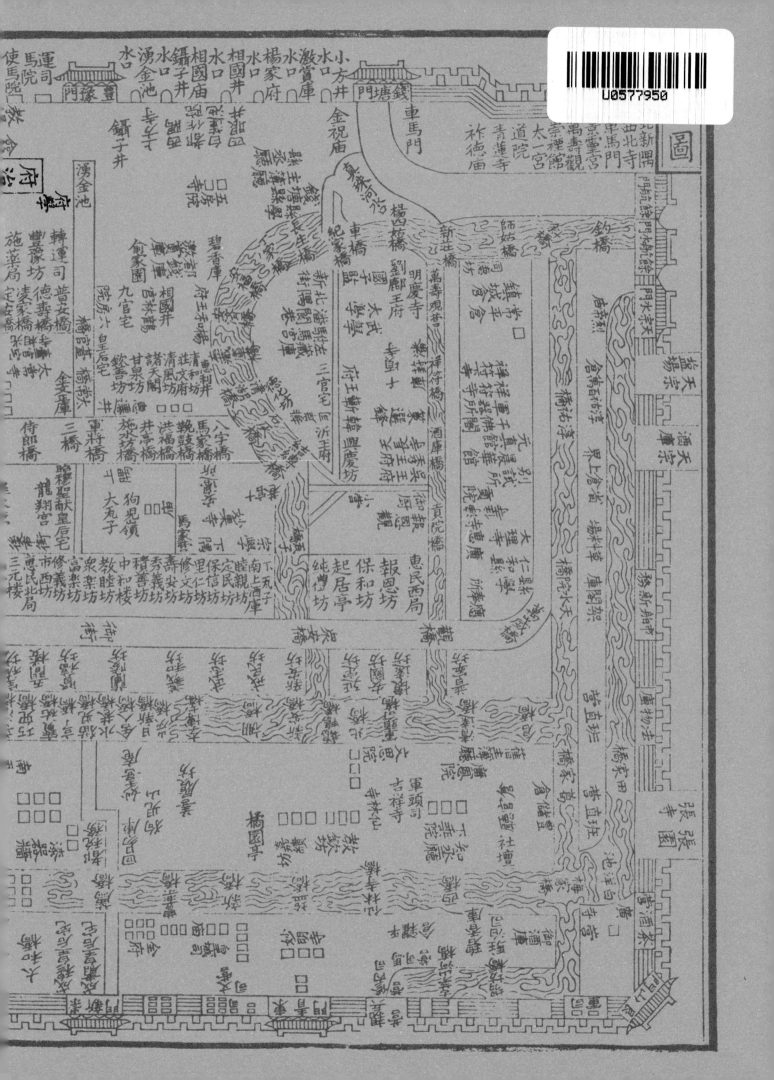

本书的出版得到
国家重点文物保护专项补助经费资助

临安城遗址考古发掘报告

南宋临安府治与府学遗址

杭州市文物考古所 编著

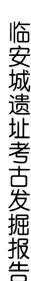

文物出版社

封面设计　张希广

责任编辑　谷艳雪　黄　曲

责任印制　陆　联

图书在版编目（CIP）数据

南宋临安府治与府学遗址/杭州市文物考古所编.—北
京：文物出版社，2013.2
ISBN 978−7−5010−2640−1

Ⅰ.南⋯　Ⅱ.杭⋯　Ⅲ.①国家行政机关−文化遗址（考
古）−考古发掘−发掘报告−临安（历史地名）−南宋
②学校−文化遗址（考古）−考古发掘−发掘报告−临安
（历史地名）−南宋　Ⅳ.K878.05

中国版本图书馆CIP数据核字（2008）第197922号

南宋临安府治与府学遗址

杭州市文物考古所　编著

＊

文　物　出　版　社　出　版　发　行

（北京东直门内北小街2号楼）

http://www.wenwu.com

E-mail:web@wenwu.com

北京圣彩虹制版印刷技术有限公司印刷

新　华　书　店　经　销

889×1194　1/16　印张：23　插页：4

2013年2月第1版　2013年2月第1次印刷

ISBN 978−7−5010−2640−1　定价：360.00元

Report on Archaeological Excavation to the Site of Lin'an City

The Sites of Lin'an Prefecture Administration and Prefecture School of the Southern Song Dynasty

(With Abstracts in English and Japanese)

by

Hangzhou Municipal Institute of Cultural Relics and Archaeology

Cultural Relics Press

Beijing · 2013

前 言

南宋临安城遗址位于浙江省杭州市上城区和下城区。2001年6月，经国务院批准，公布为第五批全国重点文物保护单位。2005年，又被国家文物局列入"十一五"文物保护专项规划库百处重点大遗址之一。由于特殊的历史原因和特定的地理环境，临安城以其特有的南方都城形制令世人瞩目，临安城的考古工作也因近年来屡有重要发现令世人关注。

一

杭州第一次建造州城是在距今1400多年的隋朝。据文献记载，隋开皇九年（589年），废钱唐郡，置杭州。十一年（591年），移州治于柳浦西，依山筑城，"周围三十六里九十步"①。五代吴越国时期，杭州成为偏居一隅的小国都城，免于兵戈之扰，经几度扩建，其周围城垣达到七十里，"富庶盛于东南"②。至北宋时，杭州被誉为"东南第一州"③，声名远扬。南宋建炎三年（1129年）高宗升杭州为临安府，绍兴八年（1138年）正式定都临安。④至此，杭州（临安）一跃成为南宋的政治、经济和文化中心，前后近140年。

南宋临安城包括皇城和外城。与北方平原方正的城市形态迥然不同，临安城襟江带湖，依山就势，是南方山水城市的典型代表。由于城市南部和西南部为地势较高的丘陵地带，北部和东南部为平原水网地带，加上历史上形成的传统城市行政中心所在，以及南渡之初政局的动荡，故南宋皇城也建于地势较高的凤凰山东麓，从而形成了中国古代城市制度中别具特色的南宫北城的城市布局。

南宋皇城也即宫城、大内，其总体布局按照北宋汴京大内规划，但规模不及。它依托凤凰山，围绕回峰（今馒头山），利用自然地形布置宫殿、园囿和亭阁。宫殿布局因山就势，气势浑成，是中国古代利用地形组织建筑群的优秀例证。外朝的大庆殿和垂拱殿均位于皇城的南部，太子宫即东宫位于皇城的东南部。一般宫殿、寝殿及后宫都在北部，后苑建在西北部，基本符合"前朝后寝"的惯例。皇城南门丽正门虽为正门，但由于皇城位于整个临安城的南端，只有在行郊祀大礼等特殊的时候，文武高官才允许经此门出入。而皇城北门和宁门成为事实上的正门，官员上下朝即由此门进退，杭人称之为"倒骑龙"。在今望仙桥东，另建有专为高宗、孝宗禅位后安度晚年的德寿宫（重华宫），形成南内（皇城）与北内（德寿宫）并置的特殊格局。

外城即罗城，平面近似长方形，南北两面的城墙较短，东西两面城墙长而曲折。它南跨吴山，北到武林门，东南望钱塘江，西临西湖。城四周筑有高大的城墙，高三丈余，基广三丈，厚丈余，并环以宽阔的护城河。城四周开有钱湖门、清波门等13个城门及5个水门。⑤

① [宋]周淙《乾道临安志》卷二《城社》，见《南宋临安两志》，浙江人民出版社，1983年版。
② [宋]袁枢《通鉴纪事本末》卷三十九上《钱氏据吴越》，中华书局标点本，1964年版。
③ [宋]祝穆《方舆胜览》卷一《临安府》，中华书局标点本，2004年版。
④ [宋]潜说友《咸淳临安志》卷一《行在所录·驻跸次第》，道光庚寅钱唐振绮堂汪氏仿宋本重雕，江苏广陵古籍刻印社，1986年版。
⑤ [宋]吴自牧《梦粱录》卷七《杭州》，知不足斋丛书本，浙江人民出版社，1984年版。

图一
上世纪90年代在原址新建的凤山水门

　　临安城以一条纵贯南北的大道（即御街、"天街"，今中山路、凤起路西段）为中轴线。在皇城至朝天门（今鼓楼）一带的御街沿线有太庙以及三省六部、枢密院、五府等重要机构，其中和宁门至六步桥路口一段实际上具有外朝的性质，是元旦和冬至大朝会时的会集排班之所。城市的中、北部是居民区和商业区。城内虽设有九厢以利管理，但官署与居民的坊巷间杂，如御史台在清河坊（今河坊街）之西，秘书省在天井巷（今小井巷）之东，五寺、三监、六院等均分布在临安城内各坊巷间。⑥

　　临安城的礼制性建筑也不像北宋汴京城那样在御街两侧对称设置。如赵氏祖庙——太庙位于城南中山南路的西侧，而景灵宫则在临安城西北的新庄桥，以刘光世、韩世忠旧宅改建而成。景灵宫附近还建有供奉昊天上帝和圣祖、太祖以下皇帝的万寿观，以及供奉五福太乙神的东太乙宫。⑦

　　临安城内河渠众多，有盐桥运河（也称大河，即今中河）、茅山河、市河、清湖河等，除了御街外，还有四条大的横街，横街之间是东西向的小巷，共同构成了纵街横巷、水陆并行的街网布局，是中国自宋代以来形成的长方形"纵街横巷式"城市布局的典型代表。

　　宋亡以后，南宋皇宫先遭火焚，后被改为佛寺。元朝为示一统天下，禁止修筑城墙，临安城墙与城门也逐渐被夷平。至元末，张士诚割据两浙，以杭州为据点，于元至正十九年（1359年）改筑杭城，东城向外拓展三里，西北改曲为直，南城则内缩，将原南宋皇宫所在地块截于城外；废南宋钱湖门、东便门、保安门、嘉会门等四座旱城门，新建凤山门⑧；又更换了一些城门名称，如新开门改称永昌门，崇新门改为清泰门，东青门改称庆春门等，从而奠定了明清杭州城的基本格局。⑨辛亥革命后，杭州城门相继拆除，独留至正十九年建造的凤山水门。（图一）所谓"宋朝宫殿元朝寺，废址秋风感黍离"⑩，繁华一时的临安城如今已为现代城市所覆盖。

⑥ [宋]潜说友《咸淳临安志》卷一《行在所录·皇城图》，道光庚寅钱唐振绮堂汪氏仿宋本重雕，江苏广陵古籍刻印社，1986年版。
⑦ [宋]潜说友《咸淳临安志》卷三《行在所录·郊庙》，道光庚寅钱唐振绮堂汪氏仿宋本重雕，江苏广陵古籍刻印社，1986年版。
⑧ 凤山门包括一座旱门和一座水门。
⑨ [明]田汝成《西湖游览志》卷七《南山胜迹》，浙江人民出版社，1980年版。
⑩ [明]释宗泐《全室外集》卷七《七言绝句·秋日钱塘杂兴》，台北商务印书馆，1983年版。

南宋临安府学遗址

南宋临安府治遗址

南宋德寿宫遗址

南宋京城城墙遗址

南宋恭圣仁烈皇后宅遗址

南宋太庙遗址

南宋御街遗址

南宋三省六部遗址

南宋修内司官窑窑址

南宋皇城遗址

南宋郊坛下官窑窑址

图二
临安城遗址考古调查与发掘
地点分布图

二

临安城考古工作始于20世纪50年代。1956年，浙江省文物管理委员会对乌龟山南宋官窑首次进行考古发掘。1983年秋，由中国社会科学院考古研究所、浙江省文物考古研究所和杭州市文物管理委员会办公室联合组成的临安城考古队，在队长徐苹芳先生的主持下，正式开始了对南宋临安城尤其是皇城遗址的调查、钻探与试掘工作。1984年，在杭州市文物管理委员会办公室的基础上，杭州市组建杭州市文物考古所，在积极参与临安城考古队调查与勘探工作的同时，开始独立开展配合基建的抢救性考古发掘工作。1993年以后，临安城考古队因故暂停工作，杭州市文物考古所主动承担了南宋临安城的考古调查与发掘工作。2012年，杭州市文物考古所更名为杭州市文物考古研究所，继续以临安城遗址作为本所的工作重点。二十多年来，在国家文物局、浙江省文物局、中国社会科学院考古研究所、浙江省文物考古研究所等单位及徐苹芳先生、张忠培先生等众多考古前辈的关心下，在杭州市园林文物局的直接领导下，杭州市的考古工作者坚持"保护为主，抢救第一，合理利用，加强管理"的方针，积极配合城市基本建设进行考古发掘，发现了包括皇城、德寿宫、太庙、官署、御街、皇后宅第、官窑等在内的大量与南宋临安城有关的重要遗

图三　南宋皇城北城墙

图四　凤凰山东麓宋高宗楷书石刻题记

址，使深埋地下的临安城遗址的轮廓逐渐清晰。其中，南宋太庙遗址（1995年）、南宋临安府治遗址（2000年）、老虎洞南宋窑址（2001年）、南宋恭圣仁烈皇后宅遗址（2001年）、严官巷南宋临安城御街遗址（2004年）等五项考古发现在"全国十大考古新发现"评选活动中榜上有名。2004年，为配合临安城遗址——皇城遗址保护规划的编制，在浙江省文物局的积极协调下，中国社会科学院考古研究所、浙江省文物考古研究所和杭州市文物考古所组建新的临安城考古队，由安家瑶任队长，重新启动了南宋皇城遗址的考古勘探工作。（图二）

（一）初步探明南宋皇城的四至范围及主要宫殿的位置所在

南宋皇城位于杭州市西南的凤凰山东麓，是宋高宗赵构于建炎三年（1129年）以临安为行在后、在北宋州治基础上扩建而成。元时皇城失火，宫室焚毁过半，又有恶僧杨琏真伽在此大兴寺庙，至明代渐成废墟。现皇城为单位和民居所覆盖，仅

在馒头山东麓及万松岭路南市中药材仓库的西侧地表尚存小部分城墙。（图三）凤凰山东麓尚有宋高宗楷书"忠实"（图四）、南宋淳熙五年（1187年）王大通书"凤山"及"皇宫墙"等石刻题记。

20世纪80年代，临安城考古队每年都有计划地对南宋皇城进行考古调查与钻探，并在万松岭、馒头山、南星桥、梵天寺东侧、宋城路一带几个关键部位进行试掘，确定皇城东城墙和北城墙的位置，同时探明了城墙的夯筑方法。⑪20世纪80年代后期以来，杭州市文物考古所对南宋皇城遗址进行了多次考古调查与发掘，为了解皇城的范围、宫内格局等方面提供了大量的实物资料，比较重要的有：1988年凤凰山小学发现砖砌道路及大型夯土台基；1989年市中药材仓库发现大型建筑遗址；1993年在馒头山上的市气象局基建工地清理一处南宋遗迹；1996年省军区后勤部仓库招待所发现南北向砖砌道路及夯土台基。临安城考古队也于1991年底及1992年初在省军区后勤部仓库内、市射击俱乐部南侧发现大型夯土台基及城墙遗迹。⑫2004年，新组建的临安城考古队在皇城四至范围的确定、文化层堆积与遗物的认识等方面又取得突破性进展。

目前，已探明南宋皇城的四至范围大致是：东起馒头山东麓，西至凤凰山，南临宋城路，北至万松岭路南。其中，皇城南城墙外有城壕，北城墙和西城墙采用人工夯筑与自然山体相结合的建造方式，充分利用自然条件构筑皇城的防御设施。皇城的东西直线距离最长处约800米，南北直线距离最长处约600米，呈不规则长方形，面积近50万平方米。皇城宫殿区主要位于省军区后勤部仓库一带。考古调查还发现，皇城南门——丽正门与皇城北门——和宁门不在同一条直线上，表明南宋皇城没有一条纵贯南北的中轴线。西城墙发现宽18米的缺口，可能与皇城西门有关。

（二）"北内"——德寿宫遗址的轮廓日渐清晰

德寿宫原系奸相秦桧旧第，后收归官有，改筑新宫，成为高宗赵构禅位于孝宗后颐养天年的地方。孝宗为表孝敬，曾将德寿宫一再扩建，其规模堪比南宋皇城。因此，当时的德寿宫又有"北内"之称。淳熙十六年（1189年），孝宗仿效高宗内禅，并退居德寿宫安享晚年，将德寿宫改称重华宫。此后，德寿宫又数易其主，名称几经变更，并随着南宋的衰败而逐渐被荒废。⑬今地面建筑无存。经过多次考古调查和发掘，德寿宫遗址的轮廓已日渐清晰。

1984年，为配合中河综合治理工程，临安城考古队在望仙桥至新宫桥之间的中河东侧发现一条南宋时期的南北向砖砌道路。该道路宽2米，砌筑整齐，路基厚达0.4米，距中河约15米，很可能与德寿宫遗址有关。

2001年9月至12月，为配合望江路拓宽工程，杭州市文物考古所对望江路北侧地块进行抢救性考古发掘，发现了德寿宫的东宫墙、南宫墙及部分宫内建筑遗迹。东宫墙呈南北向，揭露长度约3.8米，系夯土墙外侧包砖而成。在其西侧还发现一条长11.7米、残宽2.3米的砖道遗迹，直通南宫墙东端的便门。这次发现的东宫墙虽破坏严重，但它紧邻吉祥巷西侧，其位置与明田汝成《西湖游览志》卷十三《南山分脉城内胜迹·夹墙巷》中"夹墙巷（今吉祥巷），宋时德寿宫墙外委巷也"的记载相吻合。南宫墙位于望江路北侧，揭露长度31米，墙体通宽2米，残高0.83

① 《杭州市南宋临安城考察》，《中国考古学年鉴·1985年》，文物出版社，1985年版；《南宋临安遗址》，《中国考古学年鉴·1986年》，文物出版社，1988年版。

② 《南宋临安城皇城遗址》，《中国考古学年鉴·1993年》，文物出版社，1995年版。

③ [元]脱脱等《宋史》卷一百五十四《舆服六·宫室制度》，中华书局标点本，1977年版。

米，以砖包砌，拐角以石加固。宫内建筑遗迹可分为两组，由大型夯土台基、排水沟、过道、廊及散水等遗迹组成，规模宏大，营建考究。

2005年11月至2006年4月，为配合望江地区改造建设工程，杭州市文物考古所又对杭州工具厂地块进行了抢救性考古发掘，发现了西宫墙与便门、水渠（图五）、水闸与水池、砖铺路面、柱础基础、墙基、大型夯土台基、水井等与南宋德寿宫有关的重要遗迹。西宫墙呈南北走向，已揭露长度为9米，墙基宽2.2米，残高0.7米，墙体由黄黏土夯筑而成，两侧局部还残留长方砖和"香糕砖"错缝平砌而成的包砖痕迹。随着西宫墙的发现，德寿宫的西界由此确定。结合之前发现的南宫墙、东宫墙，德寿宫的范围更加清晰。同时发现的以曲折的水渠、水池、假山等为代表的园林建筑遗迹，规模宏大，构思精巧，为一窥南宋时期的皇家园林风貌、研究其布局与造园技术提供了宝贵的实物资料。

（三）御街——南宋临安城的中轴线

南宋御街又称"天街"，它南起皇宫北门——和宁门外（今万松岭南侧的凤凰山脚路口），经由朝天门（今鼓楼），往北到达今武林路一带，是南宋临安城的中轴线，在临安城的城市布局中起着重要作用。⑭自1988年起，杭州市文物考古所曾先后四次发现南宋御街遗迹。

1988年，杭州卷烟厂基建工地首次发现南宋御街。御街为南北走向，其中保存较好的残长26.65米，宽约3.85米，由"香糕砖"横向错缝侧砌而成，两侧以砖包边，做工考究。

1995年，紫阳山东麓发现了南宋太庙的东围墙及建筑基址，在东围墙外侧揭露了部分南宋御街遗迹，探明南北长约80米，揭露最宽处3.5米。其中太庙东围墙的部分墙体直接砌筑于御街之上。由于太庙营建于绍兴四年（1134年），该发现为探讨南宋御街的始建时间提供了重要的实物资料。

2004年，为配合万松岭隧道东接线严官巷段的道路建设，杭州市文物考古所对该地段进行了考古发掘，在严官巷东段北侧第三次发现南宋御街遗迹。该遗迹紧靠中山南路，南北走向，其东、南、北三面尚压在地层中，揭露部分南北长9.3米，东西宽2.5米。路面用"香糕砖"横向错缝侧砌，外侧用大砖包边，御街南端还发现了沟渠等遗迹。御街西侧另发现一砖砌的东西向通道，揭露长度为6.95米，宽8.5米，其主体可分为南北向并列的三段，每段宽度均在2米以上。（图六）

图五　南宋德寿宫遗址之大型水渠遗迹（西—东）

图六　严官巷南宋御街（南—北）

2008年，为配合中山路综合保护与有机更新工程的实施，杭州市文物考古所在中山中路112号进行考古发掘，发现上下叠压的两层御街遗迹及其排水沟，其中上层御街为石板铺筑，下层为香糕砖横向侧砌，宽度均为11.6米。

随着南宋御街的四度发现，基本可以确定南宋临安城的中轴线大部分位于今天的中山路一带并与之重合，中山路是由南宋御街逐步演变而来并一直沿用到现在。中山中路112号发现的上下叠压的两层御街，表明南宋御街经过了由砖砌到石板铺筑的营建方式的转变，关于南宋御街的砖、石之争也因此得以解决。

图七
临安城东城墙基础遗迹
（南—北）

（四）东城墙的发现，确定了临安城的东至

德祐二年（1276年），南宋灭亡。元朝下令拆毁诸州城墙，临安城墙也逐渐被夷为平地。⑮昔日的高墙深壕已为现代道路所覆盖，只留下"城头巷"、"金鸡（京畿的讹称）岭"等与之相关的地名。

2006年3月，为配合望江地区改造工程建设，杭州市文物考古所对望江路与吉祥巷交界处东侧地块（原杭州家具厂）进行抢救性考古发掘，发现南宋、北宋、五代等三个时期依次叠压的城墙基础遗迹。其中南宋城墙基础距地表2.3—2.5米，揭露南北长34.5米，东西宽15.65米，残高1.5—2米。（图七）经解剖发现，墙基主体部分宽9.7米，残高2米，系用大小不一的石块和粉沙土填筑而成，墙基东侧用石块包砌规整，外侧再打入一排排列整齐的松木桩加固墙基。墙基的东边为一宽6米的护基，由大小不一的石块和黄黏土堆砌而成，护基外侧另有两排木桩加固。城墙砖规格40.5×20×9.5厘米，一侧模印"嘉熙"（系南宋理宗年号）。

2011年9月至10月，为配合上城区东河边8号地下公共停车库项目建设，杭州市文物考古所对该地块进行考古勘探，在城头巷东侧又发现南宋临安城东城墙遗迹。

两次发现对研究五代、北宋、南宋三个时期城墙的结构和砌筑方法及杭州城市的变迁提供了重要的实物资料，也为全国重点文保单位——南宋临安城遗址保护范

④ [宋]潜说友《咸淳临安志》卷二十一《疆域六·御街》，道光庚寅钱唐振绮堂汪氏仿宋本重雕，江苏广陵古籍刻印社，1986年版。
⑮ [明]田汝成《西湖游览志》卷十四《南山分脉城内胜迹》，浙江人民出版社，1980年版。

图八
南宋太庙遗址之东围墙遗迹
（西北—东南）

围的划定提供了重要依据。

（五）太庙等系列重要建筑遗址——南宋官式建筑的实证

二十多年来，考古工作者在配合城市建设所进行的考古发掘中，陆续发现了许多南宋时期的宗庙、中央官署、地方行政机构等重要建筑遗迹，使人们对临安城这座深埋于地下的城市的印象与认识逐渐丰满起来，也为南宋官式建筑以及临安城城市布局的研究提供了重要的实物资料。

1．太庙遗址

太庙是帝王祭祀祖先的祖庙，也是临安城最重要的礼制性建筑之一。它始建于宋高宗绍兴四年（1134年），曾屡经扩建与修缮。1995年9月，杭州市文物考古所在城南紫阳山东麓发现了太庙东围墙、东门门址及房屋基址等遗迹。东围墙揭露长度为80米，厚1.7米，残高1.4—1.5米，全部用规则条石错缝砌成，墙内用石块及黄黏土充填。（图八）围墙内侧置散水，外侧为南宋御街。东门位于围墙中段，宽4.8米。房屋基址均建在用黄黏土夯筑而成的夯土基础上。该遗址规模宏大，营造考究，充分展示了明以前太庙的建筑格局及风貌。⑯

2．三省六部遗址

宋代中央行政机构实行三省六部制。三省即中书省、门下省和尚书省，是国家最高政务机构。六部则是尚书省的组成部分，是吏、户、礼、兵、刑、工各部的总称。1984年，临安城考古队在杭州卷烟厂发现规模较大的建筑遗迹及排水设施。1987年，杭州市文物考古所在中山南路的杭州东风酿造厂发现一处南宋建筑遗址，根据其位置以及方砖上模印"官"字等情况分析，这里应该是一处重要的南宋三省六部官衙用房遗址。1994年至1995年期间，杭州市文物考古所又在以大马厂巷为中心的杭州卷烟厂基建工地发现了大型房基、水沟、窖井等与三省六部

图九
南宋恭圣仁烈皇后宅遗址水池遗迹（东北—西南）

有关的重要遗迹。⑰

3．恭圣仁烈皇后宅遗址

2001年5月至9月，为配合四宜路旧城改造工程，杭州市文物考古所在中大吴庄基建工地进行的考古发掘中，发现了南宋恭圣仁烈皇后宅遗址主体建筑一处，包括正房、后房、东西两庑、庭院和夹道遗迹。正房、后房和两庑均建在夯土台基上，台基周围用砖包砌成台壁，地面全部用砖铺成。庭院和夹道均有完善的排水设施。正房面宽七间，进深三间，柱础石为水成岩，东西两庑面宽亦达七间。庭院的中部和北部保留有水池与太湖石垒砌的假山、砖砌的假山过道，规模十分宏大。⑱（图九）

4．临安府治遗址

临安府治是南宋京城临安的地方最高行政机构所在地，系在五代净因寺基础上扩建而成。⑲2000年8月，杭州市文物考古所在河坊街荷花池头发现南宋临安府治中轴线上的一组建筑，这是一组以厅堂为中心、前有庭院、后有天井、周围有厢房和回廊环绕的封闭式建筑群遗址。⑳（图一○）

5．临安府学遗址

宋代统治者汲取唐末武官专权的教训，大兴文人政治，文化教育事业兴旺发达。南宋时期，京城临安更是全国文化教育的中心，教育机构林立，分工细致。府学便是临安府设立的最高教育机构。2003年10月，杭州市文物考古所在荷花池头（新民村）发现一处与南宋府学相关的建筑遗迹，包括夯土地面、砖砌夹道、砖墙、散水、廊庑、天井等。

综观这些考古发现的南宋时期重要建筑遗迹，具有以下特点：

规模宏大，营建考究。建筑的主体一般位于大型夯土台基上，由黄黏土分层夯筑。如临安府治遗址、恭圣仁烈皇后宅的夯土台基均高50—80厘米以上。台基外

⑰ 杭州市文物考古所《杭州发现南宋临安城太庙遗址》，《中国文物报》，1995年12月31日。

⑱ 杭州市文物考古所《杭州发现南宋六部官衙遗址》，《杭州考古》1995年12月。

⑲ 《杭州吴庄发现南宋恭圣仁烈皇后宅遗址》，《2001年中国重要考古发现》，文物出版社，2002年版。

⑲ [宋]潜说友《咸淳临安志》卷五十二《府治》，道光庚寅钱唐振绮堂汪氏仿宋本重雕，江苏广陵古籍刻印社，1986年版。

⑳ 杭州市文物考古所《杭州南宋临安府衙署遗址》，《文物》2002年10期。

侧包砖，压阑石及柱础为灰白色水成岩。室内以长方砖或方砖墁地，临安府治遗址发现的方砖上还模印精美的花纹。室外地面和路面常用制作规整的"香糕砖"错缝侧砌。严官巷遗址发现的瓦当直径达23厘米，为临安城历年考古发现的瓦当之最。

设计巧妙、设施齐全。以排水设施为例：太庙遗址东围墙内侧有长方砖铺筑的散水，围墙底部有由内而外、穿墙而过的排水沟。临安府治遗址北区天井的内侧

图一〇
南宋临安府治遗址之西廊房及散水遗迹（北—南）

设置曲折形砖砌散水，并通过石构壶门与厅堂底部暗沟相通。恭圣仁烈皇后宅其东西两庑的廊檐下各有一南北向排水沟，正房和后房的廊檐下各有一东西向的排水沟，与庭院东北角、东庑台基下一砖砌暗沟相连。庭院中部设置长方形水池，其西壁压阑石上凿有溢水槽，其立面呈倒"凸"字形，分上下两部分。

园林建筑发达，造园技术高超。南宋临安城园林数量之多甲于天下，奢侈之风不亚于汴京旧都。帝王之宫，叠石如飞来峰，凿池似小西湖；贵戚豪吏之园囿，或占地半湖，或纵横数里。在园林设计上具有"因其自然，辅以雅趣"[21]，山水风光与建筑空间交融的风格，在我国园林史上留下了重要的一页。在"北内"德寿宫遗址、恭圣仁烈皇后宅、白马庙巷制药遗址都发现大量的以太湖石砌筑的假山遗迹；砖砌道路的两旁经常发现砖砌的花坛；德寿宫遗址以大型曲折形水渠，引水入宫。这都为研究中国古代南方园林尤其是南宋时期的园林布局和营造技术提供了重要的实物资料。

（六）官窑窑址与制药作坊——南宋手工业遗存的发现

南宋临安城内的手工业经济相当发达。手工作坊作为手工业经济发展的必然产物，也是南宋都城临安城市经济发达的标志。据文献记载，南宋时每一类商品都有其专门的制造作坊，仅《梦粱录》卷十三《团行》条所记载的就有二十二种之多，

且产品大部分是日常生活所需的各种物品。[22]按照经营者的不同，这些手工业作坊可以分为官营和民营两大类，而在官营手工业中则云集了全国最优秀的工匠。

1. 南宋官窑窑址

宋代是中国制瓷业发展十分兴盛的一个时期，出现了"官、哥、汝、定、钧"五大名窑，官窑瓷器在用料上不惜工本，造型与工艺精益求精，反映了当时制瓷业的最高水平。据史书记载，南宋在都城临安先后建有两座官窑，即修内司官窑与郊坛下官窑。[23]经过考古工作者多年的努力，郊坛下官窑与修内司官窑之谜已先后被破解。

图一一　老虎洞南宋官窑窑址之瓷片坑堆积

（1）乌龟山官窑窑址

位于杭州闸口乌龟山南麓，发现于20世纪20年代。1956年，当时的浙江省文管会曾在窑址南部进行首次局部发掘；[24]1985年，临安城考古队进行正式发掘，发现龙窑、素烧炉、练泥池、釉料缸、辘轳坑、堆料坑、素烧坯堆积、房基、排水沟及道路等遗迹，出土大量的碗、盘、壶等器物残片及鬲式炉、琮式瓶等仿古器物。其产品以深灰胎为主，胎质细腻；釉色以粉青和米黄色为正，但以灰青、黄褐、土黄色居多。按照胎、釉厚度的不同，其产品主要分为厚胎薄釉和薄胎厚釉两大类。除部分器物的外壁装饰有莲瓣纹外，大多是素面。此外，还发现了匣钵、支烧具和垫烧具等窑具。经研究考证，乌龟山窑址正是南宋两大官窑之一的郊坛下官窑。[25]

（2）老虎洞官窑窑址

位于杭州市凤凰山与九华山之间一条长约700米的狭长溪沟的西端，距南宋皇城北城墙不足百米。1996年因雨水冲刷而发现，经过杭州市文物考古所三次较大规模的考古调查与发掘，发现龙窑、素烧炉、采矿坑、练泥池、釉料缸、辘轳坑、房基等一大批制瓷遗迹，出土了大量造型规整、釉色莹澈的南宋时期瓷片。（图一一）目前已复原出数千件瓷器，有碗、盘、洗、盏托、套盒、盆、罐、壶、瓶及各式炉、尊、觚等二十余类，对系统研究宋代的制瓷工艺有极高的价值，也为深入研究南宋时期官营手工业的生产、经营和管理等问题提供了翔实的资料。根据地望及产品特征，特别是"修内司窑"铭荡箍的发现，证实老虎洞南宋窑址就是文献记载的南宋修内司官窑。[26]

2. 南宋制药作坊遗址

南宋时期的社会医疗保障体系已达到了比较完善的程度。绍兴六年(1136年)，朝廷于临安设熟药所四处。绍兴十八年(1148年)又改熟药所为"太平惠民局"。[27]熟药所的设立及相关制度的制定与实施，使成药使用有所普及，给民众医治疾病带来了便利，在中国医药学史上有其积极意义。此外，民间的药坊也十分兴盛，如当

㉒ [宋]叶绍翁《四朝闻见录》《戊集·阅古南园》，知不足斋丛书本，中华书局，1989年版。

㉒ [宋]吴自牧《梦粱录》卷十三《团行》，知不足斋丛书本，浙江人民出版社，1984年版。

㉓ [宋]顾文荐《负暄杂录》见元陶宗仪《说郛》卷一八，商务印书馆，1937年版；[宋]叶寘《坦斋笔衡》见《说郛》卷二九，中华书局，1959年版。

㉔ 浙江省博物馆《三十年来浙江文物考古工作》，载《文物考古工作三十年(1949年—1979年)》，文物出版社，1981年版。

㉕ 中国社会科学院考古研究所、浙江省文物考古研究所、杭州市园林文物局《南宋官窑》，中国大百科全书出版社，1996年版。

㉖ 杭州市文物考古所《杭州老虎洞南宋官窑址》，《文物》2002年10期。

㉗ [宋]王应麟《玉海》卷六十三《熙宁太医局》，据光绪九年浙江书局刊本影印，扬州广陵书社，2003年版。

图一二
白马庙巷制药遗址出土的
植物果核

时在惠民路一带有"杨将领药铺"等，在太庙前有"陈妈妈泥面具风药铺、大佛寺疖药铺、保和大师乌梅药铺"等。[28]

（1）惠民路制药遗址

1996年，杭州市文物考古所在惠民路中段距地表深约3米处发现一作坊遗址，为一座三开间的房屋，坐北朝南，用方形或长方形的砖砌墙或铺地。中间房内发现2个口沿与室内地面平齐的大陶缸，直径分别为0.87米和0.97米，深为0.95米和1.05米。遗迹以西的堆积层中发现与制药有关的大量"韩瓶"及其残片、石碾轮、石砧等。根据实物及地理位置推测，该处遗迹可能与私营制药作坊有关。

（2）白马庙巷制药遗址

2005年6月，杭州市文物考古所在白马庙巷西侧发现一处南宋制药遗迹，包括用于中药材浸泡、漂洗及去果肉的水缸和水槽，用于药材晾晒的天井以及粉碎果核的石质药碾子等。水缸中出土了大量具有药用价值的植物内核，包括乌梅核、甜瓜籽、樱桃核、青果核等。（图一二）据胡庆余堂中药博物馆的专家介绍，这些果核均可入药，具有保健养生之功效。其中乌梅可用于"肺虚久咳，久痢滑肠，虚热消渴，呕吐腹痛"，现在也还常用。据《船窗夜话》记载："孝宗尝患痢，德寿忧之。过宫，偶见小药局，遣使宣之。至，语以食湖蟹多故至此。医曰：'此冷痢也。用新米藕节热酒调服。'数服而愈，德寿乃大喜。以金杵臼赐之，乃命以官。至今呼为金杵臼严防御家。"[29]该制药作坊遗迹的位置临近严官巷，且建筑规格较高，很可能与"金杵臼严防御家"有关，它的发现为我国中药发展史的研究提供了珍贵的实物资料。

三

南宋临安城是一个被现代城市完全叠压的古代城址，又地处民居众多，人口密

[28] [宋]吴自牧《梦粱录》卷十三《铺席》，知不足斋丛书本，浙江人民出版社，1984年版。

[29] [清]丁丙《武林坊巷志》第二册《丰下坊一·严官巷》，浙江人民出版社，1990年版。

集的旧城区，在此条件下进行古城址的考察和保护工作，其困难之大是其他城址所无法相比的。

1．发掘项目的不可预见性

城市考古工作的主要任务是配合基建的抢救性发掘，因而与城市基本建设的周期密切相关。城市建设大发展时期，考古发掘项目就多；而当城市建设处于相对稳定时，考古发掘项目就少，甚至空白。这种项目的不可预见性给发掘工作带来许多不确定因素，如发掘工作无计划、发掘时间受限制等，致使发掘资料零散。

2．文物遗迹叠压关系的复杂性

杭州是一座重叠型城市，现代城市与古代城址基本重叠，各个时期的文物遗迹依次叠压，特别是南宋临安城遗址地处杭州旧城区，现在的许多道路就是由南宋逐渐演变而来，如现在的中山路就是在南宋御街的基础上，历经元、明、清、民国等时期逐渐演变成为现代城市的主要道路。元灭宋，临安城城墙被拆毁，其原址如今也已变成道路，考古勘探工作难度极大。

3．发掘面积的局限性

由于城市考古主要是配合基建进行的考古发掘，在21世纪之前，受发掘经费及当时文物保护意识的限制，发掘面积不能随工作的需要拓展，许多重要遗迹不能较全面的揭露，留下不少遗憾；进入21世纪，考古工作又面临几多无奈，随着大规模旧城改造的结束，到处都是钢筋混凝土结构的建筑，考古勘探与发掘的空间日益减小。

4．遗址保护与展示的复杂性

杭州旧城区地下水位普遍较高，1米以下地层就出水。而临安城遗址的许多重要遗迹往往在地下2-3米深处，保护和展示的难度非常大。同时，随着近年来国民经济的持续高速发展，能源和原材料消耗大幅增加，杭州已成为全国重酸雨污染的城市之一，以二氧化硫为主造成的酸雨危害已对遗址的保护与展示构成威胁，必须引起足够重视。

在城市建设日新月异的新形势下，如何面对困难，积极探索临安城考古工作的新方法和新思路，继续开展临安城遗址的考古工作，已成为杭州考古工作者必须面对的新课题。

1．结合文献及现地名，见缝插针，探明南宋临安城的范围及其平面布局

杭州的历史地名遗存以南宋时期的为最多，杭州历史地名中的坊名和巷名，就是从南宋时期开始的，而且大都沿用到今天。这些与杭州城市历史变迁有着紧密渊源关系的地名，为临安城遗址的考古工作提供了重要的线索。收集相关信息，加强考古调查，普遍钻探和重点试掘相结合，逐步探明临安遗址的范围和平面布局，是今后临安城考古的重要途径和主要任务之一。

2．抓紧历年发掘资料的整理和研究，逐步建立临安城遗址资料库

由于临安城遗址占地面积大，遗址上部为元、明、清及近现代杭州城市所叠压，地层堆积异常复杂，要完全搞清其内涵，涉及几代考古工作者的辛勤工作，考古资料的保存和积累就显得非常重要。要调整工作重点，利用主动调查和配合基建发掘的间隙，集中力量，抓紧历年积累的发掘资料的整理和研究，还清旧账。详尽

收集与临安城有关的历史文献资料，逐步建立集历史文献和考古资料为一体的临安城资料库。

3．增强课题意识，开展多学科合作研究

强化科技手段的运用，结合遥感物探等技术对临安城城垣进行调查勘探。与科研机构合作，开展临安城遗址考古地理信息系统建设。临安城内沟渠纵横，池苑众多。在这些沟渠、池苑的淤积层内，往往包含有比较丰富的动植物遗骸及花粉、孢子等，为深入研究南宋时期的自然环境提供了丰富的实物资料。同时，临安城是南宋的经济中心，官营和民营手工业非常发达，种类繁多，分工细致。陶瓷业、制药业、丝绸业等手工经济的发展，为开展多学科合作研究提供了广阔的前景。

4．考古发掘和文物保护并重

遗址的保护和展示要坚持面对现实、实事求是的原则。对于在城市基本建设中发现的重要文物遗迹，本着对文物的尊重和宽容，该保护的要坚决保护。文物遗迹的展示不能勉强，根据遗迹性质的不同，遗迹本体的大小，展示的方式也应有所区别。对于文物本体较大的展示，建立相应的遗址博物馆是一种很好的方法，新近建成并对外开放的严官巷南宋遗址陈列馆就是很好的实例；而文物本体较小的遗迹展示，可采取局部展示，适当复原的方式，以达到展示功能和效果的最大化。

四

南宋是中国历史上经济文化高度发展的时期，南宋临安城是这一时期社会经济文化繁荣发展的代表。因此，有关临安城遗址考古资料的整理和研究工作具有十分重要的意义。

经过文物考古工作者的不懈努力，临安城遗址的考古工作取得了明显的成果。作为考古工作的重要组成部分，考古资料的整理和报告出版工作也一直是临安城考古工作者的主要任务之一。20世纪80年代前期，临安城遗址的考古工作主要集中在对皇城遗址的调查和勘探上，受发掘条件（经费、面积等）及城市考古本身的局限，考古工作大多见缝插针，选取几个关键部位进行钻探和试掘，发掘资料尚处于逐步积累的阶段，初步整理成果已在《中国考古学年鉴》上发表。考古资料的整理和研究工作，加深了对临安城皇城遗址的范围及总体布局的认识。20世纪80年代后期，乌龟山南宋官窑经过第二次大规模发掘，积累了大量珍贵的实物资料。在相关单位和部门的多方支持下，临安城考古队组织人员，克服场地、经费等困难，经过朱伯谦、李德金、蒋忠义、陈元甫和姚桂芳诸位先生的共同努力，编写出版了临安城遗址的第一本发掘报告《南宋官窑》。报告通过对主要器物的类型学研究，提出南宋官窑瓷器可分为前后两期，根据出土的南宋晚期典型器物推断出窑场建于南宋初年定都临安前后，停烧于南宋灭亡时的观点。报告的出版使南宋官窑的研究进入一个新的阶段。

进入20世纪90年代，随着杭州城市大规模旧城改造的进行，杭州市文物考古所承担了大量配合基建的发掘任务。特别是2000年以后，随着文物保护意识的增强，为妥善处理文物保护与基本建设的关系，杭州市政府审时度势，要求文物部门加强对临安城遗址范围所在的旧城区内基本建设项目的监管和控制，并划定地下文物重点保护

区，规定在保护区内的基建项目，必须履行"先考古发掘，后建设"的原则。在时间紧、任务重、人员少的情况下，杭州市的考古工作者放弃节假日的休息，长年奋战在考古工作第一线，在推土机和挖掘机下，抢救了一大批重要文物遗迹。为及时将发掘资料公布于众，考古工作者利用考古发掘的间隙，先后整理编写出版了部分简报或图录，如《杭州老虎洞南宋官窑址》、《杭州南宋临安府衙署遗址》、《杭州卷烟厂南宋船坞遗迹发掘报告》[30]、《杭州严官巷南宋御街遗址发掘简报》[31]、《杭州白马庙巷南宋制药作坊遗址》[32]、《杭州老虎洞南宋官窑瓷器精选》[33]、《南宋御街》[34]等。

为了及早将多年来积累的临安城遗址考古发掘资料整理出版，自2006年起，在国家文物局和浙江省文物局的关心和支持下，杭州市园林文物局决定组织专业人员全力以赴开展历年发掘资料的整理工作，并在项目统筹、经费保障、人员调配、时间安排等方面给予全力支持。杭州市文物考古所及时调整工作重点，倾全所之力，专门成立历年考古发掘资料整理小组。在中国社会科学院考古研究所、浙江省文物考古研究所和文物出版社的大力支持下，杭州市文物考古所制定了详细的整理工作计划，争取尽快完成历年考古资料的整理出版。目前《南宋太庙遗址》、《南宋恭圣仁烈皇后宅遗址》发掘报告已经出版，其他发掘报告也将陆续完成。

临安城遗址占地面积大，考古工作大多呈点状分布，所揭露的遗迹现象既有相对的独立性，又有相互联系的地方。报告的编写将采取重点报告、部分组合的方法，力求全面、系统和客观地公布发掘资料。如太庙遗址、皇城遗址、德寿宫遗址、恭圣仁烈皇后宅遗址等将单独编写报告，而南宋御街遗址在杭州卷烟厂（1988年）、太庙巷（1995和1997年）、严官巷（2004年）和中山中路（2008年）均有发现和发掘，为保证发掘资料的完整性和系统性，《南宋御街遗址》将四地发现的御街遗迹集中在一本报告中。临安府治与府学均为南宋临安府的重要机构，两个遗址地点临近，故合编为《南宋临安府治与府学遗址》。南宋皇城遗址的考古工作起步早，所做工作较多，报告力争将历次考古资料均收集在内。

临安城遗址的保护和展示也是今后必须面对的问题。近年来，杭州市为此进行了一些有益的尝试和探索，如南宋官窑两座窑址的保护和展示、太庙遗址广场的建成，严官巷南宋遗址陈列馆的开放等，均取得了良好的社会效益，报告附录部分将收录相关遗址的保护材料。

部分考古项目由于历史的原因，存在资料不完整、图片质量差等情况，但考虑到资料的珍贵和对付出心血的前辈们的尊重，我们也将客观、真实地予以整理并编入相关报告中。由于临安城遗址的大部分考古项目属于配合基本建设的考古发掘，受工程量大、时间紧和发掘面积的局限，造成部分信息的不完整甚至缺失，失误之处也在所难免。希望通过资料整理和报告的编写，及时总结经验教训，对今后的工作有所改进和提高。

总之，临安城遗址的内涵极其丰富，许多不解之谜尚待通过考古这一特殊手段去解决。作为当今城市考古的重要组成部分，南宋临安城遗址的考古工作任重而道远。临安城的考古工作凝聚了国家、省、市众多文物考古工作者的心血和努力，也得到了各级政府及社会各界的关心和支持，编者在此谨代表杭州市文物考古研究所的全体同仁向各方表示衷心的感谢。

[30] 梁宝华《杭州卷烟厂南宋船坞遗迹发掘报告》，《杭州文博》第2辑，杭州出版社，2005年版。

[31] 李蜀蕾《杭州严官巷南宋御街遗址发掘简报》，《杭州文博》第3辑，杭州出版社，2006年版。

[32] 李蜀蕾《杭州白马庙巷南宋制药作坊遗址》，《杭州文博》第6辑，杭州出版社，2007年版。

[33] 杜正贤主编《杭州老虎洞南宋官窑瓷器精选》，文物出版社，2002年版。

[34] 张建庭主编《南宋御街》，浙江人民出版社，2006年版。

荷花池头

三衙前

南宋临安府学遗址

旧仁和署

南宋临安府治遗址

延
动
芳

定
安

惠南

民安

中
山
路

中
河
路

套波桥弄
光复路

河坊街

河坊街

望仙桥

望江路

中河

通江桥

四
路

一宜
路

鼓楼

十五奎巷

吴山

城隍阁

河
坊
路

银
坊
街

大井巷

城隍牌楼巷

抚宁巷

福德桥

丁
巷

江
城

高
山
街

稽院前巷

太庙遗址

太庙巷

紫阳山

革命烈士
纪念碑

云居山

万

万
松
岭
隧
道

清平山

市第四医院

严

马庙巷

官巷

白
马
南

稻接骨桥

上仓桥

松

岭

高
士
坊
巷

官
巷
路

上仓桥路

杭州卷烟厂

六部桥

凤山水门

凤
山
路

凤凰山脚

架

凤凰山

目　录

府治遗址

插 图 目 录

府学·插图：

彩 版 目 录

府 治 遗 址

第一章　遗址发掘的缘起与概况

2000 年，因上城区荷花池头至旧仁和署一带实施旧城改造，相关工程涉及地下文物保护，在施工前需对建设地块实施考古发掘。发掘前，我所考古人员首先对建设地块的范围进行了确认，其南至河坊街①，北至三衙前②，东至旧仁和署路③，西至荷花池头④，用地面积约 1.5 万平方米。（图 Ⅰ -1， Ⅰ -2）该范围应正处于文献记载的南宋临安府治的范围内。临安府治衙署是行在临安府的最高地方行政机关所在，其在临安城中的地位毋庸置疑。因此，该地块的考古发掘工作显得尤为重要。

南宋《咸淳临安志》中的《府治图》（图 Ⅰ -3）使我们可以清晰了解南宋时临安府治的四至范围及布局。⑤图中河道即清湖河，城墙即临安城城墙，至清末，该段河道及城墙均尚存。⑥民国初，拆除清波门以北旧城基建路，所建之路即今之南山路；民国二十五年（1936 年），填塞河道并筑路，其南北向段即今之劳动路，东西向段及府前之横街并为今河坊街之一段。⑦由此可知，南宋临安府治的范围东至劳动路，西至南山路，南至河坊街，但其北界尚难确定。⑧该建设地块，恰处于临安府治范围的中心区域。

---

① 今之河坊街东起江城路，西至南山路，邻近建设地块的一段原为河道，南宋时属清湖河，南宋临安府治位于清湖河北侧。据[宋]潜说友《咸淳临安志》卷三十五《山川十四》："（清湖河）西自府治前净因桥，过闸转北……"道光庚寅钱唐振绮堂汪氏仿宋本重雕，江苏广陵古籍刻印社，1986年版。

② 今之三衙前东接旧仁和署路，西连今荷花池头，呈东西向，约当清末民国时詹家弄，弄北自西向东依次有理事署、水利署和府照磨署。清末民国时的三衙前为南北向，北出涌金门直街，南对荷花池头（清代荷花池头据姚礼《郭西小志》记载在清波、涌金两门之间，地近勾山，而非今之路名）。参见[清]丁丙《武林坊巷志》第一册第774页，浙江人民出版社，1987年版；另见清宣统二年（1910年）据光绪十八年（1892年）浙江舆图局《浙江省城图》再版之图，杭州市档案馆《杭州古旧地图集》图137，浙江古籍出版社，2006年版。

③ 今之旧仁和署路南起今河坊街，北连今三衙前东端，其东侧区域现称旧仁和署，因元明清三代仁和县署所在而得名。在20世纪30年代杭州西湖中山书店发行的《最新实测杭州市街图》中可见北自今三衙前东端、南穿府前街接桥（比照《浙江省城图》知该桥为宣化桥）的道路，应即今之旧仁和署路。

④ 今之荷花池头为一道路，南起河坊街，北转西连南山路，其西侧为勾山里，地势略高处即为勾山。勾山在南宋时称竹园山，其上曾建竹山阁，属临安府治。参见《咸淳临安志》卷二十二《山川一·山·城内诸山》："竹园山，在府治之西南，……阴阳家以为今治所之主山。……建阁其上，平鉴西湖，匾曰竹山阁。景定三年……徙阁而虚其地。"

⑤ 宋刊本《咸淳临安志》附图（今藏日本静嘉堂），转引自傅熹年《中国古代城市规划、建筑群布局及建筑设计方法研究》，中国建筑工业出版社，2001年版。

⑥ 参见《浙江省城图》，前揭注。

⑦ 参见杭州市地方志编纂委员会《杭州市志》，中华书局，1995年版。

⑧ 今之三衙前应与清末詹家弄有重合，但比詹家弄长，詹家弄东端北侧在清末有府照磨署、经历署、司狱署三机构，而今三衙前北侧为新民村和浙江省气象局。参见《浙江省城图》，前揭注。

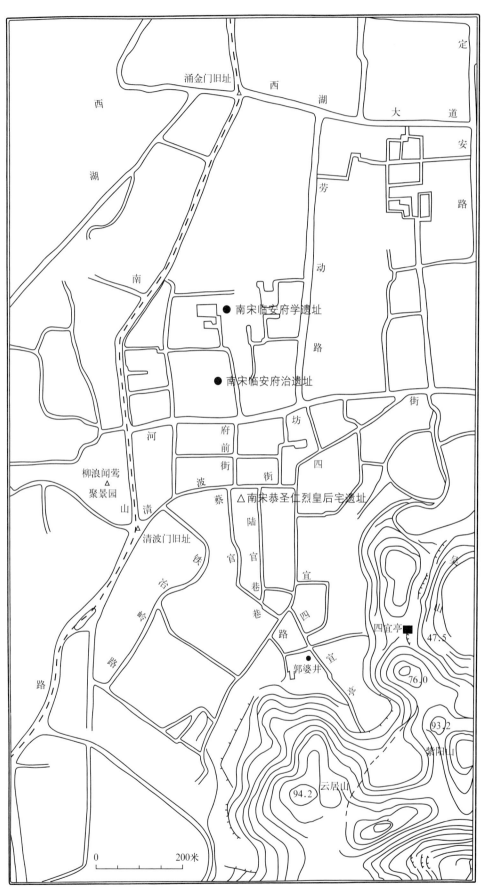

图 I-1 南宋临安府治、府学遗址地理位置示意图

（据1986年地形图。虚线为南宋临安城西城墙位置示意）

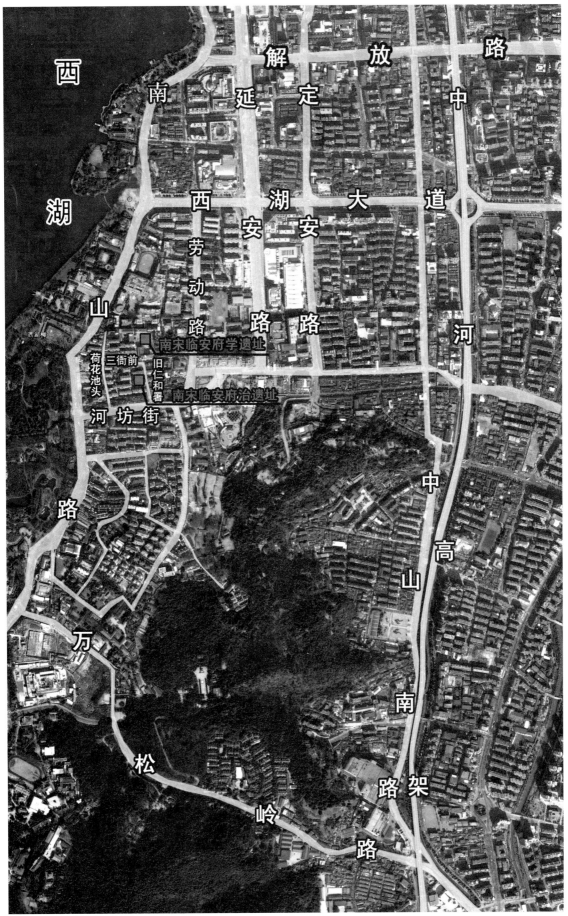

图 I-2 南宋临安府治、府学遗址遥感图

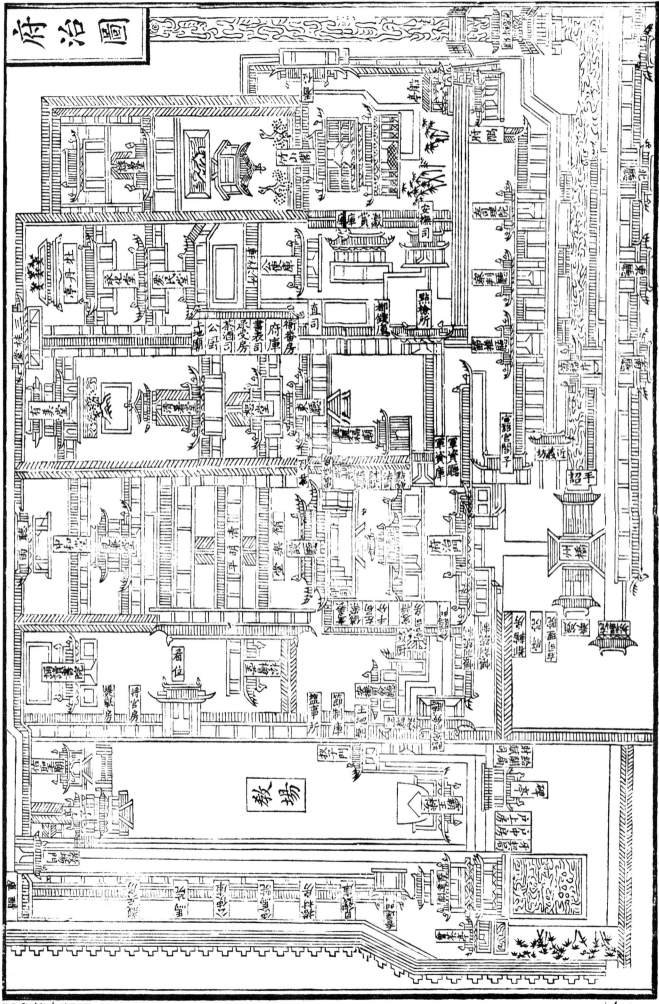

图1-3 《咸淳临安志》卷十六《府治图》

考之文献，宋室南渡后，升杭州为临安府，并以原州治为行宫，徙府治于清波门北，以奉国尼寺（净因寺）故基创建。[①]且终南宋一朝未再迁移，此后历元、明、清三代，府治亦未曾易址。[②]因此，各时期建筑的重叠、延续与更替，在遗迹上有怎样的反映，也是该地块考古发掘可一并探究的。

鉴于地块内地下蕴藏文物遗迹的重要性，我所自 2000 年 5 月至 2001 年 7 月对该地块进行了四次较大规模的考古发掘。

第一次：2000 年 5～6 月。在三衙前东段南侧布正南北向探沟 2 条，编号为 2000HLT1 和 2000HLT2，规格均为 5×13 米。发掘发现了夹泥砖墙 Q1、房屋建筑遗迹 F1（包括印花方砖铺地的厅堂 1、素面方砖铺地的西廊房及有砖砌排水设施的天井）、石构遗迹 S1 等遗迹。（图Ⅰ-4，Ⅰ-5）

第二次：2000 年 7～8 月。在第一次发掘的基础上将 2000HLT1、2000HLT2 打通，同时由 2000HLT1 向西侧扩方，编号 2000HLT1 扩，扩方为刀形，规格为 3.5×13 米加 6×15 米。并由 2000HLT2 向东侧扩方，编号 2000HLT3，规格为 9×10 米。又在 2000HLT1 扩的西侧 6 米处布 2000HLT4，南北向，规格为 7×11.5 米[③]；在旧仁和署路中段西侧、2000HLT1-2000HLT2 南面约 26.5 米处布 2000HLT5，正南北向，规格为 13×17 米。后因 2000HLT5 发现 F1 西廊房遗迹向南延伸部分，遂向探方南侧扩方，编号 2000HLT6，正南北向，规格为 12×15 米。此次发掘发现了房屋建筑遗迹 F2 和 F3、储水设施 C1、砖砌道路 L1、水井 J1、F1 西廊房等遗迹。（图Ⅰ-4，Ⅰ-5）

第二次的发掘，被评为该年度"全国十大考古新发现"之一。发掘期间，中国考古学会理事长徐苹芳先生曾亲临发掘工地指导，并就遗址的保护等相关问题提出建议和要求。

第三次：2000 年 12 月 17 日～2001 年 1 月 30 日。在 2000HLT6 南面 8.5 米处布 2000HLT7，正南北向，规格为 12×18 米。在 2000HLT7 东侧约 15 米处布 2001HLT8，正南北向，规格为 6×15 米；在 2000HLT7 西侧 33.5 米处布 2001HLT9，正东西向，规格为 7×22 米。在 2000HLT7 中发现了 F1 西廊房继续向南延伸部分，2001HLT8 内发现 F1 厅堂 3 向东延伸部分，2001HLT9 内发现石构墙基等遗迹。（图Ⅰ-4，Ⅰ-5）

第三次发掘结束后，发掘人员对遗址资料进行了初步整理，其成果以简报《杭州南宋

---

① [宋]周淙《乾道临安志》卷二《廨舍》："建炎四年，翠华驻跸，今徙治清波门之北，以奉国尼寺（即净因寺）故基创建。"嘉惠堂《武林掌故丛编》本，见《南宋临安两志》，浙江人民出版社，1983 年版。

② 元取宋后，改临安府为杭州总管府，以宋设厅为宣化堂，府治建筑袭用南宋。参见[明]陈让、夏时正《成化杭州府志》卷十三《公署一·本府》，浙江图书馆藏影抄明成化刻本，1911 年版。至元代至正十二年（1352 年）时府治仍沿用宋代建筑。据[明]刘基《诚意伯集》卷八《杭州路重修府治记》："而郡治仍宋故物，以至于今，榱桷杇腐，瓦木将压。……至正壬辰春三月日记。"转引自[清]丁丙《武林坊巷志》第一册，浙江人民出版社，1987 年版。明清两代府署未徙治。据[明]刘伯缙、陈善《万历杭州府志》卷三十九《公署三》："绍兴元年，建行宫于凤凰山，遂徙府治今处。涉元，入国朝因之。"中华书局，2005 年版。[民国]齐耀珊重修、吴庆坻重纂《杭州府志》卷十九《公署二·杭州府署》："高宗南渡，改为临安府，……徙府治于今所。……大德三年，重建，翼以两县。……至正间……重修。……明洪武初，……即旧址以建府治。……宏治十六年……重修。……崇祯五年毁。……国朝康熙十三年……重建。"中国地方志集成编辑工作委员会《中国地方志集成》，上海书店，1993 年版。

③ 2000HLT4 因破坏严重，未见遗迹现象，随即回填。

临安府衙署遗址》刊布于《文物》2002 年第 10 期。[1]

第四次：2001 年 5 月 9 日～7 月 8 日。在 2000HLT7 南面 19 米处布 2001HLT10，正南北向，规格 10×11 米，后在 2001HLT10 内发现鹅卵石与石板混筑路面 L2，遂将 2001HLT10 向西面扩方，规格为 3.5×26 米，扩方后的 2001HLT10 平面略呈刀形。除 L2 外，2001HLT10 中还发现了水井 J2、石构塔基 S2 等遗迹。(图 I-4，I-5)

四次发掘面积合计 1526.5 平方米。考古发掘领队为杜正贤，参加发掘的有梁宝华、马东峰、劳伯敏、何国伟、沈国良和厉伟刚。

编写简报时，对部分探方进行了合并和调整。合并和调整后的探方编号如下：

2000HLT1、2000HLT2、2000HLT3、2000HLT1 扩合并，调整为 2000HLT1；

2000HLT4 调整为 2000HLT2；

2000HLT5、2000HLT6 合并，调整为 2000HLT3；

2000HLT7 调整为 2000HLT4；

2001HLT8 调整为 2001HLT5；

2001HLT9 调整为 2001HLT6。

第四次发掘编号也依次调整：

2001HLT10 调整为 2001HLT7。

本报告一律采用调整后的探方编号。

本发掘报告的整理工作开始于 2007 年 8 月，由唐俊杰主持，参与整理的有梁宝华、王庆成、王征宇、何国伟、沈国良和寇小石。

期间，整理人员密切合作，对原始发掘资料进行了系统的梳理。由王庆成负责地层与遗迹部分的核对与描述，由何国伟完成地层图和遗迹图的清绘。由王庆成、梁宝华对全部出土遗物按单位进行了分类、统计，拣选了标本，由沈国良、寇小石完成所选标本线图的绘制。由南开大学研究生李敏行、陈扬完成器物标本的文字描述，王庆成对文字描述进行了校对，统一了文字描述的格式。由王征宇对遗址相关文献进行了收集，以助于对遗迹年代和性质的探讨。

之后，我们邀请了南开大学刘毅教授、北京大学秦大树教授、浙江省文物考古研究所沈岳明研究员、福建博物院栗建安研究员对大部分瓷器标本的窑口和年代进行了鉴定。又邀请了浙江大学文化遗产研究院李志荣老师对报告遗迹部分进行了全面审读，并提出了诸多有益的修改建议。多次邀请文物出版社责任编辑谷艳雪、黄曲和浙江大学李志荣老师就报告的编写体例进行讨论。体例确定后，王庆成首先根据各位专家的鉴定意见和修改建议完成了报告第二章"地层堆积"、第三章"遗迹"和第四章"出土遗物"的撰写，并着手撰写第一章"遗址发掘的缘起与概况"和第五章"结语"。在完成报告初稿后不久，王庆成调离杭州，报告后续工作改由王征宇负责。

---

① 杭州市文物考古所《杭州南宋临安府衙署遗址》，《文物》2002 年第 10 期，第 32～46 页。简报中介绍了第一、第二次的发掘情况及第三次发掘探方分布情况。

随着整理和报告编写工作的不断深入，加上临安城遗址新的考古材料陆续被发现，尤其是 2010 年夏天位于旧仁和署路南端东侧的与 S2 结构相同的另一座塔基的发现，进一步证实了我们经过长时间思考、论证得出的关于第 4 层下遗迹的性质的推测。鉴于新发现塔基的重要性，由王征宇在"结语"中补充了塔基这一论据，并对"结语"中各节文字做了相应的调整和完善。最后，由李志荣老师对"结语"进行了审核和改定，就如何从遗迹出发如实地、系统地解读考古材料所传达的信息进行了尝试。全书成稿后，唐俊杰通读全稿，并改定付梓。

本报告为府治遗址考古发掘的详细资料，之前相关报道中如有与本报告相抵牾者，均以本报告为准。

第二章　地层堆积

据土质、土色及包含物，该遗址的地层堆积分为四层，各探方地层均能很好地对应，现以T1西壁、T3北壁、T4北壁、T5西壁、T7南壁为例加以说明：

1.T1西壁（图Ⅰ-6）

第1层　厚55～175厘米。深灰色土，土质较硬。该层下发现夹泥砖墙遗迹Q1。

第2层　距地表深55～175厘米，厚50～215厘米。灰黑色土，土质松软，夹有大量碎瓦片。出土遗物以龙泉窑青瓷为主，另有景德镇窑青白瓷、未定窑口白瓷等。在该层下发现房屋建筑遗迹F2。

第3层　距地表深215～260厘米，厚10～55厘米。灰黄色土，土质较硬。出土遗物以龙泉窑青瓷为主，另有铁店窑青瓷、遇林亭窑黑釉瓷、吉州窑黑釉瓷。在该层下发现石构遗迹S1。

第4层　距地表深255～260厘米，厚0～40厘米。黄褐色土，土质较松，夹有大量炭灰和有火烧痕迹的砖瓦残块堆积。出土遗物以瓷器为主，其中又以龙泉窑青瓷、景德镇窑青白瓷为大宗，另有定窑白瓷、遇林亭窑黑釉瓷等。陶器见有建筑构件、灯等。石器有红砂岩界碑、石球。在该层下发现房屋建筑遗迹F1。

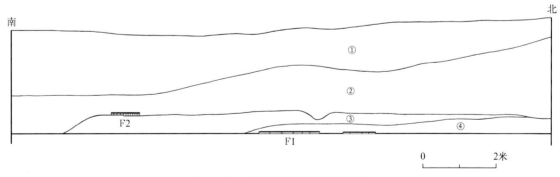

图Ⅰ-6　府治遗址T1西壁地层图

2.T3北壁（图Ⅰ-7）

第1层　厚67～135厘米。深灰色土，土质较硬。该层下发现储水设施C1。

第2层　距地表深67～135厘米，厚40～150厘米。灰黑色土，土质松软，夹有大量碎瓦片。出土遗物有龙泉窑青瓷、景德镇窑青白瓷、青花瓷等。此层下出露F1厅堂2的

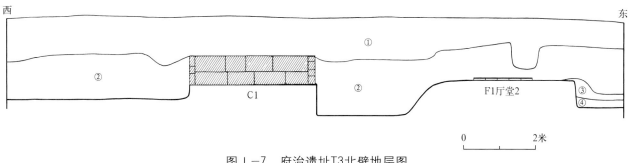

图Ⅰ-7 府治遗址T3北壁地层图

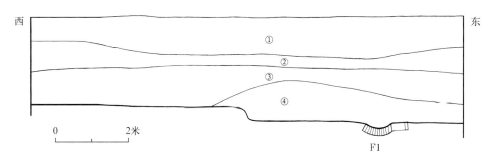

图Ⅰ-8 府治遗址T4北壁地层图

地面铺砖。

第3层 距地表深165～190厘米，厚0～40厘米。灰黄色土，土质较硬。出土遗物以龙泉窑青瓷为主，另有景德镇窑青白瓷、遇林亭窑黑釉瓷、定窑白瓷等。在该层下发现房屋建筑遗迹F3、砖砌道路L1及水井J1。

第4层 距地表深200～205厘米，厚25～35厘米。黄褐色土，土质较松，夹有大量炭灰和火烧痕迹的砖瓦残块堆积。出土遗物以龙泉窑青瓷为主，另有景德镇窑青白瓷、遇林亭窑黑釉瓷及少量陶器。

3.T4北壁（图Ⅰ-8）

第1层 厚0～110厘米。深灰色土，土质较硬。该层下发现近现代房屋建筑遗迹和大量青瓷及少量龙泉窑青瓷。

第2层 距地表深60～110厘米，厚23～85厘米。灰黑色土，土质松软。出土遗物以龙泉窑青瓷、青花瓷为大宗，另有遇林亭窑黑釉瓷、陶质建筑构件、陶灯等遗物。

第3层 距地表深130～155厘米，厚35～120厘米。灰黄色土，土质较硬。出土遗物以龙泉窑青瓷为主，另有少量未定窑口白瓷、黑釉瓷及粗瓷。

第4层 距地表深55～235厘米，厚0～105厘米。黄褐色土，土质较松，夹有大量炭灰和火烧过的砖瓦。出土遗物以龙泉窑青瓷为主，另有景德镇窑青白瓷、遇林亭窑黑釉瓷等。该层下发现F1西廊房遗迹。

4.T5西壁（图Ⅰ-9）

第1层 厚72～165厘米。深灰色土，土质较硬。该层下发现近现代遗迹和青花瓷等遗物。

第2层 距地表深72～149厘米，厚0～115厘米。灰黑色土，土质较松。出土遗物多见龙泉窑青瓷、景德镇窑青白瓷、青花瓷，另有少量遇林亭窑黑釉瓷及陶质建筑构件等。

第3层　距地表深112～160厘米，厚0～75厘米。灰黄色土，土中夹杂较多瓦砾，土质较硬。出土遗物有景德镇窑青白瓷、铁店窑青瓷、遇林亭窑黑釉瓷、未定窑口青瓷和青白瓷及陶质建筑构件等。

第4层　距地表深190～200厘米，厚0～52厘米。黄褐色土，土质较松。出土遗物有遇林亭窑黑釉瓷、景德镇窑青白瓷、未定窑口青瓷和黑釉瓷及陶质建筑构件等。此层下发现房屋建筑遗迹F1厅堂3。

5.T7南壁（图Ⅰ-10）

第1层　厚55～100厘米。深灰色土，土质较硬。发现近现代遗迹和遗物。在该层下发现鹅卵石－石板路面遗迹L2。

第2层　距地表深55～100厘米，厚30～103厘米。灰黑色土，土质松软。出土明清时期铜钱。

第3层　距地表深120～180厘米，厚32～95厘米。灰黄色土，土质较硬。出土遇林亭窑黑釉瓷。在该层下发现水井J2。

第4层　距地表深200～225厘米，厚0～35厘米。黄褐色土，土质较松，夹有大量炭灰和火烧过的砖瓦。出土石造像等遗物。在该层下发现石构塔基遗迹S2。

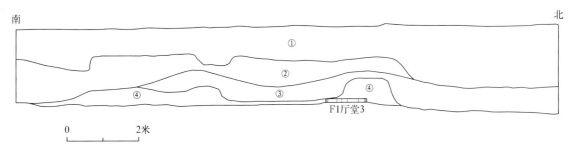

图Ⅰ-9　府治遗址T5西壁地层图

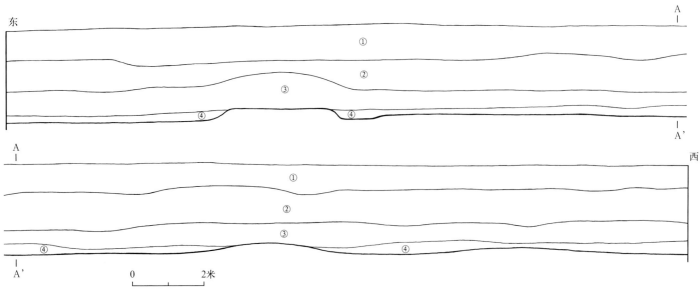

图Ⅰ-10　府治遗址T7南壁地层图

第三章　遗　迹

四次发掘发现的遗迹现象较为丰富，有房屋建筑遗迹 F1、F2、F3，夹泥砖墙遗迹 Q1，砖砌道路遗迹 L1、鹅卵石—石板路面 L2，石构遗迹 S1、石构塔基遗迹 S2，储水设施 C1，水井遗迹 J1、J2 和排水沟 G1 等。

第一节　第4层下遗迹

第 4 层下发现房屋建筑遗迹 F1 和石构塔基遗迹 S2。（图Ⅰ—11）

一　房屋建筑遗迹F1

分布于 T1、T3、T4、T5 中，被第 4 层叠压，距地表深度在 2.3～3.2 米之间。由厅堂（3 个，厅堂 1、厅堂 2、厅堂 3）、天井、西廊房和庭院等一组遗迹组成。其中厅堂与西廊房均建筑在夯土台基上，并且其台基相连。已揭露长度 61 米，加上 T1、T3 和 T4 三探方的间距 33 米，F1 南北延伸的长度至少为 94 米。（图Ⅰ—11～Ⅰ—15；彩版Ⅰ—1～Ⅰ—10）

（一）夯土台基

发掘部分的台基均保存较好，台心系用黄黏土夯筑，周边用砖石包砌成台壁。

1.厅堂遗迹

自北而南共发现厅堂遗迹 3 处。

（1）厅堂 1

位于 T1 南部，其南部被现代建筑叠压，未发掘。（彩版Ⅰ—1）

建筑上部已被破坏殆尽，仅存台基。台基上存一个柱础石和部分墁地遗迹。

台基已揭露部分南北长 7.3、东西宽 13.5 米（西自厅堂 1 与西廊房交界处的南北向平铺长条砖的东边起算，东到天井西侧长方砖铺地面的西边），比天井地面高出约 0.65 米（从台壁侧面与天井地面的交界点起算，下同）。

N

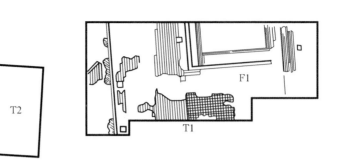

T2

F1

T1

F1

T3

F1

T4

T6

F1

T5

0　　　　　10米

T7　　　　　S2

图Ⅰ-11　府治遗址第4层下遗迹

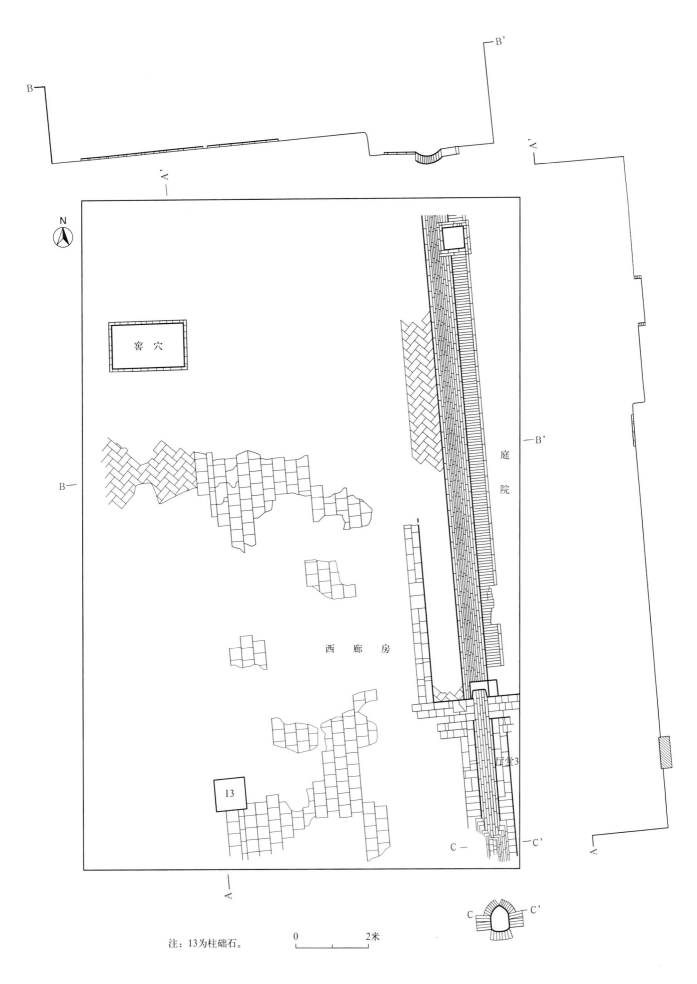

注：13为柱础石。

0   2米

图Ⅰ—14 府治遗址T4内第4层下遗迹F1平剖面图

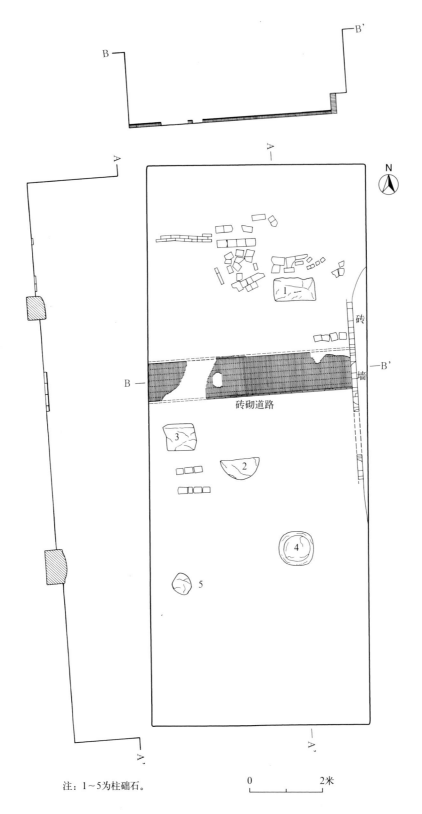

注：1～5为柱础石。

图Ⅰ-15　府治遗址T5内第4层下遗迹F1平剖面图

台基西侧与西廊房台基连成一体，北侧则用砖石包砌成台壁。台壁下部用 7 皮长方砖双层错缝平铺包砌，上部铺设压阑石。外层台壁逐层收分。包砖规格为 40×20×7 厘米。压阑石石料为灰白色水成岩，残长 200～300、宽 45、厚 15 厘米。

台基西侧靠近西廊房置一与天井内西侧散水连通的排水暗沟。（彩版 I −2∶1）

墁地残存两片：

一片印花方砖墁地（彩版 I −1∶2），残存面积约 22 平方米，位于台基西南部，应是厅堂的室内地面。方砖泥质灰陶，平面基本近于正方形，砖面模印佛教变形宝相花，规格为 33×34×7 厘米。

一片素面方砖墁地，残存面积约 1.6 平方米，位于厅堂的后檐廊，砖规格为 32×29×7 厘米。

厅堂西侧与西廊房墁地之间用规格为 32×10×5 厘米的长条砖平铺。

（2）厅堂 2

位于 T3 东北部。揭露面积较小，大部位于探方北壁之外，为现代建筑叠压。

仅发掘了台基西南角部分，所见南侧台壁平直。建筑上部已被破坏殆尽，仅存前檐廊部分墁地遗迹。

台基只揭露了一小段，已揭露部分南北残长 1.25、东西残宽 5.4 米，比庭院墁地高出 0.9 米。

台基南侧用砖石包砌成台壁。残存部分台壁保存状况较好，长 5.4、宽 0.6、高 0.9 米。保存完好处有 9 皮砖，上铺设压阑石。包砖分内外两层，外层顺砌，内层大多丁砌，外层台壁逐层收分。包砖为长方砖，规格为 40×20×10 厘米。台壁顶部压阑石尚保留有 2 块，水成岩质，灰白色，长 98～122、宽 45、厚 15 厘米。（彩版 I −2∶2）

仅前檐廊部分保留一小片方砖墁地，砖素面，规格为 35×30×7 厘米。

（3）厅堂 3

发现两部分，分别位于 T4 东南部及 T5 整个探方。

一部分位于 T4 东南部，其台基揭露部分南北长 4.35、东西宽 3.35 米，面积约 14.6 平方米。比庭院墁地高出 0.65 米。

台基西部与西廊房连成一体，台基北侧见包砖台壁。但揭露范围极小，台壁结构不详。

台基西侧置一与庭院内散水连通的排水暗沟。（彩版 I −3∶1）

另一部分分布于 T5 整个探方第 4 层之下，距地表深度在 1.6～2.1 米之间，包括夯土台基、砖砌道路及砖墙遗迹。（彩版 I −3∶2）

夯土台基分布于 T5 整个探方，揭露面积约 82 平方米，由黄黏土夯筑而成，因未作解剖，厚度不详。

夯土面上残存 5 块柱础石，为灰白色，水成岩质。柱础石的规格不一：

1 号柱础石长 110、残宽 60 厘米，嵌在夯土中；

2 号柱础石残存一半，被扰乱过，底朝上，推测其正面应为正方形，边长 105 厘米；

3 号柱础石残长 85、残宽 70 厘米；

4 号柱础石底部朝上，其正面为正方形，边长 90 厘米；

5 号柱础石大部分嵌在夯土中，仅暴露局部，规格不明。从其位置及形状看，这些柱础石均已被扰动或残损。

夯土面上残存少量砖面，砖块均残破严重，但可看出有长方砖和方砖两种规格。

砖砌道路位于 T5 中部，东西向。东端与南北向砖墙相接。揭露部分长 5.55、宽 1.1 米。路面用长 30、宽 8、厚 3 厘米的长方砖横向错缝侧砌，外侧用两列相同规格的长方砖纵向侧砌包边。（彩版 I－2：3）

砖墙位于 T5 东端，南北向。揭露南北长 4.72、东西宽 0.16 米，残高 0.55 米。用长 32、宽 16、厚 4 厘米的长方砖错缝砌筑而成，残存最高处有 13 层砖。

2.西廊房遗迹①

位于天井－厅堂－庭院的西侧，在 T1 西部、T3、T4 均有分布。（彩版 I－1：1，I－4～I－8）

建筑上部已破坏殆尽，仅存台基、部分柱础石和墁地遗迹。

台基已揭露部分南北长 61、东西宽 11.3 米，其中 T1 内揭露南北长 15、东西宽 11.3 米，T3 内揭露南北长约 28、东西宽 7 米，T4 内揭露南北长 18、东西宽 7 米。若加上中间为现代建筑叠压未发掘的 33 米，其长度应已达 94 米，南北两端均未到头。

台基高出天井和庭院地面 0.65 米，与厅堂 1、3 台基等高，比厅堂 2 台基低 0.25 米。

台基东侧除与厅堂相连部分外，全部用砖包砌台壁，并在顶部铺压阑石。包砖基本为双层错缝顺砌，外层台壁逐层收分。包砌厚度为 40 厘米，包砖为 40×20×5 厘米长方砖。台壁顶部尚保留有 17 块压阑石，水成岩质，灰白色，长 90～300、宽 50、厚 22 厘米，有的压阑石已经残损。

台基西侧台壁未见用砖包砌，紧靠台壁有一条宽 0.35、深 0.45 米的后檐墙的基础，低于台基夯土面 0.45 米。

台基已发掘部分共发现 10 块柱础石。柱础石均为灰白色水成岩，规格略有不同：

1、2、4、6、7、8 号柱础石的规格为 75×75 厘米；

3 号柱础石的规格为 74×74 厘米；

9 号柱础石的规格为 77×77 厘米；

10 号柱础石的规格最大，为 100×100 厘米；

13 号柱础石的规格为 85×85 厘米。

这些柱础石自东向西分为三排，第一排与第三排柱础石距各自同侧台壁分别为 0.9 米和 0.5 米。第一排与第二排、第二排与第三排的间距均为 4.5 米（以柱心间距计），同一排中相邻的两个柱础石之间的间距，除 1 号和 2 号柱础石为 6 米外，3 号－4 号、6 号－7 号、

---

① 此类建筑在临安城遗址多有发现，文献中常称为廊、房等，如[宋]吴自牧《梦粱录》卷十《府治》："投西正衙门俱廊，俱是两司点检所、都吏职级平分点检等房。"该名称一直沿用至明清时期，如《康熙府志》："署之制，中为正堂，堂前为露台，为甬道，为戒石亭，为仪门。东西廊为六房，为架阁库。"（见《武林坊巷志》第一册，浙江人民出版社，1987年版）。本报告参照文献定名。

8 号 -9 号 -10 号的间距均为 5.2 米。由此可见，西廊房原是分隔成若干个单间，每间的面阔 5.2、进深 9 米，第一进和第二进的进深均为 4.5 米。

第一进与第二进的连接处残存 3 块门砧石，一块（5 号）位于 1 号 -2 号柱础石之间的东侧，另两块（11 号、12 号）在 8 号 -9 号柱础石间。5 号门砧石与同侧柱心间距（以 1 号柱础石的中心向东的延长线计）为 1.7 米；11 号 -12 号门砧石间距为 2.85 米，与同侧柱础石间距均为 1.3 米。门砧石的规格也略有差别，5 号为 43×55 厘米，11 号为 42×50 厘米，12 号为 50×60 厘米。

地面用 32×32×4 厘米的素面方砖或 35×16×4 厘米的长方砖铺地，砖面多处已损毁。

在 T4 内台基的西北部，发现一个四周及底部砌砖的长方形窖穴，长 2、宽 1.15、残深 0.3 米，窖穴地面低于西廊房砖面 0.35 米，窖穴内未见遗物。

3. 其他遗迹

另有一处夯土台基，位于 T1 东部，天井东侧。揭露南北长约 9.9、东西宽约 3.5 米。

台基西壁与西廊房夯土台基的东壁平行，用砖包砌，为双层砖顺砌或一层砖丁砌。包砖部分存长 5.3 米，最高处残存 6 皮砖。包砖规格为 30×15 厘米。此包砖西侧 25 厘米可见一列单层顺砌砖壁遗迹，残长 5.13 米，与台基西侧壁平行。该砖壁与台壁包砖之间填筑黄黏土，发掘时已清理掉。夯土台基西部稍偏北处存一个柱础石，方形，水成岩质，灰白色，规格为 55×55 厘米。

（二）天井遗迹

位于 T1 中北部、厅堂 1 北侧，北半部被现代道路叠压，无法清理。揭露东西长 12.5 米，南北残宽 4.5 ～ 5.6 米。（彩版 Ⅰ -1：1，Ⅰ -9）

天井地面仅存基础部分，低于厅堂 1 台基地面 0.65 米，东北高，西南低。除北部未揭露外，天井东、南、西三侧均见散水遗迹。东侧散水距其东侧夯土台基西侧砖壁约 2.75 米，南侧散水距厅堂 1 台基北侧台壁 1.25 米，西侧散水距西廊房台基东侧台壁 0.9 米。

东侧和南侧的散水，均用长 40×20×7 厘米的长方砖错缝侧砌，残宽 0.38 米。西侧散水用长 32×10×5 厘米的长方砖 12 块错缝侧砌，宽 1.57、深 0.15 米。横断面为内凹的曲面，自北向南通过厅堂 1 台基底部的石构壶门与厅堂底部的排水暗沟连通。

厅堂 1 台基底部的石构壶门近梯形，高 0.34、上部宽 0.3、下部宽 0.4 米。暗沟上窄下宽，横截面呈梯形，上部宽 0.27、下部宽 0.49、高 0.45 米，两壁用长 41×20×7 厘米的长方砖错缝平砌，上层的长方砖横置，并以 35×35×6 厘米的方砖压面。

天井东侧散水东残见方砖墁地，方砖规格 33×33×6 厘米。

（三）庭院遗迹

位于 T3、T4 内西廊房的东侧。T3 内揭露部分南北长 26 米，东西宽 0.35 ～ 9.35 米。T4 揭露部分南北长 13.3 米，东西宽 2.4 ～ 3.55 米。加上 T3、T4 两探方中间被现代建筑叠压而未发掘部分，该庭院南北长约 48 米。

庭院西侧有一条散水，与西廊房台基平行，用长 40、宽 20、厚 7 厘米的长方砖砌筑，宽 2、深 0.2 米。其结构为：西部用长方砖平铺成人字纹，中部用 32×10×5 厘米的长方砖纵向侧砌，东部用长方砖横向侧砌，再纵向侧砌一列长方砖包边。

在 T4 内散水的北部，有一砖砌方形窨井，长 0.92、宽 0.9、残深 0.38 米。散水向南延伸至厅堂 3 的台基处，成为暗沟。暗沟顶部起券，内宽 0.5、高 0.62 米，左右两壁用规格为 40×20×7 厘米的长方砖横向平砌。（彩版Ⅰ-10）

在 T3 内的散水，北部被水井 J1 和储水设施 C1 打破。

（四）其他遗迹

1.天井东侧砖砌遗迹

位于 T1 东部，F1 天井东侧。由砖砌遗迹及夯土台基组成。

砖砌遗迹揭露南北残长 5.95、宽 0.8 米，残高 0.3 米。以规格 40×20×10 厘米的长方砖砌筑，具体砌法为：发掘所见最底层以长方砖纵向平铺两侧，其间横向平铺，再上一层横向平铺两块长方砖。最高处残存三皮砖。

2.西廊房西侧砖砌遗迹

在 T1 西廊房后檐墙基础的西侧发现部分砖面，揭露面积南北长 13、东西宽 3 米。其中与西廊房后檐墙相连处的砖面，用规格 26×10 厘米的长方砖平铺成人字纹。其西侧砖面用 32×32×5 厘米的方砖平铺。其余砖面因破坏严重，结构不明。长方砖墁地较方砖墁地地势略高。

二 石构塔基遗迹S2

位于 T7 东部，被第 4 层叠压，距地表深度 2.7～2.8 米（塔基顶部至地表），塔基为石质，平面呈八边形，通高 67 厘米。塔基建筑在黄黏土夯筑的基础之上。塔基四周见有散乱的长方砖铺地面。（图Ⅰ-16；彩版Ⅰ-11）

塔基自下而上分为三层：

第一层即底层，高 11 厘米，边长 240 厘米。由八块梯形石材拼砌成八边形，质地为杂有灰黑色条纹的大理石，外侧再用大理石包边。八角部位的包边石较为特殊，其底部石材呈梯形，应起奠基作用。石材表面皆平滑光洁，光素无纹。

第二层，高 13 厘米，边长 169 厘米。用四块形状相同的大理石拼砌成八边形，嵌入底层约 20 厘米，表面光洁，素面。

第三层，高 43 厘米，边长 128 厘米。用两块形状相同的灰白色水成岩拼砌而成。在八个侧面上皆用高浮雕雕出山岳海水纹。在这层塔基基座面上的中心部位有一个边长 91 厘米的八边形痕迹，应是原来放置该塔须弥座的地方。该层的沿边有宽 42 厘米的一圈用浅浮雕雕出带状的海水波浪纹，与侧面的高浮雕山岳海水纹浑然一体，象征佛祖释迦如来所居住佛教世界须弥山的"九山八海"。

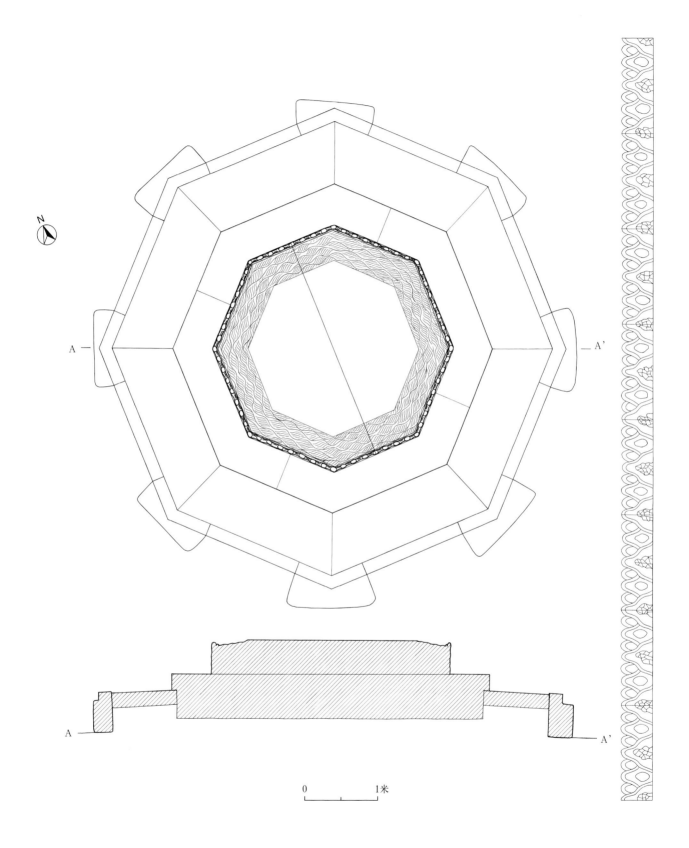

图Ⅰ—16 府治遗址第4层下遗迹石构塔基遗迹S2平剖面图

第二节　第3层下遗迹

第 3 层下发现房屋建筑遗迹 F3、砖砌道路遗迹 L1、石构遗迹 S1、水井遗迹 J1 和 J2、排水沟 G1。这些遗迹分布分散，其中房屋建筑遗迹 F3 叠压在砖砌道路遗迹 L1 之上。（图 Ⅰ-17）

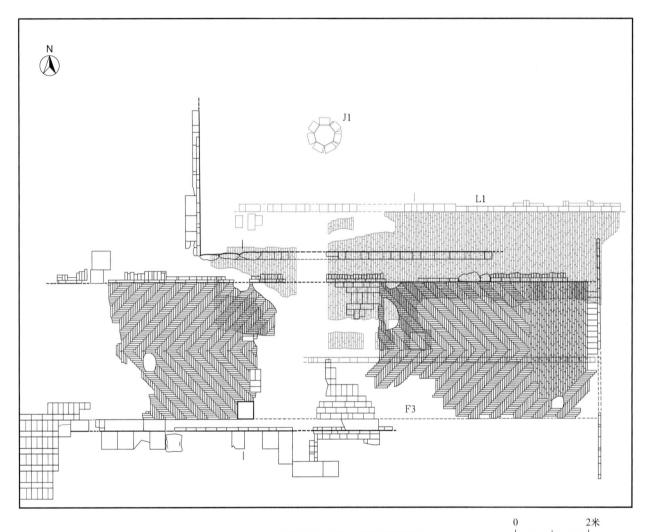

图 Ⅰ-17　府治遗址T3内第3层下遗迹

一　房屋建筑遗迹F3

位于 T3 北部，距离地表深度 1.42～1.6 米。由天井及廊道两部分组成。西北部被储水设施 C1 打破，部分叠压在 L1 上。（图 Ⅰ-18；彩版 Ⅰ-12，Ⅰ-13）

1.天井

西北部被储水设施 C1 打破，残见东、西、南三壁，揭露南北长 6.4、东西宽 8.55 米。东壁以近长条状的石块砌筑，西壁砌筑六层长方砖，其上再覆盖条石，南壁利用廊道墙基

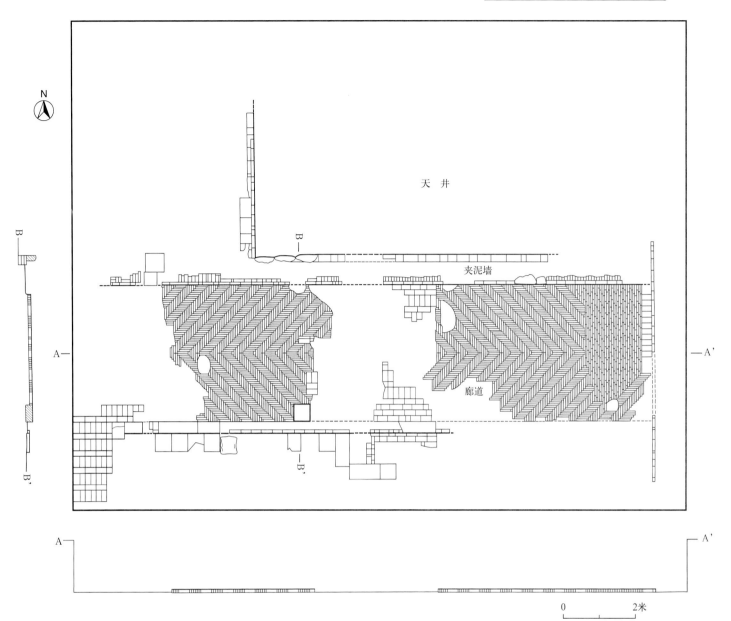

图Ⅰ-18　府治遗址第3层下遗迹F3平剖面图

的北侧砌筑石挡板。

2.廊道

　　中间部分为一东西向道路，路中部被一南北向的沟（沟的情况不明）打破。从打破处观察，道路系直接在L1路面上起建，路基厚约20厘米，为黄黏土掺砂石夯筑而成。道路长约15.9、宽约4米，路面用长26、宽7、厚4厘米的长方砖侧砌成人字形花纹，或用相同规格的长方砖横向侧砌，中部也有一段用长30、宽15、厚4厘米的长方砖平铺的。西部南侧存一础石，灰白色，边长约45厘米，础石面与周围人字形砖面平。此外，道路中部的南北两侧可见两块角石。

　　路中部紧贴路的北侧边有一夹泥墙，残长8.13、宽0.8、残高0.55米，墙体内部夯土，两侧用长方砖包砌，砖上部压厚重的石材。墙体及包砖均直接叠压在L1路面上，从断面观察，与道路似是一起营建。

　　路南侧也残存砖石铺的地面，铺砖部分用长30、宽15、厚4厘米的长方砖平铺，铺石部分石材规格不一，长条石和方石均有，同是长条石长短宽窄也有差别，方石规格约45×45厘米左右。路西部北侧也有铺砖铺石的现象。

　　此外，在T3中部西壁，有两处砖砌遗迹，皆以长条砖东西向侧砌，其中北面一处，可见长条砖侧砌包边。

二　砖砌道路遗迹L1

　　位于T3北部，东西向，距离地表深度在1.75～1.85米。揭露路面部分长11.3、宽4.2米，铺砖残毁部分宽约0.9米。从残毁部分观察，道路的夯土路基较厚，西部则直接叠压于F1西廊房台基之上。（图Ⅰ-19；彩版Ⅰ-14～Ⅰ-16）

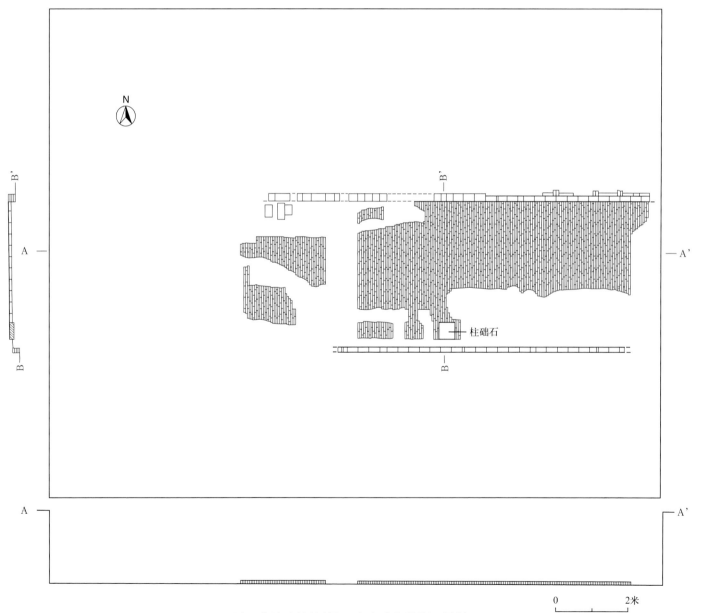

图Ⅰ-19　府治遗址第3层下遗迹砖砌道路L1平剖面图

路面用规格为 29×7×4 厘米的长方砖横向错缝侧砌，南、北两侧分别用规格为
29×15×4 厘米和 30×20×4 厘米的长方砖包边，南侧见 5 皮、北侧见 4 皮，逐层收分。

路面中部发现方形柱础石一块，边长 45、厚 9 厘米。

三　石构遗迹S1

位于 T1 中南部，距离地表深度在 2.2～2.6 米之间，平面呈方形。内径长 1.4、宽
1.2、深 0.4 米。四壁用宽约 50 厘米、长度不等的青色条石砌筑。此外，在方形石砌遗迹
的南侧还残存 3 块石头，略呈长方形，长约 50 厘米。（图Ⅰ－20）

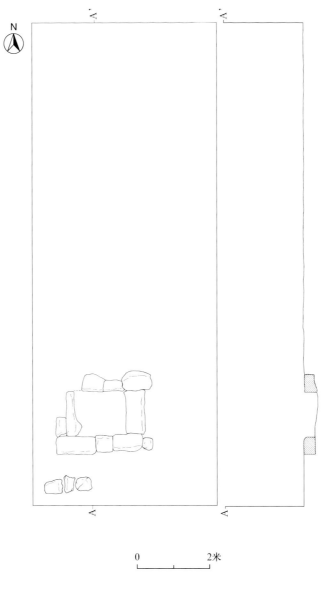

0　　　　　　2米

图Ⅰ－20　府治遗址第3层下遗迹石构遗迹S1平剖面图

四 水井遗迹J1和J2

共发现 2 处，编号 J1 和 J2。

1.J1

位于 T3 北部，打破 F1 庭院之散水遗迹。距离地表深度 2.9 米，口径约 0.58 米，残深 4.54 米，底部为黄色夯土。（图 I -21：1；彩版 I -17）

水井平面呈七边形，用长 30、宽 26、厚 4 厘米的长方砖逐层错角叠砌。

2.J2

位于 T7 东南部。距离地表深度 2.37 米，口径约 0.63 米，残深 2.75 米。

水井平面呈八边形，井壁用规格为 30×14×4 厘米的长方砖逐层错角叠砌，水井底部用相同规格的长方砖平铺。（图 I -21：2）

五 排水沟G1

位于 T7 东南部，距离地表深度在 1.7 ～ 1.75 米之间。东南－西北走向，西北段被晚期木桩遗迹打破。揭露残长 2.1 米，沟内宽 0.25、深 0.17 米。沟壁用规格为长

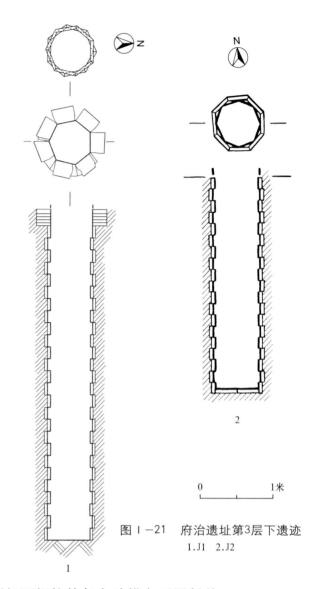

图 I -21　府治遗址第3层下遗迹
1.J1 2.J2

30、宽 17、厚 5 厘米的长方砖侧砌，沟上部用相同规格的长方砖横向平置封盖。

第三节　第2层下遗迹

第 2 层下的遗迹包括房屋建筑遗迹 F2 及其他遗迹、石构墙基。

一 房屋建筑遗迹F2及其他遗迹

1.房屋建筑遗迹F2

位于 T1 西部，距离地表深度在 2.3 ～ 2.35 米之间，东部被破坏，西部未清理，北部叠压在现代道路下也未清理。揭露南北长 15、东西宽 6 ～ 9.45 米。（图 I -22）

地面用黄黏土夯筑，从被破坏的断面上看夯土厚约 20 厘米。夯土地面残存柱础石 3 块，均灰白色水成岩质。1 号柱础石，方向为北偏东 3°，边长 65、厚 30 厘米；2 号柱础石方向为北偏东 3°，边长 60、厚 30 厘米；1、2 号础石间距（柱础中心之间距离）3.2 米。3 号

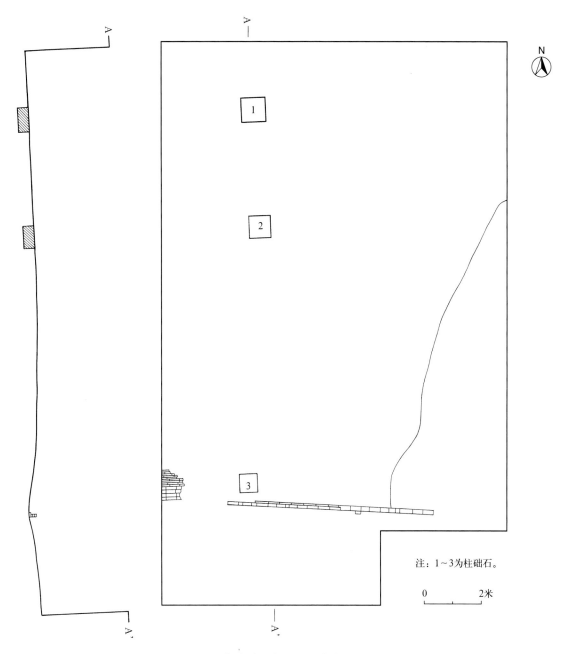

注：1~3为柱础石。

0　　　　2米

图Ⅰ-22　府治遗址第2层下遗迹F2平剖面图

柱础石方向北偏东3°，边长50厘米。3号础石与1号、2号础石不在一列，与2号础石间距6.85米。

2.其他遗迹

在F2南部残存一道用长30、宽12、厚5厘米或长25、宽8、厚4厘米的长方砖砌成的砖列，直接叠砌在F1夯土面上。砖列方向为东偏南4°，残长5.65、残宽0.12、残高0.18米。

砖列西侧另发现部分砖面，用长方砖横向平铺或侧砌。

上述遗迹均叠压在T1第2层下，但分布零散，各自方向均不一致，无从判断这些遗迹之间的关系。

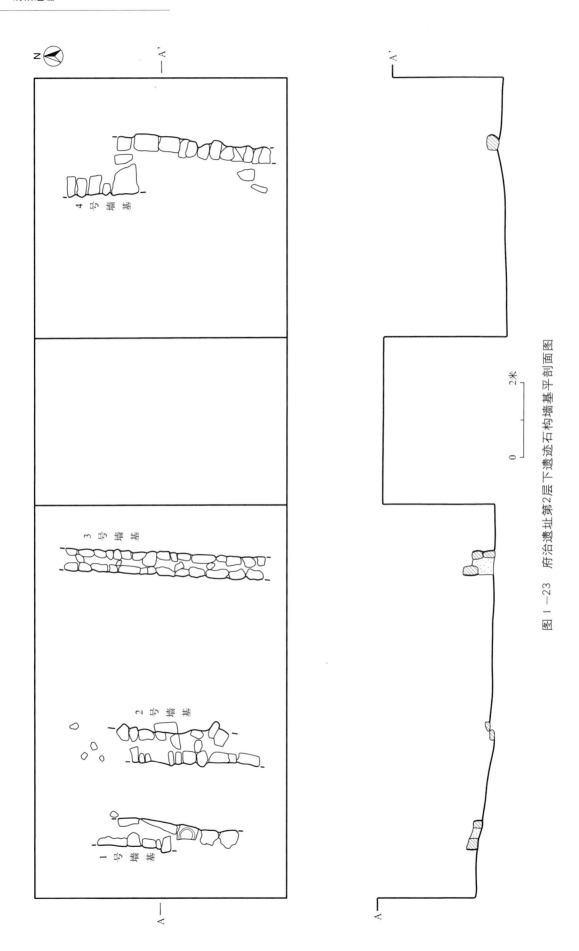

图Ⅰ—23 府治遗址第2层下遗迹石构墙基平剖面图

二 石构墙基

位于 T6 东部和西部，被第 2 层叠压，距离地表深度在 2.3～2.55 米之间。探方中部因故未下挖。破坏较为严重，仅发现四处石构墙基，均为南北向，两侧由不规则石块垒砌，中间填黄土（残存在墙基之间的散乱木桩，似为打破墙基的晚期遗迹，据地层时代判断，可晚至清末）。（图 Ⅰ -23；彩版 Ⅰ -18）

1 号墙基位于探方最西端，残长 3.9、残宽 0.8、残高 0.45 米。

2 号墙基位于 1 号墙基东侧 1.5 米处，残长 5.3、残宽 1.2、残高 0.3 米。

3 号墙基位于 2 号墙基东侧 3.65 米处，残长 5.5、残宽 0.6、残高 0.86 米。

4 号墙基位于 3 号墙基东侧 9.4 米处，残长 5.6、残宽 1.65、残高 0.42 米。

第四节 第1层下遗迹

第 1 层下的遗迹包括夹泥砖墙 Q1、储水设施 C1 及鹅卵石－石板路面 L2。

（一）夹泥砖墙Q1

位于 T1 中部偏北，被第 1 层叠压，距离地表深度在 0.8～0.9 米之间。东西向，残长 13、宽 1、残高 0.2 米。其两端伸入探方壁中。

墙体两侧用砖块错缝平砌，大多为断砖，墙体内部用土填实。（图 Ⅰ -24）

（二）储水设施C1

位于 T3 北端，被第 1 层叠压，打破房屋建筑遗迹 F3，距离地表深度 1.05 米。保存较好，平面呈长方形，东西长 3.42、南北宽 2.17、残高 0.77 米。四周用长 66、宽 24、厚 18 厘米的长方形条石错缝砌筑。底部用长 23、宽 22、厚 5 厘米的素面方砖铺地，中央嵌有酱釉水缸两口。缸的口径为 88、深 72 厘米。东、西两侧皆有出水口，出水口高 24、宽 5 厘米。"在其东 4 米处，还残存一段砖结构的方形出水沟，宽 0.38、高 0.3、残长 2 米。它较石结构的储水设施的东出水口略低，底部倾斜约 5 度。当年若开启这储水设施，其内的储水即可顺着方形出水沟流出。推测此遗迹为当时的储水消防设施。"[1]（图 Ⅰ -25；彩版 Ⅰ -19）

（三）鹅卵石－石板路面L2

位于 T7 东部，东西向，被第 1 层叠压，距离地表深度 0.75 米。残长 5.85、残宽 4.6 米。（图 Ⅰ -26）

路面主体用扁圆形的鹅卵石侧砌而成，局部用紫砂岩石板或不规则小石块平铺。

---

① 此段为《文物》2002年第10期《杭州南宋临安府衙署遗址》关于储水设施C1的描述，本次整理，在图纸上仅见东侧有一疑似出水口，且尺寸与简报不符，图纸及照片上均未见西侧出水口及砖砌排水沟，故照录简报内容。

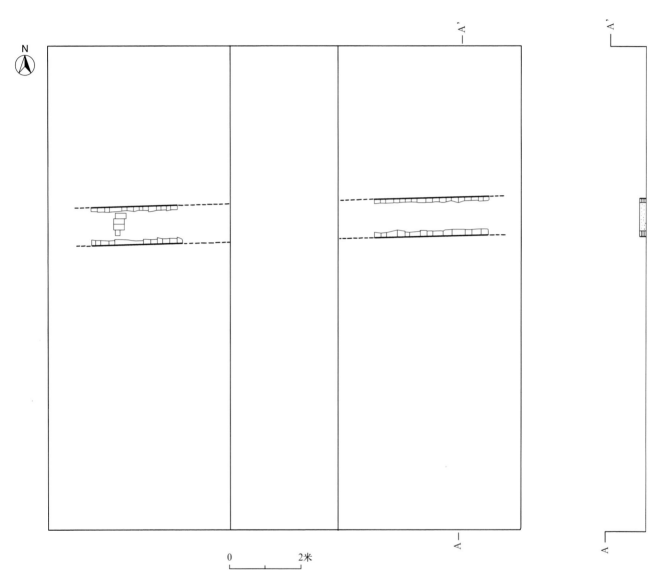

图Ⅰ-24　府治遗址第1层下遗迹夹泥砖墙遗迹Q1平剖面图

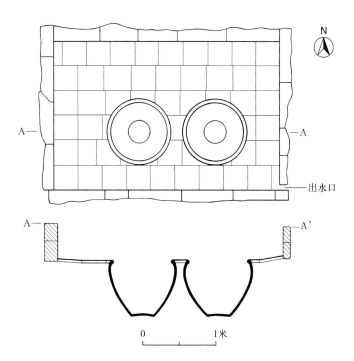

出水口

图Ⅰ-25　府治遗址第1层下遗迹石构储水设施C1平剖面图

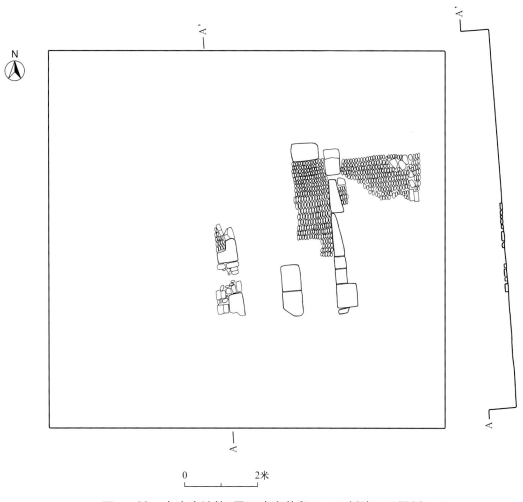

图Ⅰ-26　府治遗址第1层下遗迹鹅卵石-石板路面L2平剖面图

第四章　出土遗物

出土遗物以瓷器为主，另有陶质建筑构件、陶器、铜钱、玉石质遗物等。现按地层分层予以介绍。

第一节　第4层出土遗物

包括陶质建筑构件、陶器、瓷器、铜钱、石质遗物及其他。

一　陶质建筑构件

有砖、板瓦、筒瓦、瓦当、悬鱼和鸱吻等。

1.砖

（1）长条砖[①]

标本 T2 ④：89，稍残，泥质灰陶。长 28.3、宽 7.3、厚 4.4 厘米。（彩版Ⅰ-20：1）

（2）印花方砖

标本 T1 ④：92，其中一角断裂。泥质灰陶。平面基本近于正方形，砖面模印佛教变形宝相花。一边长 33、一边长 34 厘米。（图Ⅰ-27；彩版Ⅰ-20：2）

2.板瓦

标本 T3 ④：40，残件。泥质灰陶。大端的唇部作出凸棱形花边滴水，瓦面光素。残长 20.4、残宽 26.4、厚 2、唇宽 4 厘米。（图Ⅰ-28：1；彩版Ⅰ-20：3）

3.筒瓦

标本 T5 ④：59，基本完整。泥质灰陶。唇部光素无纹，瓦内饰布纹。长 36、宽 15.3、厚 1.5～2、唇宽 4.5、矢高 8 厘米。（图Ⅰ-28：2；彩版Ⅰ-20：4）

4.瓦当

共发现瓦当 29 枚，其中大宗为莲花纹瓦当，另有兽面纹瓦当和菊花纹瓦当。

---

① 此类砖最大面呈窄长方形，长度在28~30厘米之间，宽8~10厘米左右，厚4~5厘米，用料细腻，色呈青灰，加工规整，形如杭州地方小吃"香糕"，俗称"香糕砖"。这种砖主要用于官式建筑的路面铺设，使用方法为侧砌，有时也用于砌筑墙体。

0　　　　　6厘米

图Ⅰ-27　府治遗址第4层出土印花方砖T1④：92

（1）莲花纹瓦当

标本T2④：79，当缘稍残。泥质灰陶。圆形，宽平缘。当心近缘处饰一周凸弦纹，其外侧环绕连珠一周，其内侧饰七瓣莲纹，花瓣圆润饱满，立体感强，瓣间饰三角纹。莲心有六子，其外环绕一周凸弦纹。当径16、缘宽1.3～1.8、厚约1.9厘米。（彩版Ⅰ-21：1）

标本T2④：88，当缘缺失约1/3。泥质灰陶。圆形，缘较窄。当心近缘处饰一周凸弦纹，其外侧环绕连珠一周，其内侧饰七瓣莲纹，花瓣圆润饱满，近于椭圆形，瓣间饰近于"T"形纹饰。莲心饰六子，其外环绕一周凸弦纹。当径14.2、缘宽0.9～1.2、厚2厘米。（彩版Ⅰ-21：2）

标本T2④：93，当缘稍残。泥质灰陶。圆形，缘较窄。当心近缘处饰一周凸弦纹，其外侧环绕连珠一周，其内侧饰八瓣莲纹，花瓣近于三角形，中脊突起，瓣间饰三角纹。莲心饰六子，其外环绕一周凸弦纹。当径15、缘宽1～1.3、厚约1.8厘米。（彩版Ⅰ-21：3）

标本T3④：89，当缘有一缺口。泥质灰陶。圆形，缘较窄。当心近缘处饰一周连珠，其内侧饰七瓣莲纹，花瓣近于菱形，中脊突起，瓣间饰三角纹。莲心突起，饰七子。当径14.4、缘宽1.2～1.6、厚约2.1厘米。（彩版Ⅰ-21：4）

标本T3④：93，当缘稍残。泥质灰陶。圆形，缘较窄。当心近缘处饰一周凸弦纹，其外侧环绕连珠一周，其内侧饰七瓣莲纹，花瓣近于椭圆形，脊线突起，瓣间饰三角

纹。莲心突起，饰六子。当径14.3、缘宽0.9～1.1、厚约2.8厘米。（彩版Ⅰ-21：5）

标本T5④：82，当缘稍残。泥质灰陶。圆形，缘较窄。当心近缘处及莲瓣外围各饰一周凸弦纹，两道弦纹间环绕连珠一周。弦纹内侧饰七瓣莲纹，花瓣近于椭圆形，较为饱满，瓣间饰三角纹。莲心有六子，其外环绕一周凸弦纹。当径14.6、缘宽0.8～1.1、厚约2.7厘米。（彩版Ⅰ-21：6）

标本T5④：91，当面完整。泥质灰陶。圆形，缘较窄。当心近缘处饰一周连珠，其内侧饰七瓣莲纹，花瓣圆润饱满，中脊突起，瓣间饰三角纹。莲心饰七子，其外环绕一周凸弦纹。当径15、缘宽1～1.5、厚约2.3厘米。（彩版Ⅰ-22：1）

标本T5④：97，当缘部分残缺。泥质灰陶。圆形，宽平缘。当心近缘处饰一周凸弦纹，其外环绕连珠一周，其内侧饰七瓣莲纹，花瓣圆润饱满，瓣间饰三角纹。莲心饰六子，其外环绕一周凸弦纹。当径16.1、缘宽1.4～1.8、厚约1.8厘米。（彩版Ⅰ-22：2）

标本T5④：102，当缘有三处缺口。泥质灰陶。圆形，缘较窄。当心近缘处饰一周凸弦纹，其外侧环绕连珠一周，其内侧饰七瓣莲纹，花瓣圆润饱满，立体感强，瓣间饰三角纹。莲心饰六子，其外环绕一周凸弦纹。当径16.5、缘宽1.1～1.5、厚约2.6厘米。（彩版Ⅰ-22：3）

（2）兽面纹瓦当

标本T5④：69，当面完整。泥质灰陶。圆形，宽平缘。缘面一周呈八边

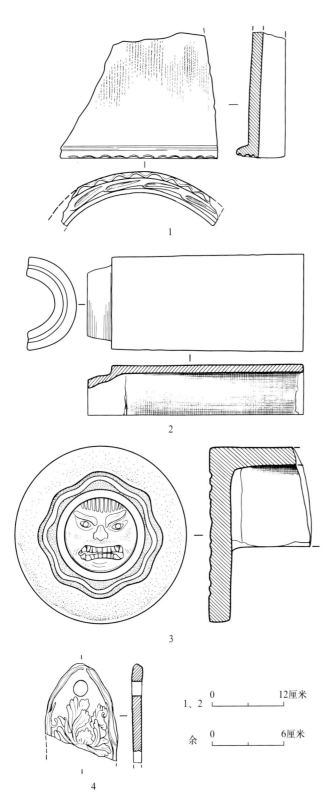

图Ⅰ-28 府治遗址第4层出土陶瓦、瓦当、悬鱼
1.板瓦T3④：40 2.筒瓦T5④：59 3.兽面纹瓦当T5④：69 4.悬鱼T1④：54

形，其内饰一周凸起的八边形弦纹。当心为一怒目龇牙的兽面，其外环绕一周凸弦纹。当径14、缘宽1.6～2、厚约1.5、残长8.6厘米。（图Ⅰ-28：3；彩版Ⅰ-22：4）

5．悬鱼

标本T1④：54，残存上半部。泥质灰陶。平面呈鱼形，一面模印菊花纹。圆孔鱼眼，孔径1.2厘米。残长8、残宽6、厚0.8厘米。（图Ⅰ-28：4；彩版Ⅰ-23：1）

6．鸱吻

标本T2④：103，下颚残件。泥质红陶。残长12.7厘米。（彩版Ⅰ-23：2）

标本T5④：57，头部残件。泥质灰陶。残存一眼、一耳。残长17.5厘米。（彩版Ⅰ-23：3）

标本T5④：89，面部残件。泥质红陶。形状近于方形，残存一凸起圆眼。残长、残宽均为13.4厘米。（彩版Ⅰ-23：4）

二　陶器

器形包括灯和罐。

1．灯

标本T1④：6，灯盏、承盘及底座部分残。泥质红陶。碗形灯盏，喇叭状灯柱，中空，圆形承盘。残高21厘米。（图Ⅰ-29：1；彩版Ⅰ-24：1）

标本T3④：61，残。泥质灰陶。碗形灯盏，喇叭状灯柱，中空，圆形承盘。通高11.3厘米，灯盏口径6.6厘米，托盘直径12.6厘米。（图Ⅰ-29：2；彩版Ⅰ-24：2）

标本T5④：41，仅见灯柱及承盘。泥质灰陶。灯柱上中部分别装饰圆盘、凸轮，下部为直径14.4厘米的圆形承盘。灯柱中空，孔径约2厘米。残高14.4厘米。（图Ⅰ-29：3；彩版Ⅰ-24：4）

2．罐

标本T5④：56，残缺约一半。泥质灰陶。圆唇，直口，短颈，丰肩，鼓腹，内底凸起，平底。浅灰色胎，较粗。口径10.2、最大腹径13.2、底径8.9、高5.3厘米。（彩版Ⅰ-24：3）

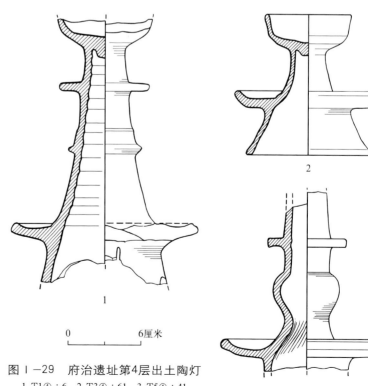

0　　　　6厘米

图Ⅰ-29　府治遗址第4层出土陶灯

1.T1④：6　2.T3④：61　3.T5④：41

三　瓷器

有青瓷、青白瓷、白瓷、黑（酱）釉瓷等，窑口有龙泉窑、景德镇窑、定窑、吉州窑及遇林亭窑等。

（一）青瓷

第 4 层出土瓷器以青瓷为大宗，其中龙泉青瓷数量最多，另有浙北等其他地区出产的青瓷器。

1.龙泉窑

可辨器形有碗、盘、盏和高足杯等。

（1）碗

包括莲瓣碗、敞口碗、侈口碗、花口碗及残件。

莲瓣碗

标本 T4 ④：1，可复原。尖圆唇，敞口微敛，斜曲腹，鸡心底，圈足。灰胎，胎体较薄。青绿釉偏黄，施满釉，圈足底刮釉。外壁划莲瓣纹。口径 11.6、足径 3.1、高 4.7 厘米。（图Ⅰ－30：1；彩版Ⅰ－25：1）

标本 T4 ④：2，可复原。尖圆唇，敞口微敛，斜曲腹，鸡心底，圈足。灰白胎。青绿色釉，釉面有疏朗开片，施满釉，圈足底刮釉。外壁刻莲瓣纹。口径 16.8、足径 4.8、高 6.9 厘米。（图Ⅰ－30：2；彩版Ⅰ－25：2）

敞口碗

标本 T4 ④：22，可复原。尖唇，斜直腹，圈足。灰褐胎，较粗。黄绿色釉，釉面光洁有玻璃质感，内底及外壁下腹有开片，施釉不及底。内壁饰草叶纹夹篦纹，外壁划篦纹。口径 16、足径 5.7、高 6.1 厘米。（图Ⅰ－30：3；彩版Ⅰ－25：3）

标本 T3 ④：13，可复原。圆唇，敞口，深弧腹，圈足较高。浅灰色胎，稍粗。青绿色釉泛黄。口径 14.6、足径 6.2、高 7.4 厘米。（彩版Ⅰ－25：4）

侈口碗

标本 T3 ④：1，可复原。圆唇，斜曲腹，圈足。灰白胎，稍粗。青绿色釉泛黄，施釉近底，外底无釉。内壁划牡丹纹夹篦纹，近口沿处划一周弦纹。口径 16.4、足径 5.2、高 6.8 厘米。（图Ⅰ－30：4；彩版Ⅰ－26：1）

标本 T1 ④：19，可复原。尖圆唇，斜曲腹，圈足，外壁近口沿处略向内收。灰白色胎。青黄色釉，釉面有细碎开片，施釉近底，外底无釉。内部刻卷草纹夹篦纹，近口沿处划弦纹一周，外壁饰折扇纹。口径 18.9、足径 5.6、高 7.5 厘米。（图Ⅰ－30：5；彩版Ⅰ－26：2）

花口碗

标本 T5 ④：7，可复原。圆唇，六曲花口，斜曲腹，圈足。灰白胎，较细腻。青绿色釉泛黄，内外壁皆有开片，施釉至底，圈足底无釉，外底不明。内壁对花口处出筋。口径

图 I -30　府治遗址第4层出土龙泉窑青瓷碗、盏

1.莲瓣碗T4④：1　2.莲瓣碗T4④：2　3.敞口碗T4④：22　4.侈口碗T3④：1　5.侈口碗T1④：19

6.花口碗T5④：7　7.敞口盏T3④：14

13、足径4.8、高5.6厘米。（图 I -30：6；彩版 I -27：1）

碗残件

标本 T1 ④：12，碗底残件。斜曲腹，圈足。灰胎，胎质较细。青黄色釉，有细碎开片，施釉至底，圈足部分有釉，外底无釉。内壁划花卉纹填篦划纹，外壁划折扇纹。足径5.8、残高5.8厘米。（彩版 I -27：2）

标本 T2 ④：15，碗底残件。浅曲腹，圈足。灰胎，较粗。青绿色釉，外底满釉，圈足底刮釉。内壁刻有纹饰，不可辨，外壁有莲瓣纹。足径4.7、残高4.5厘米。（彩版 I -27：3）

标本 T3 ④：11，碗底残件。斜曲腹，圈足。灰胎，胎质较细。青绿色釉泛黄，釉面光洁，施满釉，圈足底刮釉。内壁有草叶纹、篦划纹，外壁饰折扇纹。足径5.7、残高4.8厘米。（彩版

Ⅰ—27：4）

标本 T5④：6，碗下腹及底部残件。浅曲腹，圈足。灰胎，较粗。青绿色釉，施釉至圈足底，外底部分无釉。内壁饰篦划纹，外壁划折扇纹。足径6.5、残高6.4厘米。（彩版Ⅰ—28：1）

（2）盘

残件

标本 T2④：17，口沿残片。方唇，折沿，侈口。灰褐色胎，略粗。青黄色釉，釉层较厚。内壁饰有粗划纹及弦纹。复原口径23.4、残长8.1厘米。（彩版Ⅰ—28：2）

（3）盏

敞口盏

标本 T3④：14，可复原。尖圆唇，斜曲腹，大平底，圈足。灰黑色胎，较粗。黄绿色釉，釉面光洁，有玻璃质感，内外壁皆有开片。内底有垫圈烧痕，外壁施釉不及底。口径10.2、足径4、高3.8厘米。（图Ⅰ—30：7；彩版Ⅰ—28：3）

束口盏

标本 T6④：2，可复原。尖圆唇，斜曲腹，内底凸起，小圈足。灰白胎，细腻。青灰色釉，施满釉，圈足底刮釉。口径9.6、足径3.2、高5厘米。（彩版Ⅰ—28：4）

（4）高足杯

标本 T2④：13，底及足部残件。竹节状高足。灰白色胎，较粗。青绿色釉，釉层较厚。内底心刻划莲花纹。足底无釉。足径3.8、残高7.7厘米。（彩版Ⅰ—29：1）

标本 T4④：18，下腹及足部残件。曲腹，竹节状高足。灰白色胎，较细。青绿色釉，足底无釉。内底划有纹饰，模糊不可辨。足径4、残高9.3厘米。（彩版Ⅰ—29：2）

2.铁店窑

碗

敛口碗

标本 T1④：4，可复原。尖圆唇，斜直腹，圈足。棕红色胎，稍粗。灰褐色釉，釉面有天蓝色乳浊斑，施釉不及底。内底心有垫圈烧痕。口径15.6、足径7.2、高6.7厘米。（图Ⅰ—31；彩版Ⅰ—29：3）

3.未定窑口

器形主要有碗和盘。

（1）碗

有敞口碗、侈口碗、敛口碗和花口碗等。

敞口碗

标本 T4④：23，可复原。尖圆唇，斜曲腹，圈足。浅灰色胎，较粗。青黄色釉，外壁施釉不匀，部分露胎。外底部分有釉、有垫烧痕。口径13.8、足径6、高5.9厘米。（图Ⅰ—32：1；彩

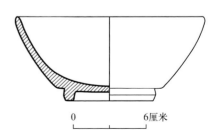

图Ⅰ—31　府治遗址第4层出土铁店窑青瓷敛
口碗T1④：4

0 6厘米

图 I—32 府治遗址第4层出土未定窑口青瓷碗

1.敞口碗T4④:23 2.侈口碗T2④:71 3.侈口碗T4④:5 4.敛口碗T4④:3 5.花口碗T5④:2 6.花口碗T5④:8

版 I -30：1）

侈口碗

标本 T2 ④：71，可复原。圆唇，斜曲腹，圈足。灰胎，较粗。青绿色釉，施釉近底，外底无釉。内底心划荷叶纹，内壁划花夹篦点，近口沿处划双弦纹，外壁划折扇纹。口径 17.7、足径 5、高 6.8 厘米。（图 I -32：2；彩版 I -30：2）

标本 T4 ④：5，可复原。尖圆唇，斜曲腹，高圈足。灰白胎，较粗。青黄色釉，釉层较薄，施釉不及底。外壁划折扇纹。口径 15.8、足径 6、高 7 厘米。（图 I -32：3；彩版 I -30：3）

敛口碗

标本 T4 ④：3，可复原。尖圆唇，斜曲腹，圈足宽而矮。浅灰色胎，稍粗。青灰色釉，釉面光洁有玻璃质感，内外壁满布细碎开片，施釉近底，外底无釉。口径 15、足径 5.8、高 5.6 厘米。（图 I -32：4；彩版 I -31：1）

花口碗

标本 T5 ④：2，可复原。尖圆唇，侈口，斜曲腹，圈足。浅灰胎，较细腻。浅灰黄色釉，施釉不及底。内壁划花夹篦纹。口径 18.4、足径 6.3、高 6.1 厘米。（图 I -32：5；彩版 I -31：2）

标本 T5 ④：8，可复原。尖圆唇，侈口，六曲花口，斜曲腹，圈足。灰胎，较粗。灰青色釉，施釉不及底。内壁刻划花卉纹。内底心有窑粘。口径 18.8、足径 6.4、高 6.9 厘米。（图 I -32：6；彩版 I -31：3）

（2）盘

有敞口盘、侈口盘和直口盘。

敞口盘

标本 T5 ④：22，可复原。圆唇，敞口微敛，浅曲腹，圈足。黄褐色釉，有开片，施釉不及底。口径 12.2、足径 4.4、高 3.7 厘米。（图 I -33：1；彩版 I -32：1）

标本 T5 ④：24，可复原。圆唇，敞口微敛，浅曲腹，圈足。红褐色胎，较粗。褐色釉，有开片，施釉近底，外底无釉。口径 12、足径 4.1、高 3.6 厘米。（图 I -33：2；彩版 I -32：2）

侈口盘

标本 T3 ④：12，可复原。圆唇，浅曲腹，圈足。深灰色胎，较粗。黄褐色釉，釉面有蓝紫色窑变釉，施釉不及底。口径 12、足径 4.2、高 3.4 厘米。（图 I -33：3；彩版 I -32：3）

直口盘

标本 T1 ④：16，可复原。

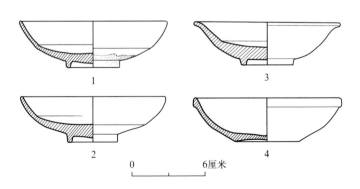

图 I -33　府治遗址第4层出土未定窑口青瓷盘

1.敞口盘T5④：22　2.敞口盘T5④：24　3.侈口盘T3④：12　4.直口盘T1④：16

尖唇，浅曲腹，平底。灰胎。黄褐色釉，外壁无釉。口径 12.3、底径 5.2、高 3.4 厘米。（图Ⅰ-33：4；彩版Ⅰ-32：4）

（二）青白瓷

均为景德镇窑产品，器形有碗、盘、碟和器盖。

（1）碗

有敞口碗、侈口碗及残件。

敞口碗

标本 T1④：7，可复原。尖圆唇，斜直腹，浅圈足。白胎，胎骨轻薄。白釉泛青，釉面有开片，施釉近底，外底无釉。内壁及底心划卷草纹。口径 19.6、足径 5.4、高 5.8 厘米。（图Ⅰ-34：1；彩版Ⅰ-33：1）

标本 T5④：19，可复原。尖唇，斜直腹，圈足。白胎，细腻，胎骨轻薄。白釉闪青，积釉处呈湖绿色，内底有细碎开片，施釉近底，外底无釉。内壁划花。口径 11.6、足径 3、高 4.4 厘米。（图Ⅰ-34：2；彩版Ⅰ-33：2）

侈口碗

标本 T4④：16，可复原。圆唇，曲腹，圈足略外撇。浅灰色胎，较细腻。青白色釉，外壁近圈足处积釉泛青，施釉近底，外底无釉。圈足外壁落渣。口径 12.2、足径 5.4、高 4 厘米。（彩版Ⅰ-34：1）

碗残件

标本 T1④：9，碗下腹及底部残件。曲腹，圈足。灰白胎，较粗。青白釉，外壁近圈足处积釉泛青绿，内外壁皆有细碎开片，施釉近底，外底无釉。内壁刻划草叶纹夹篦点纹。足径 5.6、残高 4.3 厘米。（图Ⅰ-34：3；彩版Ⅰ-34：2）

标本 T2④：4，碗底残件。浅曲腹，矮圈足。白胎，较细腻。白釉泛青，内底心有开片，内壁近底及外壁近圈足处积釉泛青，足底满釉。足径 5.4、残高 2.4 厘米。（彩版Ⅰ-34：3）

标本 T2④：7，碗下腹及底部残件。曲腹，圈足。白胎，略粗。青白色釉，内壁近底及外壁近圈足处积釉泛青，施釉近底，外底无釉，有垫饼烧痕。内壁饰草叶纹夹篦纹。足径 5.3、残高 4.8 厘米。（图Ⅰ-34：4；彩版Ⅰ-34：4）

标本 T3④：5，碗下腹及底部残件。曲腹，圈足。黄白色胎，略粗。白釉泛青，外底积釉处泛青，施满釉，圈足底及外底中部刮釉，外底有垫饼烧痕。内壁刻划草叶纹。足径 5.6、残高 3.8 厘米。（彩版Ⅰ-35：1）

标本 T4④：14，碗底残件。矮圈足。白胎，略粗。青白色釉，外壁近圈足处积釉泛青，施满釉，外底中部环状刮釉，有垫饼烧痕。内壁刻划卷草纹。足径 6.3、残高 1.6 厘米。（彩版Ⅰ-35：2）

（2）盘

折腹盘

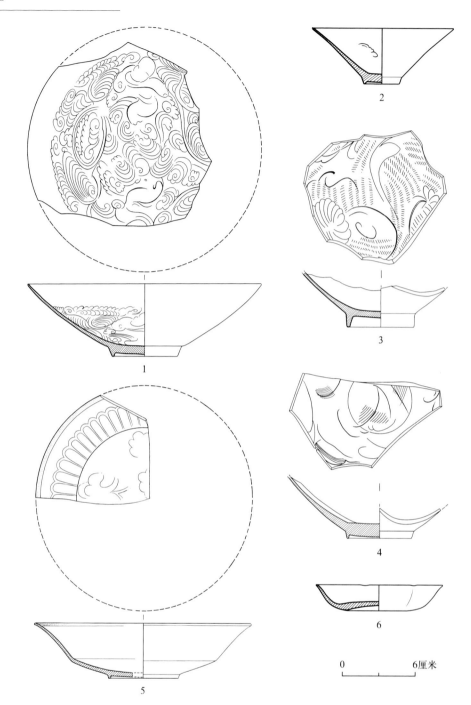

图 I-34　府治遗址第4层出土景德镇窑青白瓷碗、盘、碟

1. 敞口碗T1④：7　2. 敞口碗T5④：19　3. 碗残件T1④：9　4. 碗残件T2④：7　5. 折腹盘T4④：15
6. 花口碟T3④：2

标本 T4④：15，可复原。方唇，芒口外侈，圈足。白胎，略粗。青白色釉，外壁积釉处泛青，施釉至底，外底无釉。内壁饰莲瓣纹，内底饰莲花纹。口径17.6、足径5.6、高4.4厘米。（图 I-34：5；彩版 I-35：3）

（3）碟

花口碟

标本 T3④：2，可复原。尖唇，敞口，六曲花口，浅曲腹，平底略内凹，卧足。白

胎，坚致细密，胎骨较薄。白釉闪青，施釉至底，外底无釉。内壁出筋。口径10.4、底径5、高2厘米。（图Ⅰ－34：6；彩版Ⅰ－36：1）

折腹碟

标本 T4④：21，可复原。平唇，侈口，圈足，鸡心底。灰白色胎，较细腻。青白色釉，内底心刮釉一周，施釉近底，外底无釉。口径11.8、足径3.4、高2.5厘米。（彩版Ⅰ－36：2）

（4）器盖

标本 T2④：8，残。母口。白胎，较细腻。青白色釉。口径16.2、残高2.2厘米。（彩版Ⅰ－35：4）

（三）白瓷

主要为定窑产品，器形有碗和盘两类，另有少量景德镇窑仿定白瓷碗残件。

1.定窑

有碗和盘。

（1）碗

花口碗

标本 T1④：22，可复原。尖圆唇，芒口外敞，八曲花口，斜曲腹，圈足。白胎，细腻，胎骨轻薄。白釉闪黄，施满釉，圈足刮釉。内壁模印水波游鱼纹，近口沿处印卷草纹一周。口径19.8、足径5.8、高7厘米。（图Ⅰ－35：1；彩版Ⅰ－37：1）

碗残件

标本 T2④：11，碗底残件。圈足。白胎，细腻，胎骨较薄。白釉闪黄，施满釉，圈足刮釉。内底及外底均刻划草叶纹。足径5.8、残高1.5厘米。（彩版Ⅰ－37：2）

（2）盘

敞口盘

标本 T3④：91，可复原。尖圆唇，芒口，浅曲腹，圈足。浅灰胎，胎骨轻薄。白釉略泛黄，釉面光洁，器身满釉。内底模印水波游鱼纹，内壁近口沿处饰回纹。口径16、足径4.9、

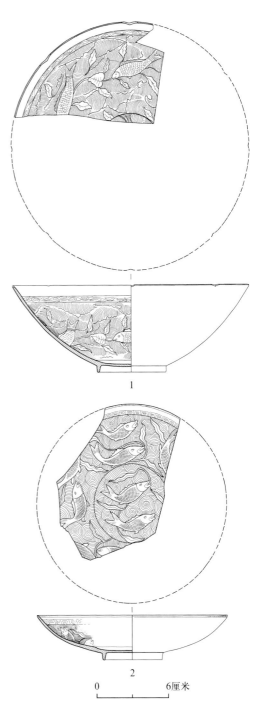

图Ⅰ－35　府治遗址第4层出土定窑
白瓷碗、盘
1.花口碗T1④：22　2.敞口盘T3④：91

高 3.6 厘米。（图Ⅰ-35：2；彩版Ⅰ-37：3）

2. 景德镇窑

碗残件

标本 T1④：10，碗底残件。圈足。白胎，较粗。白釉泛黄，釉面有细碎开片，施满釉，圈足底刮釉。内底模印水波游鱼纹。足径 6.6、残高 1.5 厘米。（彩版Ⅰ-38：1）

标本 T2④：9，碗底残件。圈足。白胎，细腻，胎骨轻薄。白釉泛黄，施釉至底，外底无釉。内壁模印莲花纹。足径 5.1、残高 2.3 厘米。（彩版Ⅰ-38：2）

（四）黑（酱）釉瓷

器形均为盏。主要为福建遇林亭窑产品，另有少量吉州窑及其他未定窑口的产品。

1. 遇林亭窑

盏

有敞口盏和束口盏。

敞口盏

标本 T1④：1，可复原。尖圆唇，斜直腹，圈足。灰黑胎，稍粗。黑釉，施釉不及底。口径 10.2、足径 3.2、高 4.3 厘米。（图Ⅰ-36：1；彩版Ⅰ-39：1）

标本 T1④：2，可复原。尖圆唇，斜直腹，圈足。灰黄色胎，较粗。黑釉，口沿处呈棕色，外壁施釉不及底。口径 12.4、足径 4、高 5.1 厘米。（图Ⅰ-36：2；彩版Ⅰ-39：2）

标本 T5④：21，可复原。尖唇，斜直腹，圈足。灰褐色胎，较粗。黑釉，外壁施釉不及底。口径 12.7、足径 4、高 5.7 厘米。（图Ⅰ-36：3；彩版Ⅰ-39：3）

束口盏

标本 T1④：18，可复原。圆唇，敞口，近口沿处向内凹，斜直腹，浅圈足。棕灰胎。

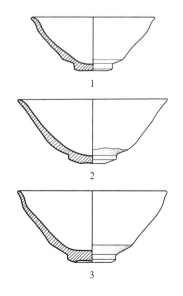

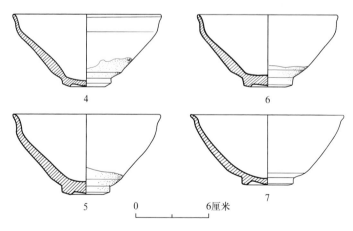

图Ⅰ-36　府治遗址第4层出土遇林亭窑黑釉瓷盏
1.敞口盏T1④：1　2.敞口盏T1④：2　3.敞口盏T5④：21　4.束口盏T1④：18
5.束口盏T4④：20　6.束口盏T5④：13　7.束口盏T5④：14

黑釉，釉面光亮，近口沿处呈棕色，施釉至半腹。口径12.3、足径4、高5.8厘米。（图Ⅰ-36：4；彩版Ⅰ-40：1）

标本T1④：25，可复原。尖唇，敞口，折腹，圈足。灰黑色胎，较粗。黑釉，近口沿处呈棕色，外壁施釉不及底。口径11.4、足径3.4、高5.3厘米。（彩版Ⅰ-40：2）

标本T2④：21，可复原。尖唇，敞口，斜直腹，圈足。灰黑胎，胎体粗厚。黑釉，口沿处呈褐色，釉面有铁锈斑纹，施釉不及底。口径12.1、足径4.1、高5.1厘米。（彩版Ⅰ-40：3）

标本T3④：3，口沿稍残。尖唇，敞口，斜曲腹，浅圈足。棕灰胎。黑釉，局部有铁锈斑纹，施釉至半腹。口径9.4、足径3.1、高4.1厘米。（彩版Ⅰ-41：1）

标本T4④：20，可复原。尖圆唇，敞口，斜直腹，圈足。灰黄色胎，胎质较粗。黑釉，口沿处呈棕色，外壁施釉不及底。口径12.2、足径4、高6.4厘米。（图Ⅰ-36：5；彩版Ⅰ-41：2）

标本T5④：13，可复原。尖唇，敞口，斜曲腹，饼足内凹。灰黑胎，胎体粗厚。黑釉，口沿处呈棕色，釉面有铁锈斑，施釉至半腹。口径11.6、足径4、高5.7厘米。（图Ⅰ-36：6；彩版Ⅰ-42：1）

标本T5④：14，可复原。尖唇，敞口，斜直腹，圈足。灰黑胎，较粗。黑釉，局部有铁锈斑纹，施釉不及底。口径12.6、足径4.2、高5.6厘米。（图Ⅰ-36：7；彩版Ⅰ-42：2）

2.吉州窑

盏

标本T5④：4，可复原。圆唇，敛口，斜直腹，圈足。棕红胎色，黑釉，釉面有米黄色斑纹，施釉不及底，露胎处呈火石红色。口径10.6、足径3.8、高5.8厘米。（彩版Ⅰ-38：3）

3.未定窑口

有盏、灯盏和瓶等。

（1）盏

标本T5④：10，可复原。尖圆唇，敞口，曲腹，圈足。灰褐色胎，较粗。黑褐色釉，外壁施釉不及底。口径11、足径3.6、高4.6厘米。（图Ⅰ-37：1；彩版Ⅰ-43：1）

（2）灯盏

标本T5④：11，可复原。圆唇，敛

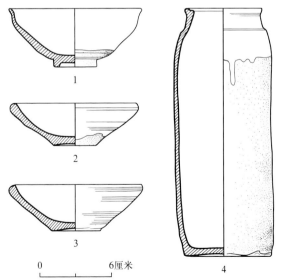

图Ⅰ-37　府治遗址第4层出土未定窑口黑（酱）釉瓷盏、灯盏、瓶

1.盏T5④：10　2.灯盏T5④：11　3.灯盏T5④：12　4.瓶T3④：69

口，斜直腹，平底。褐色胎，略粗。酱色釉，外壁施釉不及底。口径10.6、足径3.6、高3.3厘米。（图Ⅰ-37：2；彩版Ⅰ-43：2）

标本T5④：12，可复原。圆唇，敞口，斜直腹，圈足。黑褐色釉，外壁无釉。口径11.2、足径4、高3.6厘米。（图Ⅰ-37：3；彩版Ⅰ-43：3）

（3）瓶

标本T3④：69，口沿稍残。尖圆唇，折沿，短颈，直腹，平底。浅灰色胎，较粗。口沿及颈肩部施酱黄釉。口径6.5、底径6.3、高19.5厘米。（图Ⅰ-37：4；彩版Ⅰ-43：4）

四 铜钱

第4层出土铜钱共计43枚，其中以两宋时期的铜钱为最多，另有"开元通宝"及铭文不可辨者6枚。（图Ⅰ-38；表Ⅰ-1）

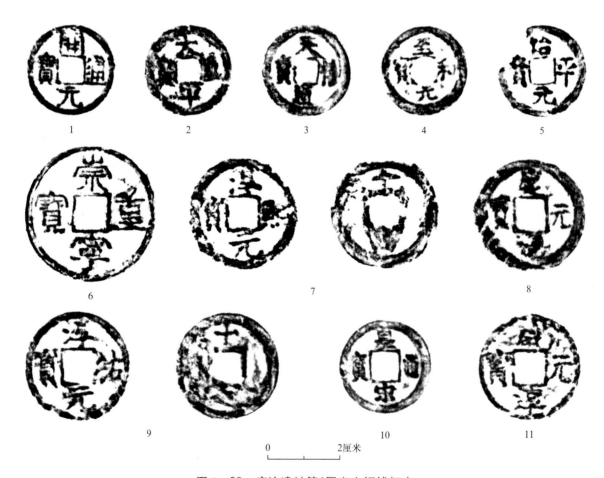

图Ⅰ-38 府治遗址第4层出土铜钱拓本

1.开元通宝 2.太平通宝 3.天禧通宝 4.至和元宝 5.治平元宝 6.崇宁重宝 7.淳熙元宝 8.庆元通宝 9.淳祐元宝 10.皇宋通宝 11.咸淳元宝

表Ⅰ-1 府治遗址第4层出土铜钱统计表

钱 名	数量（枚）	铸造年代	直 径	备 注	图号
开元通宝	9	唐高祖武德四年（621年）始铸	2.25~2.6多2.4厘米	对读	图Ⅰ-38：1
太平通宝	1	北宋太宗太平兴国年间（976~984年）铸	2.4厘米	对读	图Ⅰ-38：2
祥符元宝	1	北宋真宗大中祥符年间（1008~1016年）铸	2.5厘米	右旋读	
天禧通宝	1	北宋真宗天禧年间（1017~1021年）铸	2.4厘米	右旋读	图Ⅰ-38：3
天圣元宝	1	北宋仁宗天圣元年（1023年）铸	2.4厘米	右旋读	
景祐元宝	1	北宋仁宗景祐元年（1034年）铸	2.45厘米	右旋读	
至和元宝	1	北宋仁宗至和元年（1054年）铸	2.35厘米	右旋读	图Ⅰ-38：4
治平元宝	1	北宋英宗治平年间（1064~1067年）铸	2.4厘米	右旋读	图Ⅰ-38：5
熙宁重宝	2	北宋神宗熙宁四年（1071年）铸	2.9、3厘米	右旋读	
崇宁重宝	3	北宋徽宗崇宁三年（1104年）铸	3.3~3.5厘米	对读	图Ⅰ-38：6
建炎通宝	1	南宋高宗建炎元年（1127年）铸	3厘米	对读	
淳熙元宝	2	南宋孝宗淳熙元年（1174年）铸	2.8、2.9厘米	右旋读	图Ⅰ-38：7
庆元通宝	1	南宋宁宗庆元元年（1195年）铸	2.9厘米	右旋读	图Ⅰ-38：8
开庆通宝	3	南宋宁宗庆元年间（1195~1200年）铸	2.9厘米	对读	
淳祐元宝	4	南宋理宗淳祐年间（1241~1252年）铸	2.9厘米	右旋读	图Ⅰ-38：9
皇宋通宝	4	北宋宝元二年至皇祐末年（1039~1053年）铸	2.4~2.9厘米	右旋读	图Ⅰ-38：10
咸淳元宝	1	南宋度宗咸淳年间（1265~1274年）铸	2.8厘米	对读	图Ⅰ-38：11

五 石质遗物

有界碑、造像和石球等。

1.界碑

标本 T1④：61，残。紫砂岩质。平面长方形。碑面阴刻楷书两行，残见 29 字，为"……府打量清河坊入巷以西至龙舌头／丈陆尺仰居民不得侵占如违重作施……"，字内有红色涂料残迹。残高 72、宽 33、厚 7 厘米。（彩版 Ⅰ－44）

2.造像

标本 T7④：1，蹲狮形，头部残缺。用青石制作。残高 6.3、底座长 5.7、宽 4、高 2.1 厘米。（彩版 Ⅰ－45：1）

标本 T7④：3，足残件。用白色太湖石制作。残长 11.5、残宽 8.5、残高 6.1 厘米。（彩版 Ⅰ－45：2）

标本 T7④：7，足残件。用白色太湖石制作。残长 10、残宽 9、残高 8.7 厘米。（彩版 Ⅰ－45：3）

标本 T7④：5，菩萨立像，残缺头、双手、足，仅存身躯。用白色太湖石制作。身着天衣，帛带环绕，线条流畅，体态窈窕。残高 22 厘米。（彩版 Ⅰ－46：1）

标本 T7④：8，菩萨立像，残缺头、一手、足。用白色太湖石制作。残高 37 厘米。（彩版 Ⅰ－47）

标本 T7④：6，天王立像，仅存身躯及一手，手叉于腰间。用白色太湖石制作。残高 20 厘米。（彩版 Ⅰ－46：2）

标本 T7④：9，天王立像，残缺手臂及足。用白色太湖石制作。壮年男相，圆眸双眼，头发披肩，上身赤裸，下身系裳。残高 45.5 厘米。（彩版 Ⅰ－48）

3.石球

共发现 34 只，分为大中小三类，质料有青灰石、灰白石和灰红石三种，近于圆球形而表面粗糙。

大球 10 只。

标本 T1④：78，直径 14 厘米。（彩版 Ⅰ－49：1 右）

中球 12 只。

标本 T1④：79，直径 11 厘米。（彩版 Ⅰ－49：1 中）

小球 12 只。

标本 T1④：80，直径 9.5 厘米。（彩版 Ⅰ－49：1 左）

六 其他

（1）骨簪

标本 T5④：63，完整。断面呈椭圆形。长 9.9 厘米。（图 Ⅰ－39：1；彩版 Ⅰ－49：2）

（2）红木仕女

标本 T3④：4，头、手、足、左臂残。漆皮部分脱落，呈紫黑色。用红木圆雕。上着

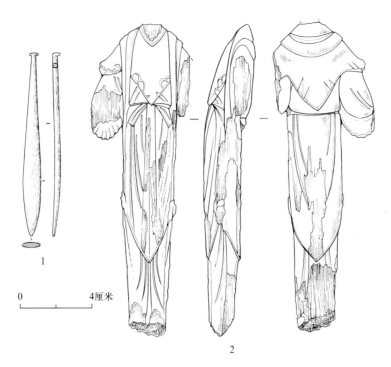

图 I -39　府治遗址第4层出土骨簪、红木仕女
1.骨簪T5④：63　2.红木仕女T3④：4

襦袄，下系长裙，身材苗条作站立状。残高17厘米。（图 I -39：2）

第二节　第3层出土遗物

包括陶质建筑构件、陶器、瓷器、铜钱和石质遗物。

一　陶质建筑构件

有砖雕、筒瓦和瓦当。

1.砖雕

标本 T5 ③：101，完整。泥质灰陶。长方形。一面饰缠枝花纹。长19.5、宽7.5、厚2.5厘米。（图 I -40：1；彩版 I -50：1）

2.筒瓦

标本 T3 ③：37，残件。泥质灰陶。唇部光素无纹，瓦内饰布纹。残长32.5、宽15.2、唇部宽3.6、厚1.6 - 2.1、矢高5.5厘米。（图 I -40：2；彩版 I -50：2）

3.瓦当

莲花纹瓦当

标本 T1 ③：17，当缘残缺。泥质灰陶。圆形，缘较窄。当心近缘处饰一周连珠，其内环绕一周凸弦纹。凸弦纹内侧饰八瓣莲纹，花瓣近于三角形，中脊突起，瓣间饰三角纹。莲心饰六子，其外环绕两圈凸弦纹。当径15.6、缘宽1、厚约1.8厘米。（图 I -40：3；

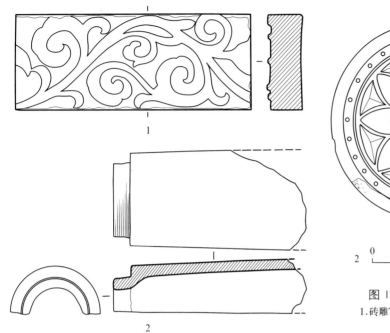

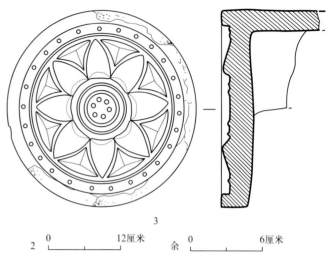

图Ⅰ—40　府治遗址第3层出土陶质建筑构件

1.砖雕T5③∶101　2.筒瓦T3③∶37　3.莲花纹瓦当T1③∶17

彩版Ⅰ—50∶3)

二　陶器

罐

标本T1③∶76，口沿残。泥质灰陶。折肩，鼓腹，平底，底部中心分布三大一小4个圆孔，大孔直径约0.5厘米，小孔直径约0.2厘米。最大腹径17.1、底径12.3、残高9.5厘米。（图Ⅰ—41；彩版Ⅰ—50∶4）

三　瓷器

有青瓷、青白瓷、白瓷、黑釉瓷、青花瓷等，所属窑口有龙泉窑、越窑、景德镇窑、定窑、耀州窑、遇林亭窑、吉州窑及铁店窑等。

（一）青瓷

以龙泉窑产品最多见，另有越窑、耀州窑、铁店窑等，部分器物为浙南闽北等其他窑口的产品。

1.龙泉窑

数量较多，种类丰富，有碗、盘、碟、杯、洗、炉、瓶和盆等。

（1）碗

有莲瓣碗、敞口碗、侈口碗、敛口碗、花口碗和夹层碗等。

莲瓣碗

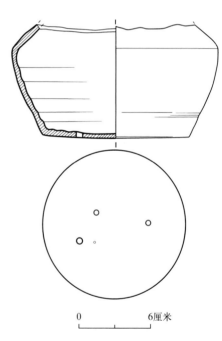

图Ⅰ—41　府治遗址第3层出土陶罐

T1③∶76

标本 T1 ③：19，可复原。尖唇，敛口，曲腹，圈足。灰胎，稍粗。青绿色釉偏灰，釉面光洁，施满釉，圈足底刮釉。外壁模印莲瓣纹。口径10.8、足径2.8、高4.8厘米。（图Ⅰ－42：1；彩版Ⅰ－51：1）

标本 T3 ③：19，可复原。尖圆唇，敞口，斜曲腹，鸡心底，圈足。灰白胎，稍粗。青绿色釉，釉面莹润，施满釉，圈足底刮釉。外壁模印莲瓣纹，瓣脊凸起。口径16.6、足径4.4、高6.2厘米。（图Ⅰ－42：2；彩版Ⅰ－51：2）

标本 T4 ③：12，可复原。圆唇，敞口，斜曲腹，圈足。灰胎，较粗，胎骨厚重。青黄色釉，施釉近底。内底心戳印花卉纹，外壁下腹模印莲瓣纹，近口沿处划双弦纹。口径12、足径4.4、高5.8厘米。（图Ⅰ－42：3；彩版Ⅰ－51：3）

敞口碗

标本 T1 ③：1，可复原。尖圆唇，斜曲腹，平底，浅圈足，圈足略外撇。灰胎，较粗。青绿色釉，釉面光洁，施釉至底，外底无釉。内壁饰划花水波纹及篦划纹。口径18.3、足径7.1、高7.9厘米。（图Ⅰ－42：4；彩版Ⅰ－51：4）

标本 T4 ③：15，可复原。圆唇，斜曲腹，圈足。灰胎，稍粗。青绿色釉，釉面莹润。外底心有墨书及垫饼烧痕，墨书字迹模糊不可辨。施釉至圈足，外底大部分无釉。口径15.4、足径5.4、高6厘米。（图Ⅰ－42：5；彩版Ⅰ－51：5）

侈口碗

标本 T1 ③：2，可复原。圆唇，曲腹，圈足。灰胎，较粗。青绿色釉，有开片，施满釉，外底刮釉，呈火石红色。口径14.8、足径6、高8厘米。（图Ⅰ－42：6；彩版Ⅰ－52：1）

标本 T4 ③：14，可复原。圆唇，曲腹，圈足。灰胎，胎体粗厚。釉色青绿，釉面有开片，内底涩胎，外底刮釉。口径15.4、足径6、高6.9厘米。（图Ⅰ－42：7；彩版Ⅰ－52：2）

标本 T4 ③：16，可复原。圆唇，曲腹，圈足略高。灰白胎。青绿色釉，施满釉，外底刮釉一周，露胎处呈火石红。内底戳印牡丹纹。口径15.4、足径6.7、高7.1厘米。（彩版Ⅰ－52：3）

敛口碗

标本 T3 ③：1，可复原。尖圆唇，斜曲腹，圈足。灰胎，稍粗。青绿色釉，釉面光洁。内外壁皆有舒朗开片，施釉至底，圈足及外底部分无釉。口径10.2、足径3.6、高4.5厘米。（图Ⅰ－42：8；彩版Ⅰ－53：1）

花口碗

标本 T4 ③：26，可复原。尖圆唇，敞口，六曲花口，曲腹，圈足。灰胎，稍粗。粉青色釉，施釉至底，外底无釉。内底心划花，内壁饰变形莲瓣纹，呈开光布局，开光内划云纹。口径19.6、足径7.2、高8.7厘米。（图Ⅰ－42：9；彩版Ⅰ－53：2）

夹层碗

标本 T5 ③：3，可复原。尖圆唇，敞口，腹壁中空，浅曲腹。灰胎，胎体厚重。青灰色釉，外底无釉。外壁下腹刻划莲瓣纹。口径18、底径8.4、高6.4厘米。（图Ⅰ－42：10；彩版Ⅰ－53：3）

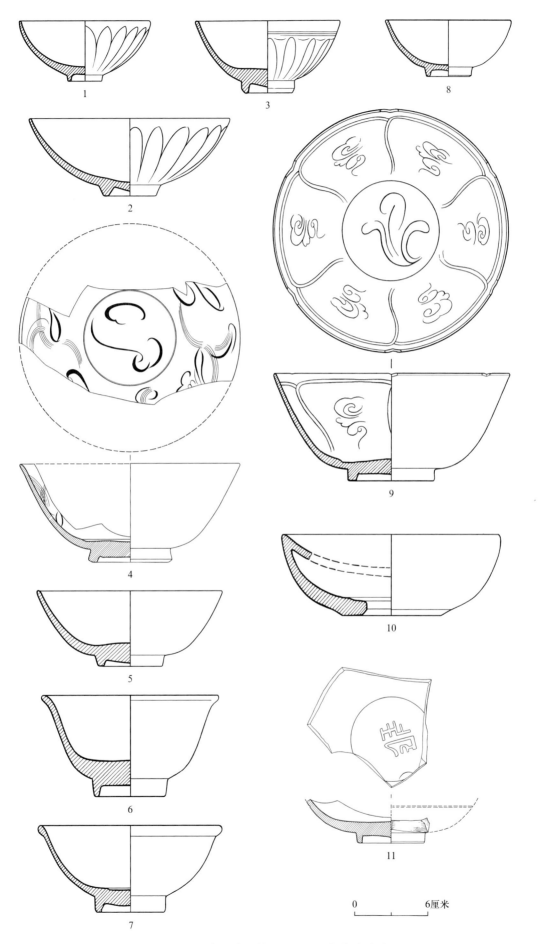

图Ⅰ—42　府治遗址第3层出土龙泉窑青瓷碗

1.莲瓣碗T1③：19　2.莲瓣碗T3③：19　3.莲瓣碗T4③：12　4.敞口碗T1③：1　5.敞口碗T4③：15　6.侈口碗T1③：2
7.侈口碗T4③：14　8.敛口碗T3③：1　9.花口碗T4③：26　10.夹层碗T5③：3　11.碗底残件T1③：53

碗残件

标本 T1 ③：53，碗底残件。圈足，鸡心底。灰胎，较粗。青黄色釉，施釉不及底，近足处有缩釉现象。内底心模印八思巴文。足径 5.4、残高 3.5 厘米。（图Ⅰ-42：11；彩版Ⅰ-53：4）

标本 T2 ③：26，碗口腹残片。圆唇，敞口。灰褐色胎，略粗。青绿釉色，釉层较厚。内外壁纹饰不可辨，外壁口沿刻有一道回纹。残高 5.5、口径 15.2 厘米。（彩版Ⅰ-54：1）

（2）盘

包括敞口盘、侈口盘、折沿盘和八边形盘等。

敞口盘

标本 T4 ③：11，可复原。尖圆唇，浅曲腹，大平底，圈足。灰胎，较粗。青灰色釉，釉面光洁，施釉至底，圈足底及外底大部分无釉，有垫烧痕迹。盘内划莲荷图案，近口沿处饰凹弦纹一周。口径 18.1、足径 13、高 3.6 厘米。（图Ⅰ-43：1；彩版Ⅰ-54：2）

标本 T5 ③：8，可复原。圆唇，浅曲腹，平底，圈足。浅灰胎，略粗。青黄色釉，施满釉，外底刮釉。内底心戳印花卉纹。口径 15.1、足径 8.8、高 4.1 厘米。（图Ⅰ-43：2；彩版Ⅰ-54：3）

侈口盘

标本 T3 ③：6，可复原。尖圆唇，浅曲腹，平底，圈足。浅灰色胎，较粗。青绿色釉，施满釉，内底心、圈足及外底心刮釉。外底墨书一字，模糊不可辨。口径 15.8、足径 6.5、高 3.6 厘米。（图Ⅰ-43：3；彩版Ⅰ-55：1）

标本 T3 ③：24，可复原。圆唇，浅曲腹，平底，圈足。灰褐色胎，较粗。青绿色釉，内外壁皆有开片，内底有窑粘。施满釉，外底心刮釉。内底心模印菊花纹，外壁有一道弦纹。口径 12.4、足径 6.8、高 3.6 厘米。（图Ⅰ-43：4；彩版Ⅰ-55：2）

标本 T4 ③：7，可复原。圆唇，浅曲腹，平底，圈足。灰胎，稍粗。青黄色釉，通体有细碎开片，内底心刮釉一周，涩胎处刻字，"九天山中□□□"，施满釉，外底心刮釉。口径 14.6、足径 7.6、高 4 厘米。（图Ⅰ-43：5；彩版Ⅰ-55：3）

标本 T4 ③：8，可复原。圆唇，浅曲腹，平底，圈足。灰白胎，胎体粗厚。青绿色釉，釉面有开片，施满釉，外底心刮釉。口径 15.7、足径 8.6、高 4.2 厘米。（图Ⅰ-43：6；彩版Ⅰ-55：4）

标本 T5 ③：9，可复原。圆唇，浅曲腹，平底，圈足。灰胎，较粗。青黄色釉，内底心刮釉一周，施满釉，外底刮釉。口径 12、足径 6.8、高 3.7 厘米。（图Ⅰ-43：7；彩版Ⅰ-56：1）

折沿盘

标本 T4 ③：1，可复原。圆唇，浅曲腹，圈足。浅灰胎。青绿色釉，釉面有开片，外底无釉，呈火石红色。内底心戳印花卉纹，内壁有粗篦划纹。口径 23.7、足径 8.4、高 5.1 厘米。（彩版Ⅰ-54：4）

八边形盘

图 I—43　府治遗址第3层出土龙泉窑青瓷盘、碟

1.敞口盘T4③：11　2.敞口盘T5③：8　3.侈口盘T3③：6　4.侈口盘T3③：24　5.侈口盘T4③：7　6.侈口盘T4③：8　7.侈口盘T5③：9
8.八边形盘T3③：7　9.碟T4③：28　10.碟T4③：29　11.碟T5③：30

　　标本T3③：7，可复原。圆唇，侈口，口沿呈八边形，折腹，圈足。浅灰胎，胎体粗厚。青绿色釉，局部有开片，内底心涩胎，施釉至底，外底无釉。口径15.2、足径6、高

3.2厘米。（图Ⅰ－43：8；彩版Ⅰ－54：5）

（3）碟

标本T4③：28，可复原。圆唇，侈口，浅曲腹，大平底，圈足。浅灰胎，较粗。青绿色釉，内底心涩胎，施满釉，外底刮釉，露胎处呈火石红。口径10.9、足径6、高3.2厘米。（图Ⅰ－43：9；彩版Ⅰ－56：2）

标本T4③：29，可复原。圆唇，侈口，浅曲腹，平底，圈足。浅灰胎。青绿色釉，有开片，施满釉，外底刮釉，露胎处呈火石红色。内底戳印葵花及一"祥"字。口径11.2、足径6、高3.4厘米。（图Ⅰ－43：10；彩版Ⅰ－56：3）

标本T5③：30，可复原。圆唇，侈口，浅曲腹，圈足。灰白胎，较粗。淡青绿色釉。足部满釉，外底不明。口径11.6、足径5.8、高3.6厘米。（图Ⅰ－43：11；彩版Ⅰ－56：4）

（4）杯

包括高足杯和隐圈足杯。

高足杯

标本T5③：4，可复原。圆唇，侈口，垂腹，竹节状高足。灰白胎，较粗，胎骨厚重。青釉偏灰，釉面有疏朗开片，施釉近足，外底无釉。口径12.2、足径4.4、高11.8厘米。（图Ⅰ－44：1；彩版Ⅰ－57：1）

隐圈足杯

标本T2③：5，可复原。尖圆唇，敛口，曲腹，隐圈足。灰白胎，胎体较厚。青绿色釉，施釉至圈足，外底无釉，呈火石红色。口径7.8、足径3.8、高3.5厘米。（图Ⅰ－44：2；彩版Ⅰ－57：2）

（5）洗

有蔗段洗和折沿洗。

蔗段洗

标本T1③：20，可复原。圆唇，花口，斜直腹，隐圈足。灰胎，稍粗。青绿色釉，釉面有开片，施满釉，外底刮釉一周，露胎处呈火石红色。外壁模印成蔗段状，内壁出筋。口径11.5、足径7.3、高3.6厘米。（图Ⅰ－44：3；彩版Ⅰ－58：1）

标本T3③：28，可复原。圆唇，花口，斜曲腹，隐圈足。灰白胎，稍粗。青绿色釉，釉面光洁，施满釉，外底心刮釉一周，呈火石红色。外壁模印成蔗段状，内壁出筋。口径11.2、足径7.2、高3.3厘米。（图Ⅰ－44：4；彩版Ⅰ－58：3）

标本T4③：9，可复原。圆唇，花口，斜曲腹，隐圈足。灰胎，稍粗。青绿色釉，釉面金丝铁线开片，施釉至圈足，外底无釉，呈火石红色。外壁模印成蔗段状，内壁出筋。口径11.4、足径7.4、高3.8厘米。（图Ⅰ－44：5；彩版Ⅰ－58：2）

折沿洗

标本T1③：5，可复原。尖圆唇，斜直腹，平底，圈足。浅灰胎，稍粗。青釉泛蓝，内底有开片，施满釉，圈足底刮釉。口径13.2、足径7、高4.6厘米。（图Ⅰ－44：6；彩版Ⅰ－57：3）

图 I−44　府治遗址第3层出土龙泉窑青瓷杯、洗、炉、瓶

1.高足杯T5③：4　2.隐圈足杯T2③：5　3.蔗段洗T1③：20　4.蔗段洗T3③：28　5.蔗段洗T4③：9　6.折沿洗T1③：5
7.弦纹炉T1③：22　8.缠枝花炉T4③：30　9.弦纹炉T4③：23　10.瓶T2③：23

（6）炉

有缠枝花炉和弦纹炉。

缠枝花炉

标本 T4③：30，可复原。方唇，平沿，筒形腹，三蹄足，底心向内凸起。浅灰胎，稍粗。青绿色釉，釉面有开片，足底无釉。外壁堆贴缠枝牡丹纹，近口沿及足处堆贴卷草

纹。口径 23.2、沿宽 2.2、底径 11.2、高 15.7 厘米。（图Ⅰ−44：8；彩版Ⅰ−59：1）

弦纹炉

标本 T1③：22，可复原。平沿，筒形腹，三蹄足。浅灰胎。青绿色釉，内壁施釉不及底，外底刮釉，足底无釉，露胎处呈火石红色。外壁印三道凸弦纹。三蹄足出筋。口径 9.3、底径 7.8、高 5.1 厘米。（图Ⅰ−44：7；彩版Ⅰ−59：2）

标本 T4③：23，可复原。直口，方唇，筒形腹，三蹄足。浅灰胎，稍粗。青绿色釉，釉面莹润，内壁施釉仅及口沿。外壁近口沿处印两道凹弦纹，近足处一道凹弦纹，蹄足上模印如意云纹。口径 14.8、底径 13.6、高 11.5 厘米。（图Ⅰ−44：9；彩版Ⅰ−59：3）

（7）瓶

标本 T2③：23，口沿及颈部残件。尖圆唇，喇叭口，长颈。灰白胎，较细腻。青绿色釉，釉面光洁，有开片。瓶颈部有轮制痕迹。口径 10.4、残高 11.4 厘米。（Ⅰ−44：10；彩版Ⅰ−57：4）

（8）盆

标本 T2③：3，可复原。花口，折沿，浅曲腹，隐圈足。浅灰胎，胎骨厚重。青绿色釉，釉面莹润。内底心划花纹饰残，不可辨。腹壁模印成菊瓣状。口径 33、足径 13.2、高 7.4 厘米。（图Ⅰ−45；彩版Ⅰ−57：5）

2.越窑

均为残件，包括盒和灯等。

（1）盒

标本 T2③：30，口沿及腹部残件。圆唇，子母口，折腹。灰胎，坚致细密。青灰色釉，釉层较薄，不透明。子口径 14.2、残高 5.1 厘米。（图Ⅰ−46：1；彩版Ⅰ−60：1）

（2）灯

标本 T3③：33，灯台灯柱部分残件。灰胎，较致密。青黄色釉，不透明。外壁为多棱状，有一圆孔。残高 4.4 厘米。（彩版Ⅰ−60：2）

3.耀州窑

数量较少，主要为碗。

标本 T4③：60，可复原。尖圆唇，敞口，曲腹，圈足。灰胎，略粗。青绿色釉，施满釉，圈足底刮釉。外壁模印莲瓣纹，瓣脊凸起。高 4.6、口径 10.4、足径 2.9 厘米。（彩版Ⅰ−60：3）

4.铁店窑

有碗和杯。

（1）碗

标本 T5③：22，可复原。圆唇，敞口，斜直腹，矮圈足。灰褐色胎，较粗。棕色釉，部分窑变泛蓝，内外壁施釉均不及底。外壁近足处划单弦纹。口径 15.8、足径 6.8、高 5.4 厘米。（图Ⅰ−46：2；彩版Ⅰ−60：4）

（2）杯

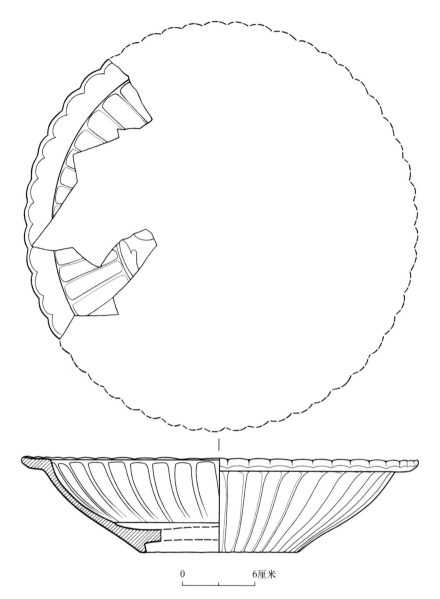

图 l-45　府治遗址第3层出土龙泉窑青瓷盆T2③：3

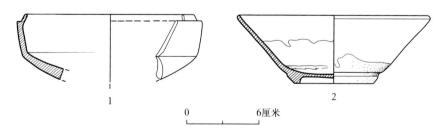

图 l-46　府治遗址第3层出土越窑、铁店窑青瓷器

1.盒T2③：30　2.碗T5③：22

标本 T1 ③：23，可复原。圆唇，敞口，折腹，竹节状高足，足底略外撇。棕灰胎。灰蓝乳浊状釉面，施釉不及底。口径 10.1、足径 4.7、高 7.5 厘米。（彩版 I −60：5）

5. 未定窑口

包括浙南闽北等其他地区的产品，器形多见碗和盘。胎质一般较粗，釉色以青绿、青黄色为主，少量为青灰和青白色。胎骨有少量采用刻划花装饰，其余皆未做任何装饰。

（1）碗

有敞口碗、侈口碗和敛口碗等。

敞口碗

标本 T3 ③：27，可复原。尖圆唇，斜曲腹，圈足。红褐色胎，较粗。黄褐色釉，施釉近底，外底无釉。内壁饰有篦划纹。口径 12.4、足径 4.6、高 4.2 厘米。（图 I −47：1；彩版 I −61：1）

标本 T5 ③：23，可复原。尖唇，斜曲腹，圈足。灰胎，较粗。黄釉略泛青，有细碎开片，施釉近底，外底无釉。内壁近口沿处划单弦纹，局部见有篦划纹。外壁上腹饰两周单弦纹，下腹饰一周双弦纹。口径 17.6、足径 6.4、高 7.3 厘米。（图 I −47：2；彩版 I −61：2）

标本 T5 ③：26，可复原。圆唇，斜曲腹，圈足。灰黄色胎，较粗。黄褐色釉，施釉不匀，器表满布灰黑色斑点，施釉近底，外底、圈足露胎处呈火石红。内底有垫圈烧痕迹，外壁近口沿处饰一周凹弦纹。口径 18、足径 8、高 6.7 厘米。（图 I −47：3；彩版 I −61：3）

侈口碗

标本 T2 ③：6，可复原。圆唇，垂腹，圈足。深灰胎。青绿色釉偏灰，釉面有开片，施釉不及底，露胎处呈黑色。口径 10.8、足径 3.6、高 3.9 厘米。（图 I −47：4；彩版 I −61：4）

标本 T3 ③：2，可复原。圆唇，曲腹，圈足。灰胎。青黄色釉，釉面有开片，施釉不及底。口径 11.6、足径 4.8、高 3.8 厘米。（图 I −47：5；彩版 I −61：5）

敛口碗

标本 T1 ③：10，可复原。尖圆唇，斜曲腹，圈足。灰白胎，较粗。青灰色釉，施釉不及底。口径 17.6、足径 5.2、高 6.6 厘米。（图 I −47：6；彩版 I −61：6）

标本 T5 ③：24，可复原。尖圆唇，曲腹，圈足。灰胎，较粗。灰青色釉，釉面光洁，有开片，施釉不及底。口径 17.6、足径 5.6、高 7.6 厘米。（图 I −47：7；彩版 I −62：1）

（2）盘

有敞口盘和折腹盘。

敞口盘

标本 T5 ③：27，可复原。圆唇，侈口，浅曲腹，大圈足。浅灰胎，较粗。青黄色釉，内外壁皆有开片，施满釉，外底心刮釉一周。口径 19.8、足径 10.4、高 4.5 厘米。（图 I −47：10；彩版 I −62：2）

折腹盘

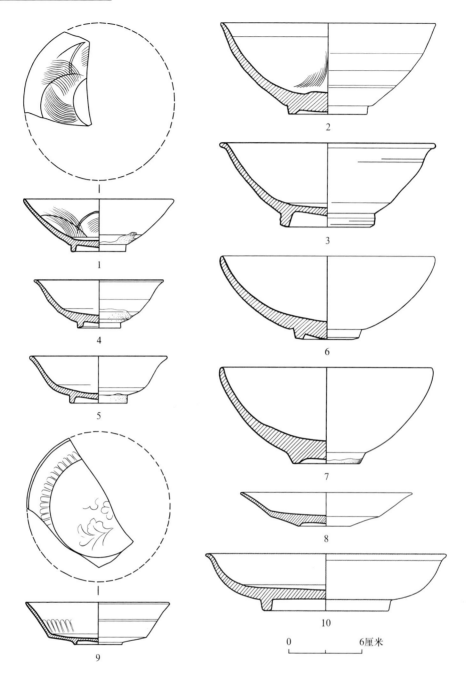

图 I −47　府治遗址第3层出土未定窑口青瓷碗、盘

1.敞口碗T3③：27　2.敞口碗T5③：23　3.敞口碗T5③：26　4.侈口碗T2③：6　5.侈口碗T3③：2
6.敛口碗T1③：10　7.敛口碗T5③：24　8.折腹盘T1③：11　9.折腹盘T5③：29　10.敞口盘T5③：27

标本 T1 ③：11，可复原。尖圆唇，侈口，隐圈足。胎白，胎体较薄。青白色釉偏灰，釉面光洁，内底心刮釉一周，外底无釉。口径 14、足径 4.2、高 2.6 厘米。（图 I −47：8；彩版 I −62：4）

标本 T5 ③：29，可复原。尖唇，芒口外侈，大平底，圈足。灰黄胎，略粗。浅灰青色釉，外底无釉。外壁饰一周凸弦纹。口径 12、足径 4、高 3.4 厘米。（图 I −47：9；彩版 I −62：3）

标本 T5 ③：35，可复原。圆唇，侈口，圈足。胎色白中偏黄。釉色青白偏黄，有开

片，施釉至底，外底无釉。口径12.6、足径4.6、高3.8厘米。（彩版Ⅰ－62：5）

（二）青白瓷

主要为景德镇窑产品，另有部分为其他未定窑口所产。

1.景德镇窑

数量较多，有碗、盘、盏、碟、杯、炉和器盖等。

（1）碗

包括敞口碗、侈口碗和敛口碗等。

敞口碗

标本T3③：4，可复原。尖圆唇，斜曲腹，圈足。白胎，较粗厚。青白釉偏灰，施釉近底，外底无釉。内壁篦划水波纹。内底有窑粘。口径17、足径5.2、高6.6厘米。（图Ⅰ－48：1；彩版Ⅰ－63：1）

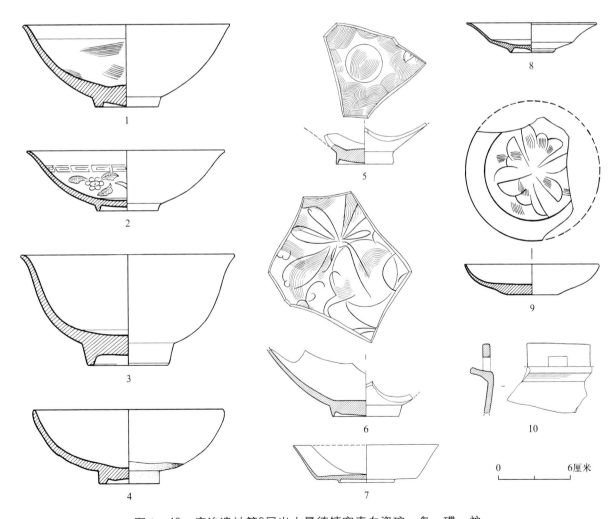

图Ⅰ－48　府治遗址第3层出土景德镇窑青白瓷碗、盘、碟、炉

1.敞口碗T3③：4　2.侈口碗T1③：12　3.侈口碗T5③：2　4.敛口碗T3③：21　5.碗残件T1③：26　6.碗残件T4③：38

7.折腹盘T5③：12　8.折腹碟T1③：15　9.敞口碟T1③：24　10.鼎式炉T3③：9

侈口碗

标本 T1 ③：12，可复原。尖圆唇，芒口，斜曲腹，圈足。白胎，细腻，胎骨轻薄。青白釉，施满釉，圈足底刮釉。内壁印花卉纹，上印一周回纹。口径 16.4、足径 5、高 4.9 厘米。（图Ⅰ-48：2；彩版Ⅰ-63：2）

标本 T5 ③：2，可复原。圆唇，斜曲腹，圈足，圈足略高。白胎，较厚重。青白釉，釉面有开片，施釉至底，外底无釉。口径 17.6、足径 6.4、高 8.8 厘米。（图Ⅰ-48：3；彩版Ⅰ-63：3）

敛口碗

标本 T3 ③：21，可复原。尖圆唇，斜曲腹，圈足。灰白胎，较粗。青白色釉泛灰，施釉不及底。外壁有轮制痕迹。口径 15.8、足径 5、高 6 厘米。（图Ⅰ-48：4；彩版Ⅰ-63：4）

碗残件

标本 T1 ③：26，下腹及底部残件。斜曲腹，圈足，鸡心底。白胎，细腻。青白色釉，施满釉，圈足及外底心刮釉，外底心有垫饼烧痕。内底积釉处泛青，内壁饰有海水纹。足径 4.7、残高 3.3 厘米。（图Ⅰ-48：5；彩版Ⅰ-63：5）

标本 T4 ③：38，腹底残件。斜曲腹，圈足。白胎，较细腻。釉色青白，内壁近底处及外壁近圈足处积釉泛青，内外壁皆有开片，施满釉，圈足及外底心刮釉，外底心有垫饼烧痕。内壁绘刻划菊瓣纹夹篦纹。足径 5.4、残高 5.3 厘米。（图Ⅰ-48：6；彩版Ⅰ-63：6）

（2）盘

折腹盘

标本 T5 ③：12，可复原。尖唇，芒口，折腹，小圈足。白胎，略粗，胎体较薄。青白色釉，内外壁皆有开片，施满釉，圈足底刮釉。口径 12、足径 4.6、高 3 厘米。（图Ⅰ-48：7；彩版Ⅰ-64：1）

（3）盏

标本 T3 ③：5，下腹及底部残件。敞口，斜直腹，饼足。白胎，稍粗，胎体较薄。青白色釉，外底无釉。内底围绕底心印一周莲瓣，内壁印莲花纹，上腹近口沿处饰一周回纹。足径 3.2、残高 3.1 厘米。（彩版Ⅰ-64：2）

（4）碟

折腹碟

标本 T1 ③：15，可复原。尖唇，侈口，浅圈足。白胎，胎体较薄。白釉闪青，釉面有细碎开片，内底心刮釉一周，施釉近底，外底无釉。口径 10.8、足径 3.4、高 2.4 厘米。（图Ⅰ-48：8；彩版Ⅰ-65：1）

敞口碟

标本 T1 ③：24，可复原。圆唇，浅曲腹，平底。白胎。白釉闪青，釉面光洁透亮，内壁有舒朗开片，施釉至底，外底无釉。内底心刻划花草纹夹篦纹。口径 11.2、底径 4、高 2.4 厘米。（图Ⅰ-48：9；彩版Ⅰ-65：2）

（5）杯

高足杯

标本 T1 ③：31，残件。曲腹，高足。白胎，较细腻。青白色釉，施釉近底，足底无釉。足径 4、残高 6.3 厘米。（彩版Ⅰ -64：3）

（6）炉

鼎式炉

标本 T3 ③：9，口沿残件。残见一立耳，圆唇，折沿，直腹。白胎，较细腻。青白色釉，内外壁皆有开片。残高 5.5、残宽 6.5 厘米。（图Ⅰ -48：10；彩版Ⅰ -64：4）

（7）器盖

标本 T2 ③：1，可复原。子口，桥形纽，盖面弧鼓，盖沿平折。胎细白。釉色青白，内壁口沿无釉。盖面划莲花纹夹篦纹。直径 9.5、高 3 厘米。（彩版Ⅰ -64：5）

2. 未定窑口

器形有碗、盘和盒。

（1）碗

残件

标本 T1 ③：50，碗底残件。斜曲腹，圈足。浅灰色胎，较粗。青灰色釉，施釉至底，外底无釉。内壁饰篦划纹。足径 6.6、残高 6.6 厘米。（图Ⅰ -49：1；彩版Ⅰ -66：1）

（2）盘

侈口盘

标本 T3 ③：31，可复原。尖圆唇，斜曲腹，圈足。灰白胎，较粗。青白色釉，施釉不及底。盘心篦划水波纹，内壁划水波纹一周。口径 15.2、足径 6.5、高 4 厘米。（图

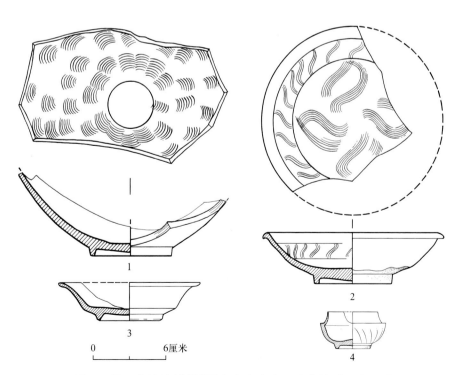

图Ⅰ -49　府治遗址第3层出土未定窑口青白瓷碗、盘、盒

1. 碗残件T1③：50　2. 侈口盘T3③：31　3. 折腹盘T5③：11　4. 盒T4③：41

Ⅰ-49∶2；彩版Ⅰ-66∶3)

折腹盘

标本 T5③∶11，可复原。尖圆唇，侈口，大平底，圈足。浅灰色胎，略粗。青灰色釉，施釉至底，外底无釉。口径11.6、足径5.4、高3厘米。(图Ⅰ-49∶3；彩版Ⅰ-66∶2)

(3) 盒

标本 T4③∶41，可复原。方唇，子口，曲腹，圈足。白胎，较粗。白釉泛青，施釉不及底。外壁饰折扇纹。子口径4.2、足径2.8、高2.9厘米。(图Ⅰ-49∶4；彩版Ⅰ-66∶5)

(三) 白瓷

除了少量定窑产品外，另有部分为其他未定窑口的碗、碟、杯、盒和罐等。

1.定窑

碗

标本 T3③∶3，可复原。尖唇，芒口外敞，斜曲腹，圈足。白胎，胎骨轻薄。白釉，釉面光洁，基本满釉，圈足及外底少量露胎。内壁模印花卉纹，近口沿处印双弦纹。口径19.2、足径6.3、高6.5厘米。(图Ⅰ-50∶1；彩版Ⅰ-65∶3)

2.未定窑口

主要为景德镇仿定窑产品，器形有碗、碟、杯、盒和罐。

(1) 碗

残件

标本 T1③∶42，口腹残片。尖圆唇，敞口，曲腹。白胎泛黄，略粗。白釉略泛黄，内外壁皆有开片，外壁施釉不及底。口径16.8、残高6.4厘米。(图Ⅰ-50∶2；彩版Ⅰ-67∶1)

标本 T2③∶13，底部残件。高圈足。灰白胎，较粗。青灰色釉。足径5.9、残高3.7厘米。(彩版Ⅰ-67∶2)

标本 T2③∶32，底部残片。圈足。白胎，较粗。青白色釉，积釉处闪青，施釉至底，外底无釉。足径6.2、残高2.8厘米。(彩版Ⅰ-67∶3)

标本 T4③∶39，底部残件。大圈足，鸡心底。白胎，较细且薄。釉色黄白，外底近圈足处积釉泛黄，施满釉，圈足底刮釉。内底心施篦划纹及数周弦纹，外壁施莲瓣纹。足径6.3、残高3.2厘米。(彩版Ⅰ-67∶4)

标本 T4③∶62，口腹残片。尖唇，侈口，曲腹。灰白胎，较细腻。白釉泛青。口径14.8、残高5.8厘米。(图Ⅰ-50∶3；彩版Ⅰ-67∶5)

(2) 碟

标本 T4③∶2，可复原。方唇，侈口，折腹，圈足。白胎偏黄，稍粗。青白色釉，釉面有细小开片，施釉至底，外底无釉。内底心印双鱼纹，印纹不清。口径11.6、足径4、高3厘米。(图Ⅰ-50∶4；彩版Ⅰ-66∶4)

(3) 杯

图Ⅰ-50　府治遗址第3层出土定窑及未定窑口白瓷器

1.碗T3③：3　2.碗残件T1③：42　3.碗残件T4③：62　4.碟T4③：2　5.罐T2③：8　6.盒T5③：14

标本T1③：25，可复原。侈口，垂腹，喇叭形足，足底平。白胎，较粗。釉色白中略泛青，内壁施釉至口沿及上腹部，外底无釉。口径7.2、足径4.1、高6.2厘米。（彩版Ⅰ-68：1）

（4）盒

标本T5③：14，完整。母口。白胎，较细。白釉泛黄，有细碎开片，足底无釉。外壁模印菊瓣纹。口径4.9、高1.2厘米。（图Ⅰ-50：6；彩版Ⅰ-68：2）

（5）罐

标本T2③：8，可复原。尖圆唇，侈口，束颈，鼓腹，腹壁模印成瓜棱状，圈足，略外撇。深灰胎，外施白色化妆土。白釉，釉面光洁，施釉不及底。内底模印涡纹。口径11.2、腹径13.5、足径6.2、高8.6厘米。（图Ⅰ—50：5；彩版Ⅰ—68：3）

（四）黑釉瓷

主要为福建遇林亭窑黑釉瓷盏，另有吉州窑及未定窑口的产品。

1.遇林亭窑

（1）盏

有束口盏和敛口盏。

束口盏

标本T5③：1，可复原。尖唇，敞口，斜直腹，圈足。灰黑胎，较粗。黑釉，口沿处有铁锈斑，施釉不及底。口径11.6、足径3.2、高5.5厘米。（图Ⅰ—51：1；彩版Ⅰ—69：1）

标本T5③：21，可复原。尖唇，敞口，斜直腹，圈足。灰褐色胎，较粗。黑釉，近口沿处呈棕色，外壁施釉不及底。口径11、足径3.4、高5.2厘米。（图Ⅰ—51：2；彩版Ⅰ—69：2）

标本T7③：56，可复原。尖唇，敞口，近口沿处向内折，斜直腹，圈足。棕灰胎，较细腻。黑釉，施釉不及底。内壁画四个花朵形开光，仅存楷书"寿"、"山"、"福"三字，画兔毫纹为地。口径12.6、足径4.2、高6厘米。（图Ⅰ—51：3；彩版Ⅰ—69：3）

敛口盏

标本T1③：60，可复原。圆唇，斜曲腹，饼足。棕灰胎，胎骨厚重。黑釉，口沿处呈棕色，近足处垂釉现象明显，施釉不及底。口径10.6、足径3.6、高6.4厘米。（彩版Ⅰ—70：1）

2.吉州窑

杯

高足杯

标本T1③：55，可复原。尖圆唇，侈口，垂腹，高圈足。灰黄色胎。酱釉，足底无釉。口径10.4、足径3.8、高7.9厘米。（图Ⅰ—51：4；彩版Ⅰ—70：2）

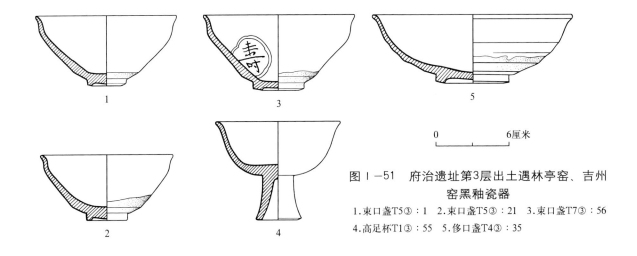

图Ⅰ—51 府治遗址第3层出土遇林亭窑、吉州窑黑釉瓷器

1.束口盏T5③：1　2.束口盏T5③：21　3.束口盏T7③：56
4.高足杯T1③：55　5.侈口盏T4③：35

3.未定窑口

盏

侈口盏

标本 T4③：35，可复原。尖圆唇，斜曲腹，圈足。白胎泛黄，较粗。黑釉，近口沿处呈棕色，施釉至半腹。口径 16.4、足径 5.8、高 5.4 厘米。（图Ⅰ-51：5；彩版Ⅰ-70：3）

（五）青花瓷

（1）碗

标本 T2③：9，碗底残件。圈足。灰胎，较粗。釉色发灰，施釉近底，外底无釉。内底饰两周弦纹，中心书一"福"字。外壁青花发色灰暗。足径 5.5、残高 3.4 厘米。（彩版Ⅰ-71：1）

（2）杯

标本 T4③：66，敞口，垂腹，圈足，内底心和外壁绘鱼藻图案，内外壁上下及圈足上饰双弦纹，外底圆形双框内绘一方形记号。胎细白，釉色白中闪青，底足无釉。（彩版Ⅰ-71：3）

（3）残件

标本 T4③：36，器形不辨。折沿。黄胎，较粗。釉色白中泛黄，有开片。青花发色昏暗。残长 7.2、残宽 4.7 厘米。（彩版Ⅰ-71：2）

四 铜钱

共出土铜钱 34 枚，其中以宋代铜钱为主，另有铭文不可辨者 9 枚。（图Ⅰ-52；表Ⅰ-2）

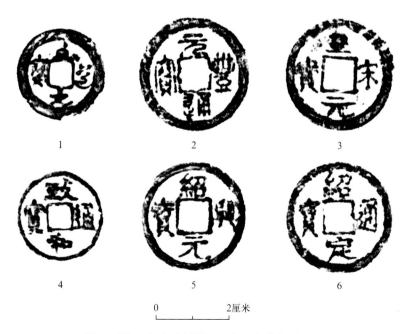

图Ⅰ-52 府治遗址第3层出土铜钱拓本

1.至道元宝 2.元丰通宝 3.圣宋元宝 4.政和通宝 5.绍兴元宝 6.绍定通宝

表Ⅰ-2 府治遗址第3层出土铜钱统计表

钱　名	数量（枚）	铸造年代	直　径	备　注	图　号
至道元宝	2	北宋太宗至道元年（995年）铸	2.4厘米	右旋读	图Ⅰ-52：1
元丰通宝	8	北宋神宗元丰年间（1078～1085年）铸	2.4～3，多2.5厘米	右旋读	图Ⅰ-52：2
圣宋元宝	9	北宋徽宗建中靖国元年（1101年）铸	2.4～2.9厘米，5大4小	右旋读	图Ⅰ-52：3
政和通宝	3	北宋徽宗政和年间（1111～1117年）铸	2.3～3厘米	对读	图Ⅰ-52：4
绍兴元宝	2	南宋高宗绍兴元年（1131年）铸	2.8、2.9厘米	右旋读	图Ⅰ-52：5
绍定通宝	1	南宋理宗绍定年间（1228～1233年）铸	2.9厘米	对读	图Ⅰ-52：6

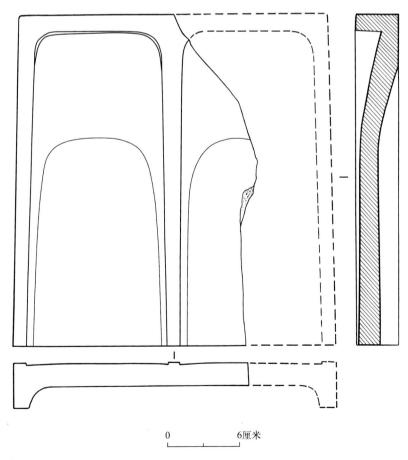

0　　　　　　6厘米

图Ⅰ-53 府治遗址第3层出土石双池砚T3③：61

五 石质遗物

双池砚

标本 T3 ③：61，石质，灰黑色，质料细腻。面上并列双砚，后背为共同的抄手。左砚完整，通长 27、宽 13.7 厘米，其中砚池长 25.2、宽 11.3、边宽 1.5、厚 3.5 厘米。右砚残，抄手长 26、残宽 20 厘米。（图Ⅰ－53；彩版Ⅰ－72）

第三节　第2层出土遗物

包括陶质建筑构件、陶器、瓷器、铜钱、玉器和骨器。

一 陶质建筑构件

有砖、砖雕、瓦当及滴水等。

1.砖

标本 T2 ②：57，残长 12.6、宽 5.8、厚 3.6 厘米。一面有两圆饼状凸起，直径约 3.6、两圆饼间距约 1.9 厘米。（图Ⅰ－54：1；彩版Ⅰ－73：1）

2.砖雕

标本 T5 ②：5，残。泥质灰陶。一面饰缠枝花。残长 12.6、宽 8.2 厘米。（图Ⅰ－54：2；彩版Ⅰ－73：2）

标本 T5 ②：7，残。泥质灰陶。一面饰缠枝花。残长 13.1、宽 7 厘米。（彩版Ⅰ－73：3）

3.瓦当

标本 T2 ②：85，残缺约 2/3。泥质灰陶。当面残见菊花纹。当径 14.8、缘宽 1.8-2、厚 1.5 厘米。（图Ⅰ－54：3；彩版Ⅰ－73：4）

标本 T4 ②：93，残缺约 1/2。泥质灰陶。当缘饰一周凹弦纹，当面饰卷云纹。当径 12.2、缘宽 1.9、厚 1.3 厘米。（图Ⅰ－54：4；彩版Ⅰ－73：5）

4.滴水

如意形滴水

标本 T2 ②：62，残一角。泥质灰陶。中间饰龙纹，四周饰卷云纹。残长 19、厚 1.4 厘米。（图Ⅰ－54：5；彩版Ⅰ－74：1）

标本 T5 ②：56，残一角。中间饰一朵折枝花，四周饰卷草纹。残长 13.5、高 7.3、厚 1.2 厘米。（图Ⅰ－54：6；彩版Ⅰ－74：2）

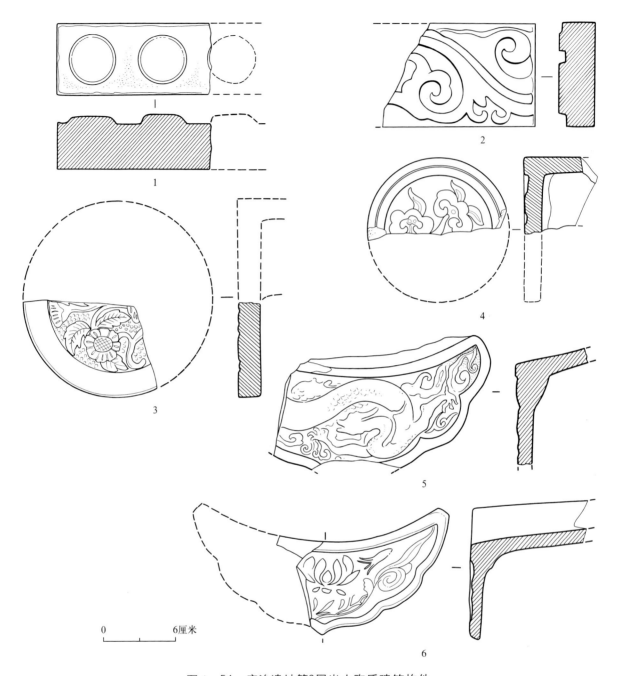

图Ⅰ—54 府治遗址第2层出土陶质建筑构件

1.砖T2②：57 2.砖雕T5②：5 3.瓦当T2②：85 4.瓦当T4②：93 5.滴水T2②：62 6.滴水T5②：56

二 陶器

有泥质陶和釉陶两种，器形为灯。

灯

标本 T3②：30，残件。泥质灰陶。灯盏为小碗形。口径 8.5、残高 6.3 厘米。（彩版Ⅰ—74：3）

标本 T4②：62，残存灯柱及灯座。釉陶，泥质黄陶。圆柱状灯柱，下部装饰圆形盘，

喇叭状灯座。施黄釉，底座内部不施釉。残高15.1、底座径7.6厘米。（图Ⅰ-55；彩版Ⅰ-74：4）

三　瓷器

有青瓷、青白瓷、白瓷、卵白釉瓷、黑釉瓷、青花瓷、粉彩瓷和红彩瓷等，以龙泉窑青瓷和景德镇窑青花瓷为最多。

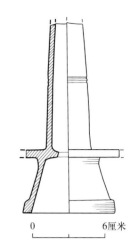

图Ⅰ-55　府治遗址第2层出土
陶灯T4②：62

（一）青瓷

主要为龙泉窑青瓷，另有少量仿哥釉瓷及其他未定窑口青瓷器。

1.龙泉窑

器形有碗、盘、盏、碟、杯、洗、瓶和炉等，以碗和盘为最多见。

（1）碗

有莲瓣碗、菊瓣碗、敞口碗、侈口碗、花口碗等。

莲瓣碗

标本T1②：10，可复原。尖唇，敞口，斜曲腹，圈足。灰白胎，胎体厚重。青绿色釉，施满釉，圈足底刮釉。外壁模印莲瓣纹。口径21.4、足径6、高8.4厘米。（图Ⅰ-56：1；彩版Ⅰ-75：1）

标本T1②：70，可复原。圆唇，侈口，曲腹，圈足，鸡心底。灰胎，稍粗。青黄色釉，内外壁皆有开片，施满釉，圈足底刮釉。外壁饰莲瓣纹。口径12、足径3.2、高5厘米。（图Ⅰ-56：2；彩版Ⅰ-75：2）

菊瓣碗

标本T2②：19，可复原。圆唇，敛口，斜曲腹，腹较深，圈足。灰胎。青绿色釉，施满釉，外底心刮釉，露胎处呈火石红。内底心有戳印花纹，外壁划菊瓣纹。口径11.4、足径4.8、高7厘米。（彩版Ⅰ-75：3）

敞口碗

标本T2②：18，可复原。圆唇，曲腹，圈足。灰胎，较粗。青绿色釉，内底心涩胎，施釉近底，外底无釉，露胎处呈火石红色。口径15.4、足径4.2、高6厘米。（图Ⅰ-56：3；彩版Ⅰ-75：4）

标本T4②：11，可复原。圆唇，曲腹，圈足。灰胎。青绿色釉，施满釉，外底心刮釉，呈火石红色。内壁模印牡丹纹，近口沿处印花草纹一周，印纹模糊。口径17.8、足径7.4、高8.2厘米。（图Ⅰ-56：4；彩版Ⅰ-76：1）

标本T4②：55，可复原。圆唇，曲腹，圈足，鸡心底。灰白胎，较粗。青绿色釉，施满釉，外底心刮釉一周。内外壁皆刻划卷草纹，外壁近口沿处刻划一周回纹。口径15.5、足径6.6、高8.3厘米。（图Ⅰ-56：5；彩版Ⅰ-76：3）

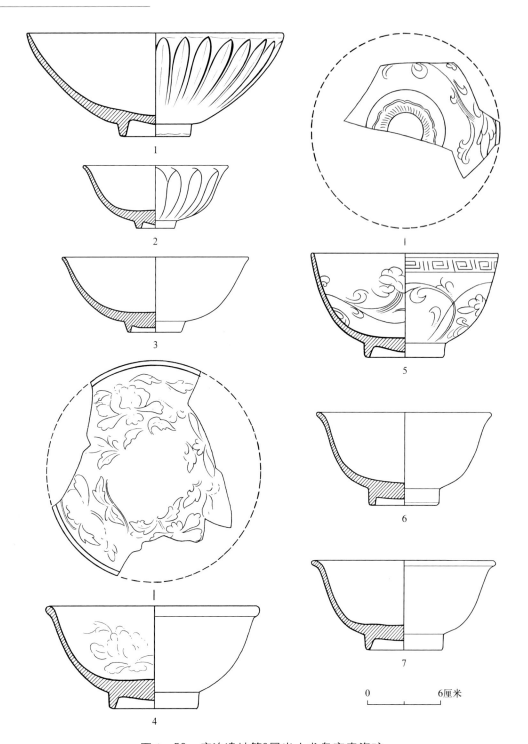

图Ⅰ-56　府治遗址第2层出土龙泉窑青瓷碗

1.莲瓣碗T1②:10　2.莲瓣碗T1②:70　3.敞口碗T2②:18　4.敞口碗T4②:11　5.敞口碗T4②:55

6.敞口碗T5②:2　7.侈口碗T2②:17

标本T5②:2，可复原。圆唇，曲腹，圈足。灰胎，胎体厚重。青绿色釉，釉面有开片，乳浊感强，施满釉，外底心刮釉。口径14.5、足径5.7、高7.5厘米。（图Ⅰ-56:6；彩版Ⅰ-76:2)

侈口碗

标本 T2 ②：17，可复原。圆唇，曲腹，圈足略高。灰白胎，胎骨厚重。青绿色釉，内底刮釉一周，施满釉，外底心刮釉。口径 15.3、足径 6.2、高 7.1 厘米。（图Ⅰ－56：7；彩版Ⅰ－75：5）

花口碗

标本 T4 ②：12，可复原。侈口，四曲花口，曲腹，圈足。灰胎，胎骨厚重。青色绿釉，花口下出白筋，施釉至底，外底无釉。口径 12.8、足径 5、高 6.1 厘米。（彩版Ⅰ－75：6）

（2）盘

有莲瓣盘、敞口盘、侈口盘、直口盘和花口盘等。

莲瓣盘

标本 T5 ②：27，可复原。圆唇，敞口，浅曲腹，圈足。灰白胎，较细腻。青灰色釉，釉层较厚，内外壁皆有稀疏开片，施釉至底，足底无釉。外壁模印莲瓣纹。口径 14、足径 8、高 3.9 厘米。（图Ⅰ－57：1；彩版Ⅰ－77：1）

标本 T5 ②：28，可复原。尖圆唇，敛口，浅曲腹，圈足。灰白胎，较细腻。淡青绿釉，釉面光洁，内外壁皆有舒朗开片，施釉至底，足底无釉。外壁模印莲瓣纹，瓣面丰满，瓣脊凸起。口径 16、足径 5.6、高 4.1 厘米。（图Ⅰ－57：2；彩版Ⅰ－77：2）

敞口盘

标本 T4 ②：7，可复原。圆唇，垂腹，圈足。浅灰胎，较粗。青绿色釉，施满釉，外底刮釉，呈火石红色。内底心戳印花卉纹。口径 12、足径 7、高 3.4 厘米。（彩版Ⅰ－77：3）

标本 T4 ②：8，可复原。尖圆唇，斜曲腹，圈足。浅灰胎，较粗。青黄色釉，施满釉，外底心刮釉。内底心戳印花卉纹。口径 12.8、足径 7.5、高 3.4 厘米。（图Ⅰ－57：3；彩版Ⅰ－77：4）

标本 T5 ②：35，可复原。圆唇，浅曲腹，圈足。灰褐色胎，较粗。青绿色釉，内底刮釉一周，圈足刮釉，外底不明。内壁饰一周弦纹。口径 16.3、足径 6.8、高 3.7 厘米。（图Ⅰ－57：4；彩版Ⅰ－77：5）

侈口盘

标本 T2 ②：15，可复原。尖圆唇，折沿，浅曲腹，平底，圈足。浅灰胎，较粗。青绿色釉，釉面有舒朗开片，施满釉，外底刮釉，露胎处呈火石红色。内底心模印草叶纹。口径 12.2、足径 6.2、高 3.1 厘米。（图Ⅰ－57：6；彩版Ⅰ－78：1）

标本 T4 ②：5，可复原。圆唇，浅曲腹，圈足。灰胎，胎骨粗厚。青绿色釉，通体有细碎开片，内底心涩胎，施满釉，外底心刮釉。口径 12、足径 6.8、高 3.8 厘米。（图Ⅰ－57：5；彩版Ⅰ－78：2）

直口盘

标本 T4 ②：9，可复原。圆唇，浅曲腹，隐圈足。浅灰胎，较粗。青绿色釉，釉面有开片，外底心无釉。内底心戳印花卉纹，内壁有粗篦划纹。口径 24.8、足径 9.6、高 5.6

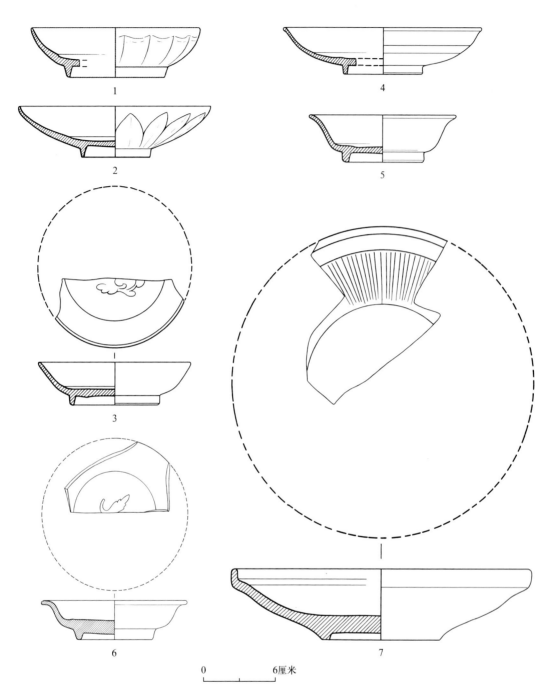

图Ⅰ-57　府治遗址第2层出土龙泉窑青瓷盘

1.莲瓣盘T5②：27　2.莲瓣盘T5②：28　3.敞口盘T4②：8　4.敞口盘T5②：35　5.侈口盘T4②：5
6.侈口盘T2②：15　7.直口盘T4②：9

厘米。（图Ⅰ-57：7；彩版Ⅰ-78：3）

花口盘

标本T2②：14，可复原。圆唇，侈口，折腹，大平底，圈足。灰胎，较粗。青绿色
釉，施满釉，外底刮釉。内底心印太阳图案，以弦纹为框，周围划菱花形边框，内壁划羽
翼状纹样夹篦纹，近口沿处划菱花形边框，外壁划篦纹。口径13、足径6.6、高2.7厘米。

（彩版Ⅰ-78：4）

（3）盏

花口盏

标本 T1 ② ：68，可复原。圆唇，侈口，曲腹，圈足。灰褐色胎，略粗。青绿色釉，施满釉，外底刮釉。内底模印菊花，内壁饰菊花瓣，外壁模印纹饰呈蔗段状。口径9.9、足径4.6、高5.3厘米。（图Ⅰ-58：1；彩版Ⅰ-79：1）

（4）碟

敞口碟

标本 T1 ② ：72，可复原。尖唇，浅曲腹，平底略上凸，大圈足。灰胎，较粗。青绿色釉，釉面光洁，施满釉，外底心刮釉。外壁划双弦纹。口径11.6、足径7.2、高3.4厘米。（图Ⅰ-58：2；彩版Ⅰ-79：2）

侈口碟

标本 T4 ② ：31，可复原。圆唇，曲腹，圈足。胎灰白，略粗。青黄色釉，内外壁皆有开片，施满釉，外底心刮釉、有垫饼烧痕。口径11.8、足径7、高3.9厘米。（彩版Ⅰ-79：3）

（5）杯

高足杯

标本 T1 ② ：66，可复原。圆唇，侈口，曲腹，高圈足略外撇。浅灰胎，稍粗。青绿

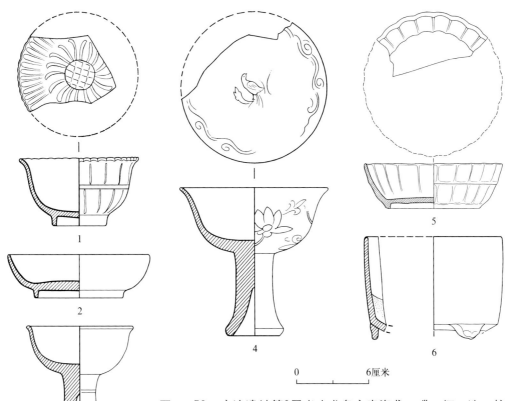

0　　　　　　6厘米

图Ⅰ-58　府治遗址第2层出土龙泉窑青瓷盏、碟、杯、洗、炉

1.花口盏T1②：68　2.敞口碟T1②：72　3.高足杯T1②：66　4.高足杯T4②：71

5.蔗段洗T1②：7　6.炉残件T6②：7

色釉，釉面光洁，口沿处釉色泛黄，足底无釉。口径8.8、足径3.4、高8.2厘米。（图Ⅰ−58：3；彩版Ⅰ−80：1）

标本T4②：10，可复原。圆唇，侈口，曲腹，竹节状高足。灰白胎，胎骨厚重。青绿色釉，釉面有疏朗开片，足底无釉。内底心有印纹，印纹不清，外壁下腹模印莲瓣纹，上饰双弦纹。口径11.2、足径6.3、高11.5厘米。（彩版Ⅰ−80：2）

标本T4②：71，可复原。圆唇，侈口，曲腹，高圈足。浅灰胎，较粗。青绿色釉，釉面光亮，足底无釉。内底心饰一鸟，内壁近口沿处划卷草纹，外壁划缠枝莲花纹。口径12.3、足径4.4、高12厘米。（图Ⅰ−58：4；彩版Ⅰ−80：3）

（6）洗

蔗段洗

标本T1②：7，可复原。圆唇，敞口，斜曲腹，大平底，隐圈足。浅灰胎，稍粗。青灰色釉，通体有细碎开片，外底刮釉一周。外壁模印成蔗段状，内壁出筋。口径11.6、足径7.8、高3.7厘米。（图Ⅰ−58：5；彩版Ⅰ−81：1）

（7）瓶

残件

标本T1②：52，瓶口残件。喇叭口外侈。灰胎，较粗。青黄色釉，内外壁皆有开片，内壁施釉不及底。外壁刻有变形蕉叶纹。口径15、残高7.4厘米。（彩版Ⅰ−81：2）

（8）炉

残件

标本T6②：7，残片。圆唇，直口，直腹，残存一云头足。灰白胎，较细腻。青绿色釉泛黄，内外壁皆有开片，内壁施釉不及底。口径11.4、高8.2厘米。（图Ⅰ−58：6；彩版Ⅰ−81：3）

2.仿哥釉瓷

敞口盘

标本T1②：12，可复原。尖圆唇，浅曲腹，大平底，圈足。灰胎，胎体较厚。釉色灰白，釉面满布细碎的铁线开片。外底残见四褐色支钉痕。施满釉，

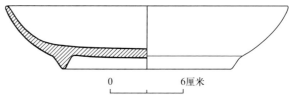

图Ⅰ−59　府治遗址第2层出土仿哥釉瓷敞口盘T1②：12

圈足底刮釉，呈火石红色。口径23.2、足径13.8、高5厘米。（图Ⅰ−59；彩版Ⅰ−81：4）

3.未定窑口

器形有碗、盘和壶。

（1）碗

敞口碗

标本T1②：54，可复原。尖圆唇，斜直腹，圈足。灰胎，较粗。褐色釉，有蓝色窑变，施釉不及底，有细碎开片。内底心有垫圈烧痕。口径16.8、足径8、高5.1厘米。（图Ⅰ−60：1；彩版Ⅰ−82：1）

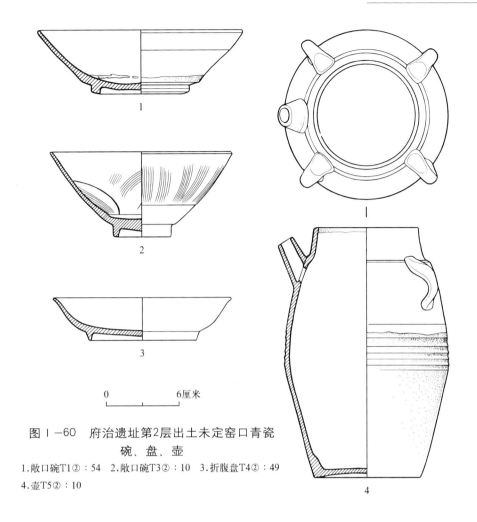

图 I —60 府治遗址第2层出土未定窑口青瓷
碗、盘、壶

1.敞口碗T1②：54 2.敞口碗T3②：10 3.折腹盘T4②：49
4.壶T5②：10

标本 T3 ②：10，可复原。圆唇，斜直腹，圈足。褐色胎，较粗。青黄色釉，外壁施釉至半腹。内外壁皆饰篦划纹。口径 15、足径 4.9、高 6.8 厘米。（图 I —60：2；彩版 I —82：2）

（2）盘

折腹盘

标本 T4 ②：49，可复原。尖圆唇，敞口，平底略内凹，圈足。白胎，细腻。内外壁施淡青绿色釉，外底心釉色白中闪青，口沿呈酱色，施满釉，圈足底刮釉。内壁绘有纹饰，不可辨。口径 14.6、足径 8.8、高 3.4 厘米。（图 I —60：3；彩版 I —82：3）

（3）壶

标本 T5 ②：10，完整。方唇，直口，短颈，溜肩，肩部一周对称分布四系，管状流，鼓腹，平底内凹。灰胎，较粗。上腹施深绿色釉。腹中部有三周凸弦纹。口径 8.6、最大腹径 12.8、底径 9.1、高 20.3 厘米。（图 I —60：4；彩版 I —82：4）

（二）青白瓷

均为景德镇窑产品，器形有碗、盘、盏、碟和小瓶等。

（1）碗

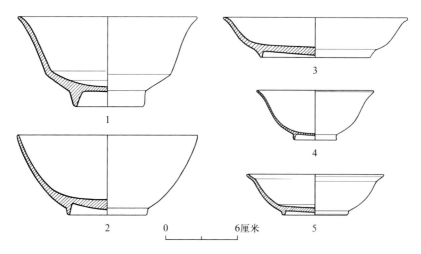

图 I−61　府治遗址第2层出土景德镇窑青白瓷碗、盘、盏、碟
1.敞口碗T4②：4　2.敞口碗T5②：34　3.敞口盘T2②：16　4.盏T6②：6　5.碟T4②：40

敞口碗

标本 T1 ②：67，可复原。尖唇，芒口，敞口，斜曲腹，圈足。灰黄色胎，略粗。青白色釉，内外壁皆有开片，施釉至底，外底无釉。口径13.2、足径3.8、高3.8厘米。（彩版 I−83：1）

标本 T4 ②：4，可复原。尖唇，敞口，折腹，高圈足。浅灰色胎，稍粗。白釉泛青，釉面光洁，施釉至底，外底无釉。口径14.8、足径6、高7.2厘米。（图 I−61：1；彩版 I−83：2）

标本 T5 ②：34，可复原。尖唇，敞口，斜曲腹，圈足，鸡心底。灰黄色胎，略粗。青白色釉，施釉至底，外底无釉，外壁近圈足处粘有窑渣。口径15、足径6.6、高6.3厘米。（图 I−61：2；彩版 I−83：3）

（2）盘

敞口盘

标本 T2 ②：16，可复原。尖圆唇，浅曲腹，圈足。白胎，细腻。淡青绿色釉，口沿呈酱色，底为青白釉，施满釉，圈足底刮釉。口径14、足径9、高3.2厘米。（图 I−61：3；彩版 I−83：4）

（3）盏

标本 T6 ②：6，可复原。尖圆唇，芒口，曲腹，圈足。灰胎，胎骨轻薄。白釉泛青，施满釉，圈足底刮釉。口径9.5、足径3.5、高4厘米。（图 I−61：4；彩版 I−84：1）

（4）碟

标本 T4 ②：40，可复原。圆唇，侈口，浅曲腹，圈足。灰白胎，略粗，青白色釉，施釉至底，外底无釉。直径11.2、足径5.4、高3.3厘米。（图 I−61：5；彩版 I−84：2）

（5）小瓶

标本 T1 ②：39，完整。圆唇，直口，短颈，扁腹，平底。胎白，较细腻。青白色釉，

底部无釉。外壁印花草纹。口径1.2、足径1.4、高3.9厘米。（彩版Ⅰ-84：3）

标本 T2②：28，完整。圆唇，侈口，短颈，溜肩，扁腹，平底。白胎，较细腻。青白色釉，口沿处呈褐色。口径1.5、足径1、高3.5厘米。（彩版Ⅰ-84：4）

（三）白瓷

包括定窑白瓷碗、盘等，另有部分其他未定窑口白瓷盘。

1.定窑

（1）碗

残件

标本 T2②：34，碗底残件。平底，大圈足。白胎，胎质细腻，胎骨轻薄。白釉闪黄，施满釉，圈足底刮釉。内底心划花荷叶、荷花纹。足径6、残高1.6厘米。（图Ⅰ-62：1；彩版Ⅰ-85：1）

标本 T2②：41，碗底残件。平底略凸起，圈足。白胎，细腻，胎骨轻薄。黄白色釉，施满釉，圈足底刮釉。内壁模印纹饰残，不可辨。足径7、残高1.6厘米。（彩版Ⅰ-85：2）

（2）盘

有敞口盘和侈口盘。

敞口盘

标本 T1②：55，可复原。尖圆唇，芒口，浅曲腹，平底，圈足。白胎泛黄，胎骨轻薄。白釉，釉面光洁，施满釉，圈足底刮釉。外壁近口沿处刻一周凹弦纹。口径16、足径4.6、高3.3厘米。（图Ⅰ-62：2；彩版Ⅰ-85：3）

侈口盘

标本 T6②：9，可复原。圆唇，曲腹，平底，大圈足。白胎，较细腻。白釉略泛黄，施满釉，圈足底刮釉。口径15.2、足径7.4、高3.3厘米。（图Ⅰ-62：3；彩版Ⅰ-85：4）

（3）不明器形残件

标本 T2②：36，口沿残片。尖唇，芒口，敞口。白胎，细腻，胎骨轻薄。黄白色釉。

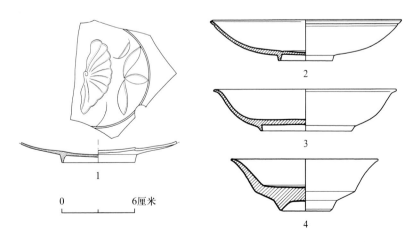

图Ⅰ-62 府治遗址第2层出土定窑及未定窑口白瓷碗、盘

1.碗残件T2②：34 2.敞口盘T1②：55 3.侈口盘T6②：9 4.折腹盘T1②：71

内壁模印牡丹花，近口沿处饰一周回纹。残长5、残宽3.9厘米。（彩版 I —86：1）

标本 T2②：38，腹部残片。曲腹。白胎，细腻，胎骨轻薄。黄白色釉。内壁模印有花卉纹饰。残长5、残宽3.6厘米。（彩版 I —86：2）

标本 T2②：42，腹部残片。曲腹。白胎，细腻，胎骨轻薄。黄白色釉。内壁模印有花卉纹饰。残长5、残宽4.3厘米。（彩版 I —86：3）

标本 T2②：43，口沿残片。尖圆唇，芒口，敞口。白胎，较细，胎骨轻薄。黄白色釉，有乳浊感。内壁模印花卉纹，近口沿处饰一周回纹。残长4.2、残宽3.5厘米。（彩版 I —86：4）

2. 未定窑口

盘

折腹盘

标本 T1②：71，可复原。尖唇，侈口，圈足。黄白色胎，较粗。白釉泛黄，内外壁皆有细碎开片，施釉至底，外底无釉。口径12.2、足径4.4、高4.1厘米。（图 I —62：4；彩版 I —86：5）

（四）卵白釉瓷

有盘和杯两种器形。

（1）盘

包括敞口盘和侈口盘。

敞口盘

标本 T4②：3，可复原。圆唇，侈口，浅曲腹，圈足。白胎，细腻。卵白色釉，施釉至底，外底无釉。内壁印缠枝菊花纹。口径12.6、足径7、高3.6厘米。（图 I —63：1；彩版 I —87：1）

侈口盘

标本 T4②：2，可复原。圆唇，浅曲腹，平底略内凹，圈足。白胎，胎骨轻薄。卵白色釉，施满釉，圈足底刮釉，粘有少量窑渣。口径20.2、足径11.6、高3.7厘米。（图 I —63：2；彩版 I —87：2）

（2）杯

标本 T2②：53，可复原。尖唇，敞口，垂腹，圈足。白胎，细腻，胎骨轻薄。卵白色釉，内底心刮釉一周，施釉至底，外底心有釉。口径7.4、足径3.2、高3.2厘米。（彩版 I —87：3）

（五）黑釉瓷

主要为福建建窑和遇林亭窑所产黑釉盏。

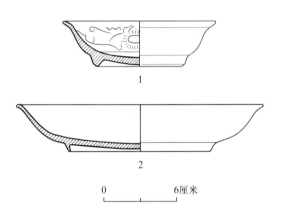

0　　　　　　6厘米

图 I —63　府治遗址第2层出土卵白釉瓷盘
1. 敞口盘T4②：3　2. 侈口盘T4②：2

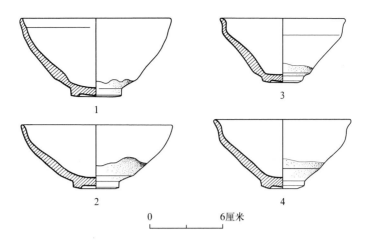

图 I－64　府治遗址第2层出土建窑、遇林亭窑黑釉瓷盏
1.束口盏T2②：22　2.敞口盏T5②：33　3.束口盏T4②：53　4.束口盏T5②：32

1.建窑

盏

束口盏

标本 T2 ② ：22，残件。尖唇，敞口，口沿外部内收，斜曲腹，圈足。灰黑胎，较粗。黑釉，内外壁近口沿处呈棕色、有兔毫纹，外壁施釉至半腹。口径12.4、足径4.1、高6.3厘米。（图 I －64：1；彩版 I －87：4）

2.遇林亭窑

盏

有敞口盏和束口盏。

敞口盏

标本 T5 ② ：33，可复原。尖唇，敞口，斜曲腹，圈足。灰黄色胎，较粗。黑釉，口沿处呈棕色，外壁施釉至半腹。口径12.4、足径3.8、高5.2厘米。（图 I －64：2；彩版 I －88：1）

束口盏

标本 T4 ② ：53，可复原。尖唇，敞口，口沿外部内收，斜直腹，圈足。灰褐色胎，略粗。黑釉，口沿处呈棕色，外壁施釉不及底。口径10.4、足径3.4、高5.1厘米。（图 I －64：3；彩版 I －88：2）

标本 T5 ② ：31，可复原。尖唇，口沿外部内收，折腹，圈足。灰黄色胎，较粗。黑釉，近口沿处呈棕色，外壁施釉至半腹。口径11.4、足径3.6、高5.5厘米。（彩版 I －88：3）

标本 T5 ② ：32，可复原。尖唇，敞口，口沿外部略内收，斜直腹，圈足。灰褐色胎，较粗。黑釉，口沿处呈棕色，外壁施釉至半腹。口径11.8、足径3.4、高5.6厘米。（图 I －64：4；彩版 I －88：4）

（六）青花瓷

可辨器形有碗、盘、杯、碟、器盖和瓶等，择其主要介绍如下。

（1）碗

有敞口碗、侈口碗和敛口碗等。

敞口碗

标本 T4 ② ：52，可复原。尖圆唇，曲腹，圈足。白胎，细腻。白釉闪青，足底无釉。外壁绘缠枝花卉纹，外底心有方形记号。口径 11、足径 5、高 5.9 厘米。（图 I −65 ：1；彩版 I −89 ：1）

标本 T2 ② ：3，可复原。尖唇，斜直腹，近足处弧收，圈足。白胎，细腻。白釉闪青，青花有晕散现象，足底无釉。内底心青花书一记号，外壁绘花卉纹饰，内、外壁近口沿处、内底心及圈足皆画弦纹。口径 11、足径 5.4、高 6.2 厘米。（图 I −65 ：2；彩版 I −89 ：2）

标本 T2 ② ：6，可复原。尖唇，斜曲腹，圈足。白胎，稍粗。白釉闪青，外底无釉。内底青花书"喜"字，以双弦纹为框。外壁饰花草纹，草书"万古长青"四字。口沿内外画双弦纹。口径 15.4、足径 5.8、高 6.2 厘米。（图 I −65 ：3；彩版 I −90 ：1）

侈口碗

标本 T4 ② ：43，可复原。尖圆唇，曲腹，圈足。白胎，细腻。白釉闪青。内口沿饰一圈"十"字纹，内底心圆形双框内绘万字云纹。外壁绘凤凰纹，外底心圆形双框内书

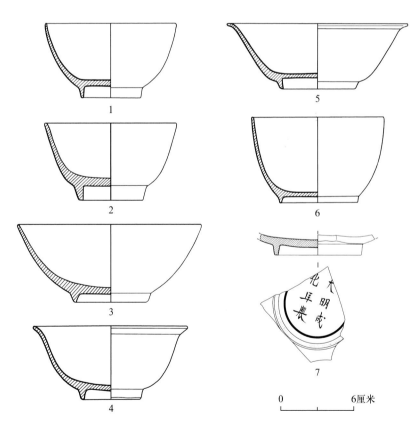

图 I −65　府治遗址第2层出土青花瓷碗

1.敞口碗T4②：52　2.敞口碗T2②：3　3.敞口碗T2②：6　4.侈口碗T4②：43

5.侈口碗T5②：1　6.敛口碗T6②：10　7.碗残件T5②：21

"大明年造"。口径 13、足径 5、高 5.9 厘米。（图 I −65：4；彩版 I −91：1）

标本 T5 ②：1，可复原。尖圆唇，折沿较窄，斜曲腹，圈足。白胎，稍粗。白釉闪青，近足处有缩釉现象，足底无釉。内底心绘树木假山纹，以双弦纹为框。折沿处绘点彩和草叶纹一周。外壁绘花果纹。口径 14.8、足径 6、高 5.2 厘米。（图 I −65：5；彩版 I −91：2）

标本 T1 ②：1，可复原。圆唇，斜曲腹，圈足。白胎，细腻。白釉闪青，青花有晕散现象，内底刮釉一周，内底心青花点彩，足底无釉，露胎处呈火石红。内壁近口沿处及内、外近底处皆饰弦纹。外壁绘花卉纹。外底心有青花书迹，不可辨。口径 14.2、足径 5、高 6.3 厘米。（彩版 I −90：2）

敛口碗

标本 T6 ②：10，可复原。尖圆唇，芒口，曲腹，圈足。白胎，细腻。白釉闪青，足底无釉。外壁近口沿处绘一周回纹。外壁绘缠枝菊花纹。口径 11、足径 6.4、高 6.8 厘米。（图 I −65：6）

碗残件

标本 T5 ②：21，碗底残件。圈足。白胎，胎质细腻。白釉闪青，足底无釉。内底绘柳树等图案，外底圆框内书"大明成化年制"。足径 7.2、残高 1.7 厘米。（图 I −65：7；彩版 I −92：1）

标本 T1 ②：6，碗底残件。圈足。白胎，稍粗。白釉略泛青。圈足绘一周双弦纹，底款"若深珍藏"。足径 6.4、残高 1.8 厘米。（彩版 I −92：2）

标本 T1 ②：29，碗底残件。曲腹，隐圈足。白胎，细腻。白釉泛青，足底无釉，外底近圈足处有窑粘。内底心圆形双框内书一"寿"字，字内绘一简笔寿星。外壁下腹饰一周双弦纹。足径 5、残高 2.4 厘米。（彩版 I −92：3）

标本 T2 ②：27，碗底残件。曲腹，圈足。白胎，细腻。白釉闪青，足底无釉。内底心圆形双框内绘池塘、荷叶、鹦鹉立于枝头。外壁纹饰残，不可辨。底书"福寿康宁"四字。足径 5.5、残高 2.7 厘米。（彩版 I −93：1）

（2）盘

有敞口盘、侈口盘及残件。

敞口盘

标本 T2 ②：11，可复原。圆唇，浅曲腹，圈足。白胎，细腻。白釉闪青，足底无釉。内底心残见一变体梵文，内壁绘梵文，分上下两层。外壁点缀点彩，内外壁上下绘弦纹。口径 14.8、足径 10、高 3.8 厘米。（彩版 I −94：1）

侈口盘

标本 T6 ②：1，可复原。圆唇，斜曲腹，圈足。白胎，细腻。釉色白中闪青，口沿施黄釉，足底无釉。内底心绘团花牡丹纹，以双弦纹为框，近口沿绘一周卷草纹，上下饰弦纹，外底青花底款"玉堂珍器"，以双弦纹为框。口径 16、足径 6.6、高 4.5 厘米。（图 I −66：1；彩版 I −94：2）

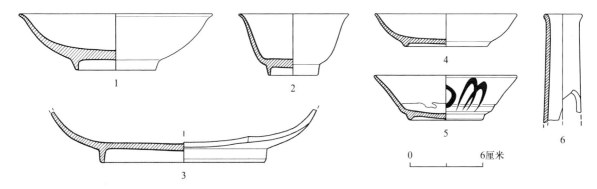

图Ⅰ-66 府治遗址第2层出土青花瓷盘、杯、碟、瓶

1.侈口盘T6②：1 2.侈口杯T6②：4 3.盘残件T5②：18 4.碟T5②：39 5.碟T4②：58 6.瓶T1②：40

盘残件

标本T1②：25，平底，圈足。白胎，细腻。白釉闪青，足底无釉。内底心绘五蝠团寿图案，内底、外底、圈足皆绘弦纹，外底圆形双框内绘一方形记号。足径12.3、残高1.6足厘米。（彩版Ⅰ-95：1）

标本T5②：18，大圈足。白胎，细腻。白釉闪青，外底无釉。内底绘龙纹。足径13.8、残高4.1厘米。（图Ⅰ-66：3；彩版Ⅰ-95：3）

（3）杯

侈口杯

标本T6②：4，可复原。尖圆唇，垂腹，平底，圈足。白胎，细腻，胎骨轻薄。白釉闪青，足底无釉。内底心绘兔纹，背景衬以山水，以双弦纹为框，外壁绘花卉纹及诗句，书有"白云居"，"仙游……"，内外口沿及圈足上皆绘弦纹，外底心圆形双框内书"大明成化年制"。口径9、足径4、高5厘米。（图Ⅰ-66：2；彩版Ⅰ-93：2）

（4）碟

标本T5②：39，可复原。尖圆唇，敞口，浅曲腹，圈足。白胎，细腻。白釉闪青，足底无釉。内底心绘五蝠团寿图案，外壁绘蝙蝠，外底心绘双弦纹。口径11.6、足径6.8、高2.6厘米。（图Ⅰ-66：4；彩版Ⅰ-96：1）

标本T4②：58，可复原。尖圆唇，敞口，斜直腹，圈足。灰褐色胎，略粗。青绿色釉偏灰，内外壁施釉均不及底，内外底心加釉。外壁绘有曲线纹饰。口径11.8、足径6.1、高3.5厘米。（图Ⅰ-66：5；彩版Ⅰ-96：2）

（5）器盖

标本T4②：18，可复原。盒盖，子口。浅曲腹，圈足。白胎，细腻。白釉，口沿和足底无釉。外壁绘一周如意云纹，圈足绘弦纹。口径9.9、足径6.8、高2.6厘米。（彩版Ⅰ-97：1）

标本T1②：22，残。子口。球形纽。白胎，细腻。白釉闪青，盖内无釉。盖面绘缠枝花卉。盖面直径5.5、高4.3厘米。（彩版Ⅰ-97：2）

标本T4②：17，残件。平纽，盖面较平，口沿处内凹。盖面依次绘团花纹、草纹、

网格纹各一周。直径 10.1、高 2.6 厘米。（彩版Ⅰ-97：3）

（6）瓶

标本 T1②：40，颈部残件。直口，圆唇，长颈。白胎，细腻。白釉。近口沿处绘双弦纹，颈部绘火珠纹。口径 3.2、残高 8.6 厘米。（图Ⅰ-66：6；彩版Ⅰ-95：2）

（七）粉彩瓷

有碗、杯和器盖。

（1）碗

标本 T5②：24，可复原。尖圆唇，敞口，斜曲腹，圈足外撇。白胎，略粗。白釉闪青，足底无釉。外壁饰粉彩桃、花草纹，圈足处饰一周带状纹饰。口径 18.4、足径 11、高 6.2 厘米。（图Ⅰ-67：1；彩版Ⅰ-98：1）

（2）杯

标本 T6②：5，可复原。尖唇，侈口，垂腹，圈足。白胎，胎骨轻薄。白釉，釉面光洁，足底无釉。外壁绘粉彩花草纹，外底心圆形双框内青花书"大明成化年制"。口径 8.6、足径 3.8、高 5.1 厘米。（图Ⅰ-67：2；彩版Ⅰ-98：2）

（3）器盖

标本 T4②：54，可复原。子口。圆柱形钮，钮内中空，穹隆式盖面。白胎，细腻。白釉，口沿无釉。白中心红料篆书"嘉庆年制"款。盖面粉彩绘五福团寿及牡丹等吉祥纹样，寿字及牡丹填红彩。盖沿处饰一周回纹。直径 12.5、高 4.7 厘米。（图Ⅰ-67：4；彩版Ⅰ-99：1）

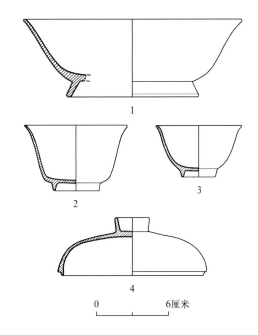

图Ⅰ-67 府治遗址第2层出土粉彩及红彩瓷器
1.粉彩瓷碗T5②：24 2.粉彩瓷杯T6②：5 3.红彩瓷杯T1②：57 4.粉彩瓷器盖T4②：54

（八）红彩瓷

杯

标本 T1②：57，可复原。尖圆唇，侈口，斜曲腹，圈足。白胎，细腻。灰白色釉，外底无釉。外壁绘草叶纹，外口沿及近足处绘弦纹。口径 7.2、足径 2.9、高 4.1 厘米。（图Ⅰ-67：3；彩版Ⅰ-99：2）

四 铜钱

第2层总计出土铜钱 94 枚，其中以清代铜钱为主，另有宋代、日本、越南铜钱及铭文不可辨者 10 枚。（图Ⅰ-68；表Ⅰ-3）

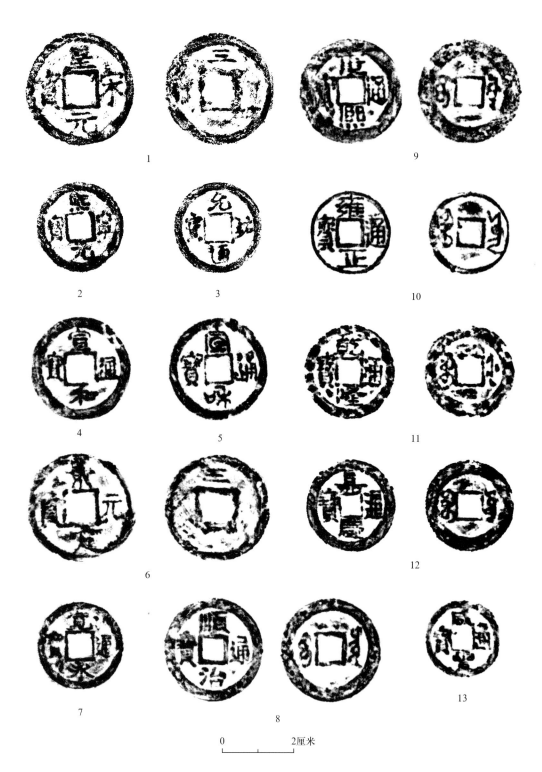

0   2厘米

图 I-68　府治遗址第2层出土铜钱拓本

1.皇宋元宝　2.熙宁元宝　3.元祐通宝　4、5.宣和通宝　6.景定元宝　7.宽永通宝　8.顺治通宝　9.康熙通宝
10.雍正通宝　11.乾隆通宝　12.嘉庆通宝　13.咸丰通宝

表 I -3　府治遗址第2层出土铜钱统计表

钱　　名	数量（枚）	铸造年代	直　　径	备　注	图　号
皇宋元宝	4	南宋理宗宝祐元年（1253年）铸	2.3～2.5厘米	右旋读	图 I -68：1
熙宁元宝	7	北宋神宗熙宁年间（1068～1077年）铸	2.3～2.95多2.4厘米	右旋读	图 I -68：2
元祐通宝	7	北宋哲宗元祐年间（1086～1093年）铸	2.2～2.4厘米	右旋读	图 I -68：3
宣和通宝	3	北宋徽宗宣和年间（1119～1125年）铸	2.4～2.7厘米两个为2.7	对读	图 I -68：4、5
大观通宝	1	北宋徽宗大观年间（1107～1110年）铸	2.4厘米	对读	
景定元宝	6	南宋理宗景定年间（1260～1264年）铸	2.8、2.9厘米	对读	图 I -68：6
宽永通宝	3	日本水尾天皇宽永三年（1626年）铸	2.3～2.35厘米	对读	图 I -68：7
顺治通宝	4	清世祖顺治年间（1644～1661年）铸	2.7厘米	对读	图 I -68：8
康熙通宝	11	清圣祖康熙年间（1662～1722年）铸	2.5～2.8厘米多2.7厘米	对读	图 I -68：9
雍正通宝	2	清世宗雍正元年（1723年）始铸	2.15～2.5厘米	对读	图 I -68：10
乾隆通宝	22	清高宗乾隆年间（1736～1795年）铸	1.9～2.6厘米	对读	图 I -68：11
景盛通宝	1	越南阮光瓚景盛年间（1792～1802年）铸	2.3厘米	对读	
嘉庆通宝	3	清仁宗嘉庆年间（1796～1820年）铸	2.15～2.4厘米	对读	图 I -68：12
道光通宝	6	清宣宗道光年间（1821～1850年）铸	1.6～2.2厘米	对读	
咸丰通宝	3	清文宗咸丰年间（1851～1861年）铸	1.65～2.05厘米	对读	图 I -68：13
光绪通宝	1	清德宗光绪年间（1875～1908年）铸	1.9厘米	对读	

五　玉器

玉饰件

标本 T1 ② ： 103，残。平面呈长方形。残长 8.1、宽 6.6、厚 1.1 厘米。（彩版 Ⅰ −100 ： 1）

六　骨器

标本 T6 ② ： 81，应为猪或牛的肋骨。黄色，扁平状，较宽的一端人工切磨出两直角，形成一长方形柄。残长 34.6、宽 2.1 ～ 4、厚 0.2 ～ 0.4 厘米。（图 Ⅰ −69 ；彩版 Ⅰ −100 ： 2）

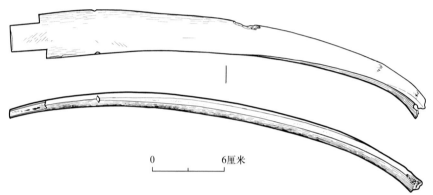

0　　　　　6厘米

图 Ⅰ −69　府治遗址第2层出土骨器T6② ：81

第五章 结 语

第一节 地层年代分析

第 1 层发现遗迹多为近现代房屋建筑遗迹，遗物亦多见近现代瓷片及建筑垃圾等。此外，第 1 层中还见有中华民国开国纪念币。

第 2 层出土遗物以瓷器为大宗，另有陶器、铜器、铁器、骨器、玉器。

首先，从出土瓷器看。在出土瓷器中青花瓷所占数量最多，且具有鲜明的时代特征。一些器物有标记明确的清代民窑堂名款，如标本 T1 ②：6 底款为"若深珍藏"，标本 T6 ②：1 底款为"玉堂珍器"，此外，在器形、装饰风格等方面该层出土青花瓷都与清代青花瓷特征相符。第 2 层还出土少量青白瓷、白瓷、黑釉瓷，这些遗物多具有元明时期的特征。

其次，从出土陶器看。该层出土陶器多为建筑构件，其中两件泥质灰陶滴水标本 T2 ②：62 和 T5 ②：56，为典型的清式如意形滴水。

除出土瓷器、陶器具有清代特征外，该层还出土 52 枚清代铜钱及少量宋代、日本、越南铜钱，几乎囊括清朝各个时期所铸铜钱。

第 2 层中所出各类遗物，多具有清代特征，而未见时代晚于清代的遗物。

第 3 层出土遗物除瓷器外另有少量陶器（多为泥质灰陶建筑构件）。从出土瓷器看，该层出土瓷器以青瓷为大宗，其中又以龙泉窑青瓷为最多，约占出土瓷器的 80%，器形有碗、杯、盘、碟、洗、炉、瓶。该层所见龙泉青瓷制作较粗，釉层薄而透光，光泽度较强，印花装饰的纹样模糊不清，高足杯足较高，挖足粗率且较浅，这些特征都与明代中期龙泉青瓷相符。标本 T2 ③：5 为隐圈足，尖圆唇，敛口，曲腹，与浙江丽水出土的一件明代龙泉窑盏①较为接近。标本 T2 ③：26 为碗口腹部残片，与龙泉东区一型ⅩⅡ式定为明代的碗②造型及装饰极为相似。除青瓷外，第 3 层还可见青花瓷片，其中多数为明代青花瓷，但有晚

① 朱伯谦主编《龙泉窑青瓷》，第277页图265盏，台湾艺术家出版社，1998年版。
② 浙江省文物考古研究所《龙泉东区发掘报告》，文物出版社，2005年版。

至清初的，如标本 T4 ③：66 为一件青花鱼藻纹小杯，其胎质坚致细腻，胎色洁白，釉色白中闪青，这些都与清康熙时期青花瓷特征相吻合。此外，第 3 层还出土少量具有元代特征的青白瓷，如标本 T5 ③：2 为一件深腹、高圈足，胎骨厚重的青白瓷碗，与景德镇湖田窑出土的元代 B 型 II 式碗[①]相似。

第 3 层中所出瓷器以龙泉青瓷为主，时代多为明代，另有少量具有元代特征的青白瓷及青花瓷片，但未见时代晚于清前期的遗物。

第 4 层出土遗物中瓷器仍以青瓷为主，其中大宗为龙泉窑青瓷，另有青白瓷、白瓷、黑釉瓷。该层出土龙泉青瓷整体造型趋于粗壮高大，在胎釉方面，胎骨厚重，釉色减弱，从整器的造型及胎釉的特征看该层所出龙泉青瓷多数应为元代产品，但也有更晚期的，如标本 T2 ④：13、T4 ④：18 竹节状高足杯，T3 ④：13 敞口碗，这些器物时代可至元末明初。该层还出土具有元代特征的青白瓷器，如标本 T1 ④：7 为一件敞口碗，尖圆唇，斜直腹，浅圈足，白胎，胎骨轻薄，与景德镇湖田窑出土 Ac 型碗 95A·F8：28[②]相似，该型碗属于元代早期；标本 T4 ④：16 为一件侈口，圆唇，曲腹，圈足略外撇的青白瓷碗，与江西波阳元墓出土的 D 型 VI 式碗[③]较相似，该式碗属元末。

此外，该层还出土少量宋代瓷器。标本 T4 ④：1、T4 ④：2，皆为莲瓣纹碗，口微敛，曲腹，小圈足，足底刮釉，外壁模印较为狭长的莲瓣，瓣脊挺拔，从造型及工艺看与浙江丽水市三岩寺金桥头村南宋德祐元年（1275 年）叶梦登妻潘氏墓出土的龙泉窑青瓷莲花瓣碗基本一致，时代应为南宋。标本 T3 ④：91 为一件定窑水波游鱼纹盘，芒口，内壁口沿饰回纹，其下饰水波游鱼纹，与 1971 年发掘的南宋张同之夫妇墓[④]所出定窑印花双鱼纹碗在整器大小上虽略有不同，但在装烧工艺、装饰风格上却极为相似，其时代应该也为南宋。

第 4 层所出瓷器时间跨度较大，但多数时代为元代，且最晚不过明初。

综合以上分析，对地层堆积的年代作出以下判断：

第 1 层堆积的形成年代为近现代。

第 2 层堆积的形成年代为清末。

第 3 层堆积的形成年代为清初。

第 4 层堆积的形成年代为元末明初。

第二节　南宋临安府治建筑遗迹的辨识

发掘中，F1 的发现使我们对其规模与气势有了充分的认识，而 S2 的发现则为我们探讨 F1 的性质提供了珍贵的实物线索。

① 江西省文物考古研究所、景德镇民窑博物馆《景德镇湖田窑址》，文物出版社，2007年版。
② 江西省文物考古研究所、景德镇民窑博物馆《景德镇湖田窑址》，文物出版社，2007年版。
③ 裴亚静《宋元景德镇窑系青白釉瓷器的分期》，《陈昌蔚纪念论文集》，台湾财团法人陈昌蔚基金会，2006年版。
④ 南京市博物馆《江浦黄悦岭南宋张同之夫妇墓》，《文物》1973年第4期。

（1）S2 即净因寺塔基

S2 为一平面呈八边形的石砌塔基，基座八面浅浮雕象征佛祖释迦如来所居住的佛教世界须弥山的"九山八海"。与闸口白塔①等杭州五代北宋时期塔基形制相同。与 S2 伴出的还有 7 件佛教石造像，虽大多残损，但仍能看出其姿态优雅自在、富于人性的审美情趣，这种风格符合佛教造像艺术在五代北宋时期逐渐融入世俗化生活的特征。据此，S2 应为五代北宋时期的塔基遗迹。

《咸淳临安志》卷八十二载："净因石塔，在府治前，元系净因尼院双塔，上刻佛像经咒。今在民屋后，风雨晦冥，间有祥光如燃灯。"②S2 位于今河坊街北侧，勾山（南宋竹园山）以东的旧仁和署路西侧，其所处地理位置与文献记载相符，因此，S2 应为净因寺塔基。

由于净因寺塔为双塔，因此，应有与之形制相同的另一座塔基存在。在距 S2 发现 9 年后的 2010 年夏天，在旧仁和署路东侧发现另一座塔基，保存较 S2 差，从其残存部分看，与 S2 形制完全相同。

净因尼院即净因寺，位于清波门北，临近西湖，处于临安城之中部西侧，南宋临安府治在净因寺故基上创建而成。③由于南宋以杭州为行在所，并升杭州为临安府，因此需改北宋州治为皇帝驻跸之所（即皇城），并将府治徙至他处。④南宋临安府治最终选址于净因寺，以佛寺建官署。⑤

分析两座塔基所处的方位，结合 1999 年考古调查中在今旧仁和署路与河坊街交界处发现的桥基（即宣化桥，南宋之州桥，位于府治前）⑥，对照《府治图》中建筑的相对位置关系，我们发现 F1 处于两塔基对称轴线的西侧。

（2）F1 应为南宋临安府治中轴线上之主体建筑

F1 在 T1、T3、T4、T5 的第 4 层下发现，而第 4 层的形成年代为元末明初，因此，F1 的废弃年代约在元末明初。但从建筑遗迹用材分析，俗称"香糕砖"的窄长条砖（T5 中部砖砌道路用砖）是南宋时期铺筑道路的常见用砖，变形宝相花方砖多见于五代北宋时期

① 高念华《杭州闸口白塔》，浙江摄影出版社，1996 年版。
② [宋]潜说友《咸淳临安志》卷八十二《尼院》，道光庚寅钱唐振绮堂汪氏仿宋本重雕，江苏广陵古籍刻印社，1986 年版。
③ [宋]周淙《乾道临安志》卷二《廨舍》："府治，旧在凤凰山之右。……建炎四年，翠华驻跸。今徙治清波门之北，以奉国尼寺（即净因寺）故基创建。"聿惠堂《武林掌故丛编》本，见《南宋临安两志》，浙江人民出版社，1983 年版。
④ 北宋州治原为五代时吴越国子城，位于杭州城之南端，背依凤凰山，面临钱塘江，地理位置优越。据[宋]潜说友《咸淳临安志》卷五十二《官寺一·府治》："旧在凤凰山之右，自唐为治所。子城南曰通越门，北曰双门，吴越王钱氏造。国朝至和元年，郡守孙沔重建，蔡端明襄撰记并书，刻石于门之右。"前揭注。
⑤ 南宋将府治移至净因寺前曾有祥符寺故基、北宋州学之选，但最终选位于临安城中部西侧的净因寺故基。虽其地盘不及原州治（吴越子城），但足见此时府治在临安城中的地位。[宋]潜说友《咸淳临安志》卷五十二《官寺一·府治》："中兴驻跸，因以为行宫，而徙建州治于清波门北净因寺故基。此据旧志，无创建岁月。考《会要》：建炎四年七月六日，中书舍人季陵言，临安府治宜迁于祥符寺故基。诏胡舜陟同本路漕司相度闻奏。又绍兴二年正月二十九日，知临安府宋辉言，昨得旨将州学改充府治，方造厅屋，未有当直可等处屋宇，诏特许修盖。与旧志不同，二事恐在前。"前揭注。
⑥ 州桥又称净因寺桥、府衙前桥，俗名懊来桥。据[宋]吴自牧《梦粱录》卷七《小西河桥道》："临安府治前曰州桥，俗名懊来桥，盖因到讼庭者，到此心已悔矣，故以此名呼之。"《知不足斋丛书》本，《西湖文献集成·宋代史志西湖文献专辑》，杭州出版社，2004 年版。明清时又称宣化桥。据[明]田汝成《西湖游览志》卷十三《南山分脉城内胜迹》："杭州府前为宣化桥……宋时俗称懊来桥，至今仍之。"《西湖文献》丛书，上海古籍出版社，1998 年版。另见[清]丁丙《武林坊巷志》第一册《杭州府署》引《康熙府志》："宣化桥，旧名净因，今俗呼懊来桥。"浙江人民出版社，1987 年版。宣化桥之名一直沿用到民国时期。据杭州市档案馆《杭州古旧地图集》第 174 页图 144《浙江省城并西湖全图》（20 世纪 20 年代）中关于宣化桥和桥名标示，浙江古籍出版社，2006 年版。

杭州佛寺建筑的室内墁地（如在对梵天寺的调查中曾发现此类方砖），因此，F1 本身所反映的建筑年代应不晚于南宋。从 F1 散水砖、台壁包砖及压阑石的风化程度，厅堂 1 室内墁地的使用磨损痕迹，西廊坊内墁地砖的碎裂及破损情况看，F1 的使用时间较长，但是，由南宋至元末明初，时间跨度之大，令人称奇。

考之文献发现，至元代至正十二年（1352 年）时，府治建筑"仍宋故物"，并仍在使用中，但已破败不堪。[①]据此，F1 在南宋时确已存在。由于 F1 长期处于使用状态，因此，在墁地、道路、庭院等使用面上很难形成堆积层，但可以看到使用中留下的痕迹及其修补状况。

F1 是一组包括厅堂、廊房、庭院和天井的宏大建筑遗迹，已揭露部分南北累计长度 61 米，加之三探方间未揭露的部分总计长度达到 94 米。从 F1 平面布局分析，厅堂 2、厅堂 3 及西侧廊房应属一进院落之回字形台基的西部。厅堂 1 和厅堂 2 间区域因有现代建筑而未发掘。厅堂 1 北侧为天井，西侧为廊，亦属一进院落的西部。其中，厅堂 2 处于厅堂 1 和厅堂 3 之间，虽仅暴露极少遗迹，但其夯土台基高达 0.9 米，比厅堂 1 和厅堂 3 均高出约 0.25 米，应属三厅堂中规格最高者。

南宋时临安府治前为州桥，并以州桥为中轴线，各类建筑不完全对称地分布于中轴线两侧。中轴线上之建筑，根据《府治图》（见图 I −3）所绘建筑布局，自南而北大致可分三个单元：第一单元为府治门—正厅门—设厅，平面呈回字形，设厅为正厅，等级最高，两侧为廊，中为正厅门及庭院；第二单元为简乐堂—清明平轩，平面呈田字形，简乐堂、清明平轩及其后建筑以穿廊相连，两侧为廊屋，间以天井；第三单元为见廉堂—中和堂—听雨轩，平面呈日字形，两侧为廊。该中轴线建筑西侧自南而北有临安府签厅—安抚司签厅[②]和松桧堂—诵读书院两个单元，间以围墙，南北以长廊相连，两单元内建筑均未按中轴对称分布，布局较自由。

根据 F1 布局特点，并与《府治图》对照，结合前文关于两座净因寺塔基及桥基的方位的分析，我们推测 F1 属府治中轴线上的建筑单元。从方位及尺度比照，设厅为府治建筑最突出之建筑，而厅堂 2 为三厅堂中台基最高者；设厅前至府治门庭院深而广，其间有设厅门，厅堂 2 和厅堂 3 间相距达 49.8 米；府治门规模较大，门前有较大活动空间，厅堂 3 位于 S2 北侧，两者间尚有一定距离[③]，厅堂 3 台基北缘距离 S2 北边 25.7 米；设厅后有简乐堂，厅堂 1 位于厅堂 2（三厅堂中台基最高者）以北。因此，F1 与《府治图》中中轴线上府治门至设厅的院落及设厅后简乐堂的布局吻合，并推测厅堂 1 属简乐堂，厅堂 2 属设厅，

---

① [明]刘基《诚意伯集》卷八《杭州路重修府治记》："大江之南，郡莫大于杭，行省所在，他郡于是乎取则。而郡治仍宋故物，以至于今，榱楠朽腐，瓦木将压，今因陋就简，以至频仆而后役民，为之工用必倍。……于是出俸钱之余以先之，……乃命知事丁钺董其役……坚者仍之，蠹者易之，倾者植之，颓者直之，缺者完之，隘者宽之，卑者垫之，实其基址，鲜其涂墍。……不数月而工毕。……至正壬辰春三月日记。"转引自[清]丁丙《武林坊巷志》第一册《丰上坊二·杭州府署》，浙江人民出版社，1987年版。

② 据[宋]吴自牧《梦粱录》卷十《府治》："……都门系临安府及安抚司金厅。"《知不足斋丛书》本，浙江人民出版社，1984年版。据[宋]潜说友《咸淳临安志》卷五十二《官寺一》："都厅，在府治西。淳祐六年……重建。"道光庚寅钱唐振绮堂汪氏仿宋本重雕，江苏广陵古籍刻印社，1986年版。

③ 另据[宋]潜说友《咸淳临安志》卷五十二《官寺一》："观察判官厅、节度推官厅，并在府前近民坊。"前揭注。[宋]吴自牧《梦粱录》卷十《府治》："州桥左首亭匾曰'奉诏亭'，右首亭匾曰'迎春'，左入近民坊巷。节推、审判二厅。次则左司理院，出街右首则右司理院、府院及都总辖房。入府治大门……府治前市井亦盈，铺席甚多。"前揭注。

厅堂 3 属府治门。

本次发掘虽然发现了临安府治中轴线上的建筑，但非常可惜的是揭露的大部分遗迹主要为其西侧局部，其主体建筑仅暴露了极少部分，给深入探讨各建筑的布局、形制、做法等问题造成很大困难。

（3）F1 沿用至元代，曾有修葺。

自宋历元，F1 原有建筑应经多次修葺。F1 局部拼嵌痕迹的存在、各部分地面磨损程度的差异、台壁砖及压阑石风化程度的不同等，不仅是建筑使用时间长短的反映，更是建筑修葺情况的佐证。显然，这些实物信息我们目前已无法与文献记载的修葺情况一一对应，历次修葺也并非一一表现为地基的变化。

元代对府治建筑的修葺，文献可考者有大德间修葺并翼以两县和至正间重修两次，两次间相距 48 年。

大德二年（1298 年），修葺府治建筑，并以两县署远离府治，公使、政令往来不便为由，将两县署移至府治两翼。①这次重建，历时数年（大德二年至八年，1298 ~ 1304 年），使原南宋府治中轴线两翼之建筑发生重大变化，以符合县署建筑规制及布局的需要。至此，府治范围西退东缩，此后明清两代府治的范围始至此。

至正十二年（1352 年），因府治年久失修，岌岌可危，故予重修，其重修的原则是"坚者仍之，蠹者易之，倾者植之，颇者直之，缺者完之，隘者宽之，卑者垲之，实其基址，鲜其涂塈"。②此次重修的范围应是大德时退缩后的范围，其中有对"基址"的修葺，但格局未变。

第三节　明代府治建筑的变革及其后府治遗迹

一　遗迹所见明代府治建筑的变革

遗迹间的叠压打破关系及变化反映出府治建筑的变革。地层与遗迹的叠压打破关系，

---

① 《杭州路重建总管府记》："杭为郡，自五代迄今不受兵革之患，……城内外居者无虑数十万家。旧以两县置城西北隅，以听城以外之治，四录事司分置城四隅，以听城以内之治，然后受命于郡府，郡府拥行省之垣，听外铨列四道，联外事者群有司，传宣之使日来，贡享之夷日接，五人聚之地转烦剧，郡府方疲于奔命，两县四隅之治漫不得梳理，固其宜也。今大参梁公为杭之明年，始上图省府，乞以郡治之隙地翼近两县直视四隅，使皆在大闉之内，将以考成治焉。既而郡侯廉公希哲、斡勒公好古实来识画规度，视梁公为有合，郡民吏翕然响从，锯斧之工、版筑之子，执掌备用，采会庭下，始听事，中黄堂幕府，旁列吏舍，庐公戟卫之门，休眺之楼，栋宇一新。左翼仁和，右翼钱塘，暨四录事中塘隅列东西门，入坐面南向，缭以围墙，揭以表树，视听耸□，有壮且丽。经始于大德二年，讫工于八年六月。"引自《武林坊巷志》，浙江人民出版社，1987 版版。

② 《杭州路重修府治记》："……以杭为东南大郡，故以中宪大夫福建宪副实珂公为其总管。公受命来杭，……作新三皇孔子庙，……厥成，乃集像佐吏而谓之曰：'大江之南，郡莫大于杭，行省所在，他郡于是乎取则。而郡治仍宋故物，以至于今，榱桷朽腐，瓦木将压，今因陋就简，以至颇仆而后役民，为之工用必倍，是养患以贻民戚也。吾欲理而新之，若何？'众皆应曰：'诺，惟公命。'于是出俸钱之余以先之，像佐以下皆致俸焉。乃命知事丁钱董其役，曰：'坚者仍之，蠹者易之，倾者植之，颇者直之，缺者完之，隘者宽之，卑者垲之，实其基址，鲜其涂塈，华勿过侈，俭勿致陋，工用之需，一百有司，无以烦民。'工兴，民……皆踊跃请自效，不数月而工毕。其视事之堂，即其旧名曰'宣化'。其偃息之楼名之曰'明新'。……至正壬辰春三月日记。"引自《武林坊巷志》，前揭注。

具体如下：

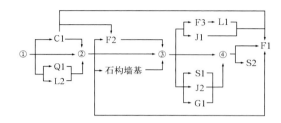

第4层下遗迹各部分联系紧密，规模较大，气势恢宏，而第3层、第2层、第1层下遗迹较零散，各类遗迹多保存较差，不成规模。与第4层下遗迹相比，第3层下遗迹在方向上发生明显变化，而第3层、第2层、第1层下遗迹方向相近。

第3层下遗迹包括分别在T1、T3、T7发现的石构遗迹S1、房屋建筑遗迹F3、砖砌道路遗迹L1、水井J1和J2、排水沟G1。F3廊道及L1横向越过F1西廊房，F3天井部分叠压F1西廊房台基，J1打破F1西廊房东侧散水，由此可知，第3层下遗迹在布局上与第4层下遗迹相比发生明显变化。

遗迹在方向与布局上的变化反映了府治沿革中一次较大的变革。因第3层的年代下限晚至清初，而第4层的形成年代为元末明初，故第3层下遗迹的年代晚于明初，止于清初。因此，这次变革应发生在明代。根据文献，明弘治十五年（1503年）杭州知府杨孟瑛以"厅堂门库及狱屋皆就倾圮"为由大加修治，对门、堂、寓所等"咸更新之"。[1]此次更新，中轴线上门、堂等建筑几近重建，在格局上发生了明显变化，将府治门建为重门，门屋三间，堂后建"延宾客"之所。

二 清至民国时期遗迹

第2层下遗迹包括分别在T1、T6发现的房屋建筑遗迹F2、石构遗迹。第2层堆积形成于清末，第2层下遗迹原有建筑应毁弃于清末，与文献记载府署道光后不再重建吻合。[2]另由第3层堆积年代可知，第2层下遗迹的年代上限应在清初。

第1层下建筑遗迹包括在T1发现的夹泥砖墙Q1，T3内的石砌储水设施C1和T7内的鹅卵石－石板路面L2。该组遗迹发现于第1层下，其年代下限可至近现代，应属清末至民国时期遗迹。

---

① [明]刘伯缙、陈善《万历杭州府志》卷三十九《公署三·杭州府治》："弘治十五年，知府杨孟瑛以正堂、门库及狱屋皆就倾圮，……乃大加修治，自为记：弘治壬戌冬，予自刑部郎中出守杭郡。及门门圮，升堂堂散。退食于寓，支柱发发，势几仆。明日，如犴狴，视囚系。又明日，如库藏，视货财。率皆风檐雨栋，犹门堂也。……经始于二月四日，阅十一月讫事。余偕诸同官，祀营室落之。表观望，严启闭，为重门，为楹间者三。庋版籍，藏货财，为府库，为楹间者亦三。罪有重轻，故狱有外内，为楹间者五十有八。羡材无所于委，于是，贯堂之后，以延宾客。而守所寓与二守所视事厅咸更新之。若公堂斋所、经历昭磨二署，劳重费钜，惧亟，则併甍皆以石，治墀以甓而已。周垣之缭如苞。"中国地方志集成编辑工作委员会《中国地方志集成》，上海书店，1993年版。
② [民国]齐耀珊重修、吴庆坻重纂《杭州府志》卷十九《公署二·杭州府署》："……旧制惟同知署于道光间移置，不重建。"中国地方志集成编辑工作委员会《中国地方志集成》，上海书店，1993年版。

第四节　发掘的意义

南宋建炎四年（1130 年），高宗驻跸临安，并于同年升杭州为临安府。自此，临安府成为南宋京都，临安府治也成为南宋京都的地方最高行政机关。据《宋史·职官志》载，其职能为"掌畿甸之事，籍其户口，均其赋役，颁其禁令"①，统一京都一府九县的民政、司法、赋税、治安等事务。府署的健全与否，直接关系到京城的社会秩序的安定和政治、经济、文化活动的正常开展。此次发掘正是对这一重要衙署的官式建筑基址的首次揭露，是古今重叠的城市考古的重要收获，意义重大。

首先，发现的基址的布局、规模、形制、营造等成为复原府署建筑的重要依据。我们之前对于临安府治衙署的认识多基于南宋时文献记载，各建筑的布局多是关于相对位置的界定，形制也多止于对开间的认识，规模并无尺度上的依据，至于营造，更难确知。而此次发掘，虽属局部，但极有益于上述问题的深入研究。而且，府治中轴线上主体建筑基址的确认，使我们利用现代城市考古学的方法拟定两侧其他建筑的布局成为可能。

其次，临安府治衙署建筑基址的发现为我们研究古代建筑史，尤其是历代衙署官式建筑及其沿革提供了重要的实物资料。基址本身的特点，以及其他同时期衙署建筑遗址的发现，将促使我们更好地总结南宋临安府治建筑在南宋官式建筑中的地位，丰富建筑史的实物内涵。

第三，遗址各层下建筑遗迹以实物形式印证了南宋及其后府署建筑的延续与变迁。从各层下遗迹本身出发，结合对文献中记载的历代府治沿革的分析，使我们认识了南宋府治在元代的延续与明代的变革。

第四，南宋时临安府治的迁与建，在我国古代城市规划中的意义，值得思考。南宋初，升杭州为临安府，成为南宋京都。这种由州城到京都的变化势必会反映在城市规划上。将原北宋州治以皇城规制进行规划并建设，府治衙署迁址临安府城内中部西侧，以佛寺改建等信息在城市规划中的意义，是我们应该深入探讨的。

南宋临安府治遗址是在古今重叠的城市进行考古发掘所发现的，在此类城市进行考古发掘，首先需从城市的整体布局即空间上考量遗址的特征及所处位置的意义，其次需从时间上，即由于历代沿用，但各时期遗址的情况又不尽相同，考虑这些变化所反映的信息。南宋临安府治遗址的发掘对如何在古今重叠城市进行考古发掘并科学、全面采集遗址包含的各类信息做了有益的尝试。

---

① [元]脱脱等《宋史》卷一百十九《职官六》，中华书局，1985年版。

1. 天井、厅堂1、西廊房远景（东—西）

2. 厅堂1铺地用变形宝相花方砖

彩版 Ⅰ-1　府治遗址第4层下遗迹F1

1. 厅堂1底部排水暗沟（北—南）

3. 厅堂3之砖砌道路（东—西）

2. 厅堂2南侧台壁（西—东）

彩版Ⅰ-2　府治遗址第4层下遗迹F1之厅堂与砖砌道路遗迹

1. 厅堂3排水暗沟与西廊房（北—南）

2. 厅堂3（北—南）

彩版Ⅰ-3　府治遗址第4层下遗迹F1之厅堂3遗迹

1. 西南—东北

2. 北—南

彩版 I—4　府治遗址T3内第4层下遗迹F1之西廊房遗迹

1. 东北—西南

2. 北—南

彩版 I-5　府治遗址T3内第4层下遗迹F1之西廊房遗迹

1. 西廊房之门砧石、柱础及砖铺地面（东—西）

2. 西廊房之门砧石、柱础及砖铺地面（西—东）

彩版Ⅰ–6　府治遗址T3内第4层下遗迹F1之西廊房遗迹

1. 西廊房之门砧石（西—东）

2. 西廊房之压阑石及散水（北—南）

彩版Ⅰ—7　府治遗址T3内第4层下遗迹F1之西廊房遗迹

彩版Ⅰ-8 府治遗址T4内第4层下遗迹F1之西廊房及窖穴遗迹

1. 西廊房地面（南—北）

2. 长方形窖穴（西北-东南）

彩版Ⅰ-8　府治遗址T4内第4层下遗迹F1之西廊房及窖穴遗迹

彩版 I —9　府治遗址第4层下遗迹F1之天井（东北－西南）

厅堂3

西廊房

彩版 I －10　府治遗址第4层下遗迹F1之庭院散水遗迹（北－南）

1. S2全景（北—南）

2. S2（南—北）

3. S2局部（俯视）

4. S2局部（西北—东南）

彩版Ⅰ—11　府治遗址第4层下遗迹石构塔基遗迹S2

1. F3（西—东）

2. 廊道（西—东）

彩版 I－12 府治遗址第3层下遗迹F3

1. F3之廊道（南—北）

2. 人字形砖铺地面（西—东）

彩版Ⅰ－13　府治遗址第3层下遗迹F3之廊道

1. L1、J1与储水设施C1（东—西）

2. L1（西—东）

彩版 Ⅰ—14　府治遗址第3层下遗迹砖砌道路L1及其与上下层遗迹的位置关系

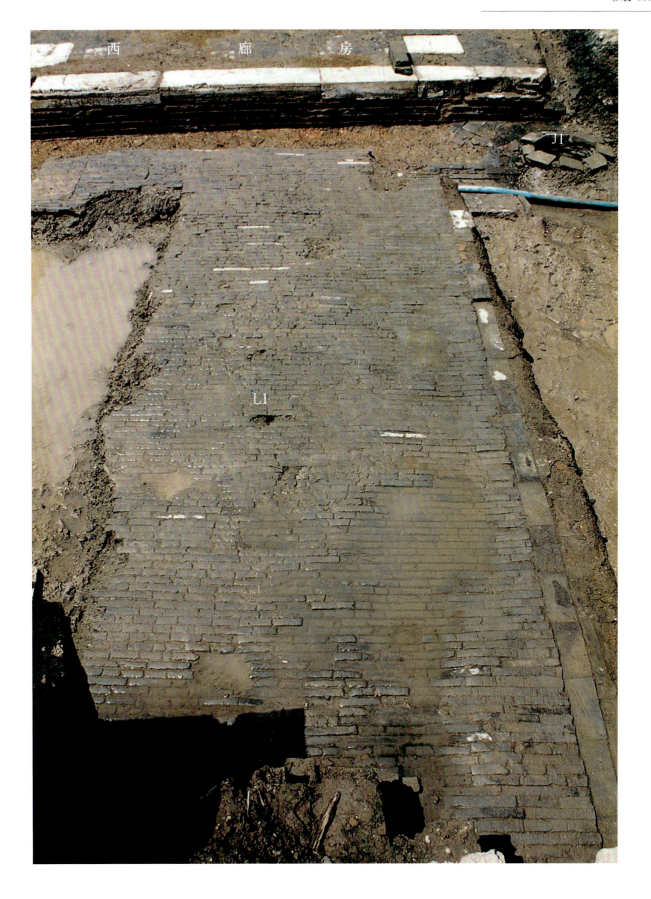

彩版Ⅰ-15　府治遗址第3层下遗迹砖砌道路L1（东-西）

1. L1（北—南）

2. L1（南—北）

彩版 I –16　府治遗址第3层下遗迹砖砌道路L1

西

廊

房

L1

J1

C1

1. J1位置（北—南）

2. J1

3. J1内壁结构

彩版 I—17　府治遗址第3层下遗迹水井J1

1. 石构墙基（东—西）

2. 石构墙基（西—东）

3. 石构2号墙基（南—北）

4. 石砌3号墙基（南—北）

彩版Ⅰ—18　府治遗址第2层下遗迹石构墙基

彩版 I-19 府治遗址第1层下遗迹石构储水设施C1

1. C1（东—西）

2. C1（南—北）

3. C1之水缸

彩版 I-19　府治遗址第1层下遗迹石构储水设施C1

1. 长条砖T2④：89

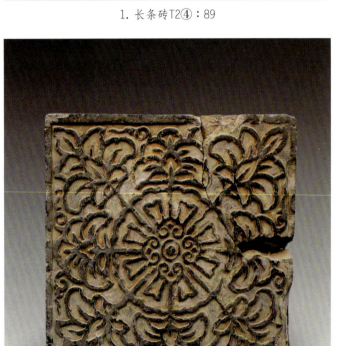

2. 印花方砖T1④：92

3. 板瓦T3④：40

4. 筒瓦T5④：59

彩版Ⅰ-20　府治遗址第4层出土陶砖、瓦

彩版 I-21　府治遗址第4层出土陶莲花纹瓦当

1. T2④：79

2. T2④：88

3. T2④：93

4. T3④：89

5. T3④：93

6. T5④：82

彩版 I-21　府治遗址第4层出土陶莲花纹瓦当

彩版Ⅰ—22　府治遗址第4层出土陶瓦当

2. 莲花纹瓦当T5④：97

1. 莲花纹瓦当T5④：91

3. 莲花纹瓦当T5④：102

4. 兽面纹瓦当T5④：69

彩版Ⅰ—22　府治遗址第4层出土陶瓦当

3. 鸱吻T5④：57

1. 悬鱼T1④：54

4. 鸱吻T5④：89

2. 鸱吻T2④：103

彩版Ⅰ-23　府治遗址第4层出土陶悬鱼、鸱吻

1. 灯T1④：6

2. 灯T3④：61

3. 罐T5④：56

4. 灯T5④：41

彩版Ⅰ-24 府治遗址第4层出土陶灯、罐

1. 莲瓣碗T4④：1

2. 莲瓣碗T4④：2

3. 敞口碗T4④：22

4. 敞口碗T3④：13

彩版Ⅰ-25　府治遗址第4层出土龙泉窑青瓷碗

彩版 I −26 府治遗址第4层出土龙泉窑青瓷侈口碗

1. T3④：1

2. T1④：19

彩版 I −26　府治遗址第4层出土龙泉窑青瓷侈口碗

1. 花口碗T5④：7

3. 碗底残件T2④：15

2. 碗底残件T1④：12

4. 碗底残件T3④：11

彩版 Ⅰ-27　府治遗址第4层出土龙泉窑青瓷碗

2. 盘口沿残片T2④：17

3. 敞口盏T3④：14

1. 碗残件T5④：6

4. 束口盏T6④：2

彩版Ⅰ-28　府治遗址第4层出土龙泉窑青瓷碗、盘、盏

彩版 I -29　府治遗址第4层出土青瓷高足杯、敛口碗

2. 龙泉窑青瓷高足杯T4④：18

1. 龙泉窑青瓷高足杯T2④：13

3. 铁店窑青瓷敛口碗T1④：4

彩版 I -29　府治遗址第4层出土青瓷高足杯、敛口碗

彩版 I −30　府治遗址第4层出土未定窑口青瓷碗

1. 敞口碗T4④：23

2. 侈口碗T2④：71

3. 侈口碗T4④：5

彩版 I −30　府治遗址第4层出土未定窑口青瓷碗

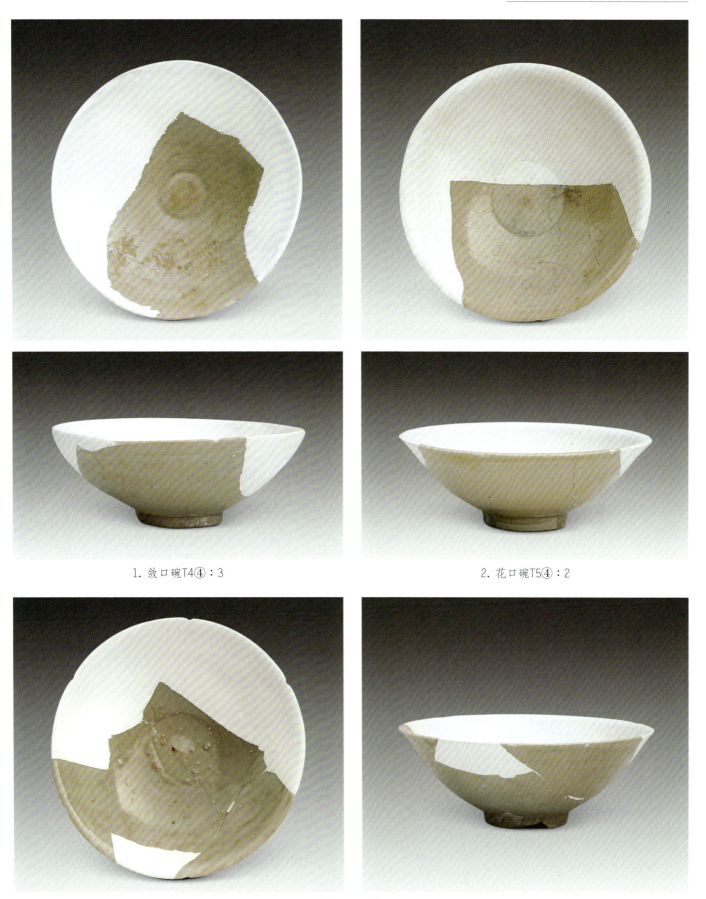

1. 敛口碗T4④：3   2. 花口碗T5④：2

3. 花口碗T5④：8

彩版Ⅰ－31　府治遗址第4层出土未定窑口青瓷碗

1. 敞口盘T5④：22

3. 侈口盘T3④：12

2. 敞口盘T5④：24

4. 直口盘T1④：16

彩版Ⅰ-32　府治遗址第4层出土未定窑口青瓷盘

1. T1④：7   2. T5④：19

彩版Ⅰ—33　府治遗址第4层出土景德镇窑青白瓷敞口碗

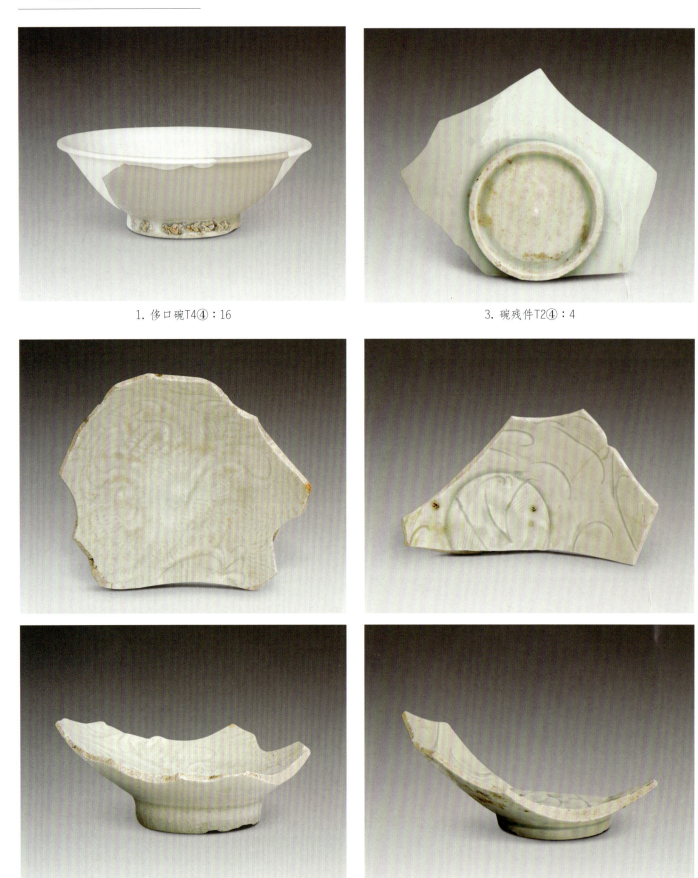

1. 侈口碗T4④：16

3. 碗残件T2④：4

2. 碗残件T1④：9

4. 碗残件T2④：7

彩版Ⅰ-34　府治遗址第4层出土景德镇窑青白瓷碗

1. 碗残件T3④：5

2. 碗残件T4④：14

3. 折腹盘T4④：15

4. 器盖T2④：8

彩版Ⅰ－35　府治遗址第4层出土景德镇窑青白瓷碗、盘、器盖

2. 折腹碟T4④：21

1. 花口碟T3④：2

彩版Ⅰ-36 府治遗址第4层出土景德镇窑青白瓷碟

1. 花口碗T1④：22

2. 碗残件T2④：11

3. 敞口盘T3④：91

彩版Ⅰ-37　府治遗址第4层出土定窑白瓷碗、盘

彩版Ⅰ-38 府治遗址第4层出土景德镇窑白瓷碗和吉州窑黑釉瓷盏

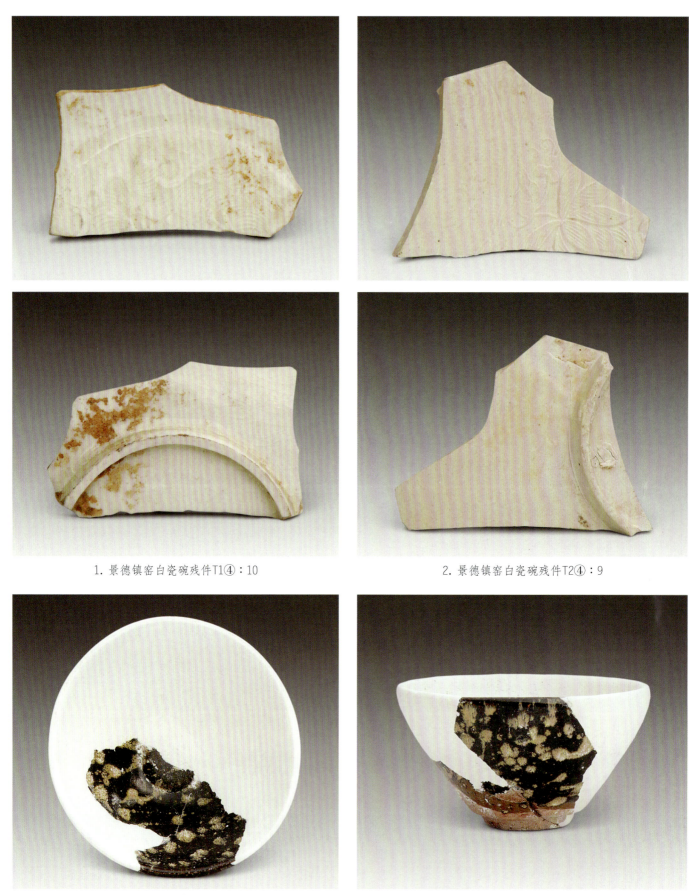

1. 景德镇窑白瓷碗残件T1④：10　　　　　2. 景德镇窑白瓷碗残件T2④：9

3. 吉州窑黑釉瓷盏T5④：4

彩版Ⅰ-38　府治遗址第4层出土景德镇窑白瓷碗和吉州窑黑釉瓷盏

1. T1④：1

2. T1④：2

3. T5④：21

彩版 I -39　府治遗址第4层出土遇林亭窑黑釉瓷敞口盏

彩版Ⅰ-40　府治遗址第4层出土遇林亭窑黑釉瓷束口盏

1. T1④：18

2. T1④：25

3. T2④：21

彩版Ⅰ-40　府治遗址第4层出土遇林亭窑黑釉瓷束口盏

彩版Ⅰ-41　府治遗址第4层出土遇林亭窑黑釉瓷束口盏

1. T3④：3

2. T4④：20

彩版Ⅰ-41　府治遗址第4层出土遇林亭窑黑釉瓷束口盏

彩版Ⅰ-42 府治遗址第4层出土遇林亭窑黑釉瓷束口盏

1. T5④：13   2. T5④：14

彩版Ⅰ-42 府治遗址第4层出土遇林亭窑黑釉瓷束口盏

1. 盏T5④：10

2. 灯盏T5④：11

3. 灯盏T5④：12

4. 瓶T3④：69

彩版Ⅰ—43　府治遗址第4层出土未定窑口黑（酱）釉瓷盏、灯盏、瓶

彩版Ⅰ-44　府治遗址第4层出土石界碑T1④：61

2. 足残件T7④：3

1. 狮T7④：1

3. 足残件T7④：7

彩版 I－45　府治遗址第4层出土石造像

彩版 I −46　府治遗址第4层出土石造像

1. 菩萨立像T7④：5

2. 天王立像T7④：6

彩版 I −46　府治遗址第4层出土石造像

彩版Ⅰ-47　府治遗址第4层出土石菩萨立像T7④：8

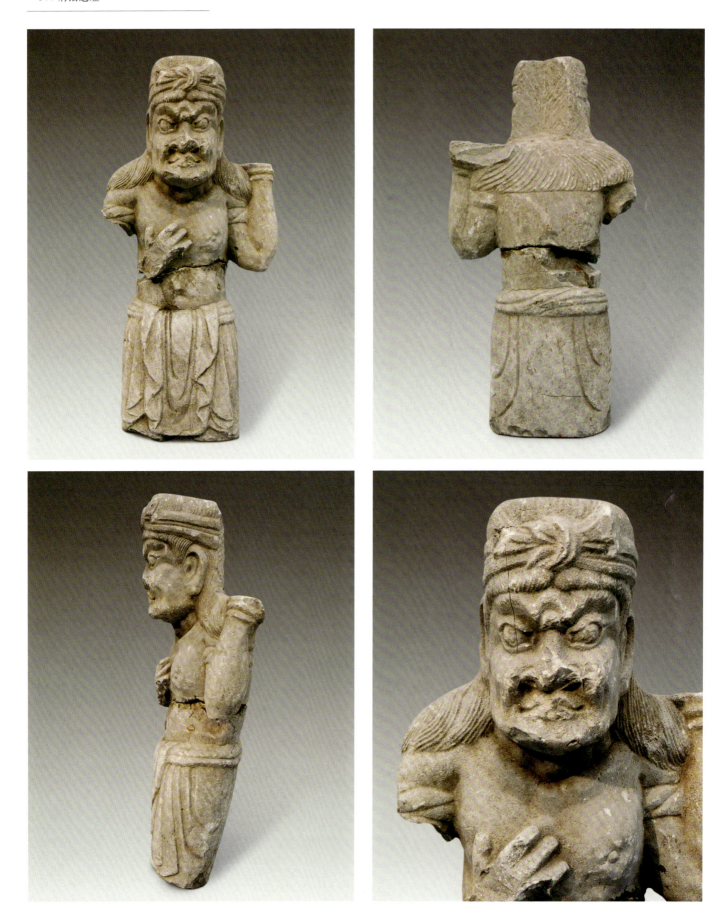

彩版Ⅰ-48　府治遗址第4层出土石天王立像T7④：9

1. 石球T1④：80、T1④：79、T1④：78

2. 骨簪T5④：63

彩版Ⅰ—49　府治遗址第4层出土石球、骨簪

1. 砖雕T5③：101

2. 筒瓦T3③：37

3. 莲花纹瓦当T1③：17

4. 罐T1③：76

彩版Ⅰ-50　府治遗址第3层出土陶砖雕、筒瓦、瓦当及陶罐

1. 莲瓣碗T1③：19

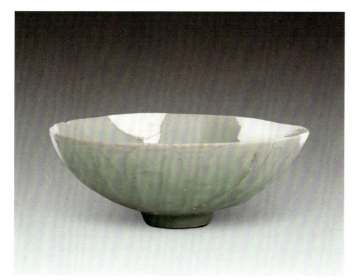

2. 莲瓣碗T3③：19

4. 敞口碗T1③：1

3. 莲瓣碗T4③：12

5. 敞口碗T4③：15

彩版 I－51　府治遗址第3层出土龙泉窑青瓷碗

彩版 Ⅰ－52　府治遗址第3层出土龙泉窑青瓷侈口碗

2. T4③：14

1. T1③：2

3. T4③：16

彩版 Ⅰ－52　府治遗址第3层出土龙泉窑青瓷侈口碗

1. 敛口碗T3③：1

2. 花口碗T4③：26

3. 夹层碗T5③：3

4. 碗残件T1③：53

彩版Ⅰ－53　府治遗址第3层出土龙泉窑青瓷碗

1. 碗残件T2③：26

2. 敞口盘T4③：11

3. 敞口盘T5③：8

4. 折沿盘T4③：1

5. 八边形盘T3③：7

彩版Ⅰ－54　府治遗址第3层出土龙泉窑青瓷碗、盘

彩版 I-55　府治遗址第3层出土龙泉窑青瓷侈口盘

1. T3③：6

2. T3③：24

3. T4③：7

4. T4③：8

1. 侈口盘T5③：9

3. 碟T4③：29

2. 碟T4③：28

4. 碟T5③：30

彩版Ⅰ-56　府治遗址第3层出土龙泉窑青瓷盘、碟

1. 高足杯T5③：4

3. 折沿洗T1③：5

4. 瓶T2③：23

2. 隐圈足杯T2③：5

5. 盆T2③：3

彩版Ⅰ－57　府治遗址第3层出土龙泉窑青瓷杯、洗、瓶、盆

1. T1③：20

2. T4③：9

3. T3③：28

彩版Ⅰ-58　府治遗址第3层出土龙泉窑青瓷蔗段洗

1. 缠枝花炉 T4③：30

2. 弦纹炉 T1③：22

3. 弦纹炉 T4③：23

彩版 I－59　府治遗址第3层出土龙泉窑青瓷炉

1. 越窑青瓷盒T2③：30

2. 越窑青瓷灯T3③：33

4. 铁店窑青瓷碗T5③：22

3. 耀州窑青瓷碗T4③：60

5. 铁店窑青瓷杯T1③：23

彩版 I-60　府治遗址第3层出土青瓷盒、灯、碗、杯

1. 敞口碗T3③：27

4. 侈口碗T2③：6

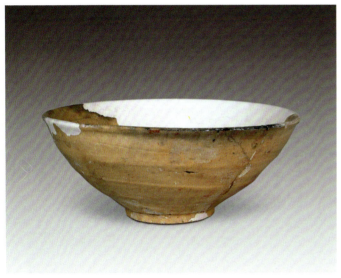

2. 敞口碗T5③：23

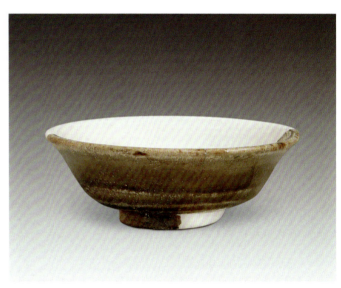

5. 侈口碗T3③：2

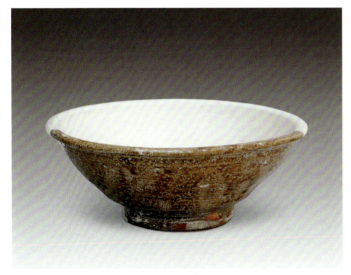

3. 敞口碗T5③：26

6. 敛口碗T1③：10

彩版Ⅰ-61　府治遗址第3层出土未定窑口青瓷碗

1. 敛口碗T5③：24

2. 敞口盘T5③：27

3. 折腹盘T5③：29

4. 折腹盘T1③：11

5. 折腹盘T5③：35

彩版Ⅰ—62 府治遗址第3层出土未定窑口青瓷碗、盘

1. 敞口碗T3③：4

4. 敛口碗T3③：21

2. 侈口碗T1③：12

5. 碗残件T1③：26

3. 侈口碗T5③：2

6. 碗残件T4③：38

彩版Ⅰ-63　府治遗址第3层出土景德镇窑青白瓷碗

1. 折腹盘T5③：12

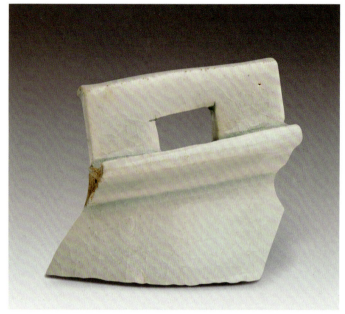

4. 鼎式炉T3③：9

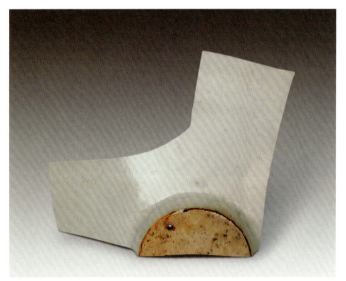

2. 盏T3③：5

5. 器盖T2③：1

3. 高足杯T1③：31

彩版Ⅰ—64　府治遗址第3层出土景德镇窑青白瓷盘、盏、杯、炉、器盖

彩版Ⅰ-65 府治遗址第3层出土景德镇窑青白瓷碟和定窑白瓷碗

1.景德镇窑青白瓷折腹碟T1③：15

2.景德镇窑青白瓷敞口碟T1③：24

3.定窑白瓷碗T3③：3

1. 青白瓷碗残件T1③：50

2. 青白瓷折腹盘T5③：11

3. 青白瓷侈口盘T3③：31

4. 白瓷碟T4③：2

5. 青白瓷盒T4③：41

彩版Ⅰ—66　府治遗址第3层出土未定窑口青白瓷碗、盘、盒和白瓷碟

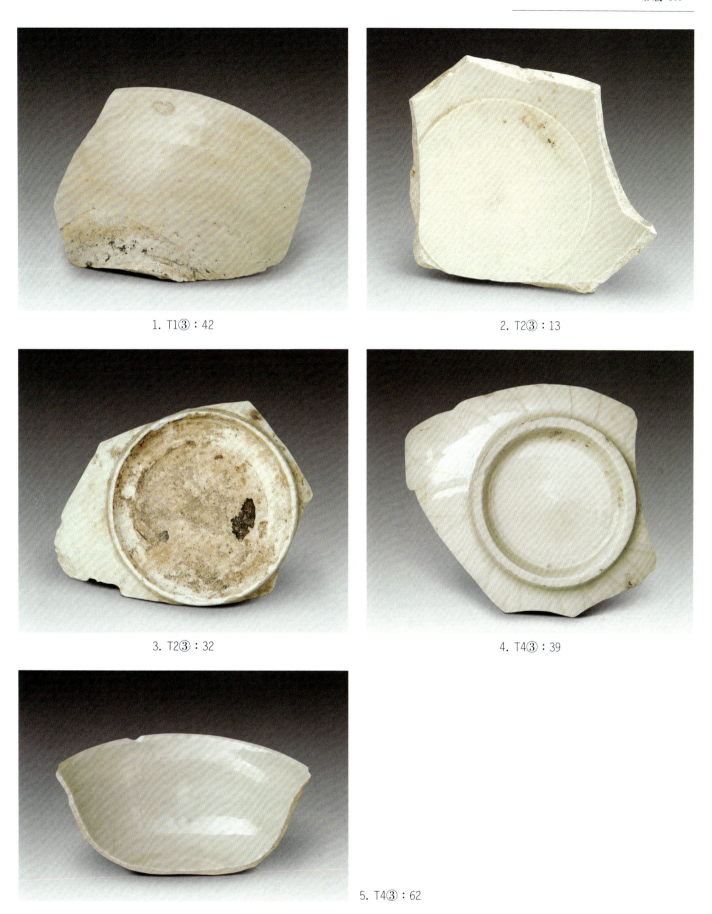

1. T1③：42

2. T2③：13

3. T2③：32

4. T4③：39

5. T4③：62

彩版 I－67　府治遗址第3层出土未定窑口白瓷碗残件

1. 杯T1③：25

2. 盒T5③：14

3. 罐T2③：8

彩版Ⅰ-68　府治遗址第3层出土未定窑口白瓷杯、盒、罐

1. T5③：1

2. T5③：21

3. T7③：56

彩版Ⅰ—69　府治遗址第3层出土遇林亭窑黑釉瓷束口盏

彩版 I-70　府治遗址第3层出土黑釉瓷盏、高足杯

2. 吉州窑黑釉瓷高足杯T1③：55

3. 未定窑口黑釉瓷侈口盏T4③：35

1. 遇林亭窑黑釉瓷敛口盏T1③：60

彩版 I-70　府治遗址第3层出土黑釉瓷盏、高足杯

1. 碗T2③：9

2. 不明器形残件T4③：36

3. 杯T4③：66

彩版Ⅰ-71　府治遗址第3层出土青花瓷碗、杯及不明器形残件

彩版Ⅰ－72　府治遗址第3层出土石双池砚T3③：61

1. 砖T2②：57

4. 瓦当T2②：85

2. 砖雕T5②：5

5. 瓦当T4②：93

3. 砖雕T5②：7

彩版Ⅰ－73　府治遗址第2层出土陶砖、砖雕、瓦当

1. 如意形滴水T2②：62

2. 如意形滴水T5②：56

3. 灯T3②：30

4. 灯T4②：62

彩版Ⅰ-74　府治遗址第2层出土陶如意形滴水、灯

1. 莲瓣碗T1②：10

4. 敞口碗T2②：18

2. 莲瓣碗T1②：70

5. 侈口碗T2②：17

3. 菊瓣碗T2②：19

6. 花口碗T4②：12

彩版Ⅰ－75　府治遗址第2层出土龙泉窑青瓷碗

1. T4②：11

2. T5②：2

3. T4②：55

彩版Ⅰ-76 府治遗址第2层出土龙泉窑青瓷敞口碗

1. 莲瓣盘T5②：27

2. 莲瓣盘T5②：28

4. 敞口盘T4②：8

3. 敞口盘T4②：7

5. 敞口盘T5②：35

彩版Ⅰ－77　府治遗址第2层出土龙泉窑青瓷盘

1. 侈口盘T2②:15

2. 侈口盘T4②:5

3. 直口盘T4②:9

4. 花口盘T2②:14

彩版Ⅰ-78 府治遗址第2层出土龙泉窑青瓷盘

彩版Ⅰ-79　府治遗址第2层出土龙泉窑青瓷盏、碟

2. 敞口碟T1②：72

1. 花口盏T1②：68

3. 侈口碟T4②：31

彩版Ⅰ-79　府治遗址第2层出土龙泉窑青瓷盏、碟

1. T1②：66

2. T4②：10

3. T4②：71

彩版Ⅰ—80　府治遗址第2层出土龙泉窑青瓷高足杯

3. 龙泉窑青瓷炉残件T6②：7

1. 龙泉窑青瓷蔗段洗T1②：7

2. 龙泉窑青瓷瓶T1②：52

4. 仿哥釉瓷敞口盘T1②：12

彩版Ⅰ-81　府治遗址第2层出土青瓷洗、瓶、炉、盘

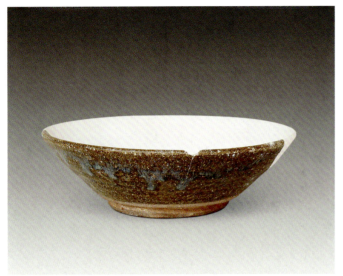

1. 敞口碗T1②：54

2. 敞口碗T3②：10

4. 壶T5②：10

3. 折腹盘T4②：49

彩版Ⅰ-82　府治遗址第2层出土未定窑口青瓷碗、盘、壶

1. 敞口碗T1②：67

2. 敞口碗T4②：4

3. 敞口碗T5②：34

4. 敞口盘T2②：16

彩版Ⅰ—83　府治遗址第2层出土景德镇窑青白瓷碗、盘

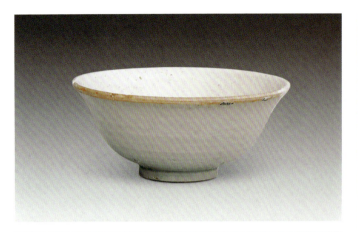

1. 盏 T6②：6

3. 小瓶 T1②：39

4. 小瓶 T2②：28

2. 碟 T4②：40

彩版 I－84　府治遗址第2层出土景德镇窑青白瓷盏、碟、小瓶

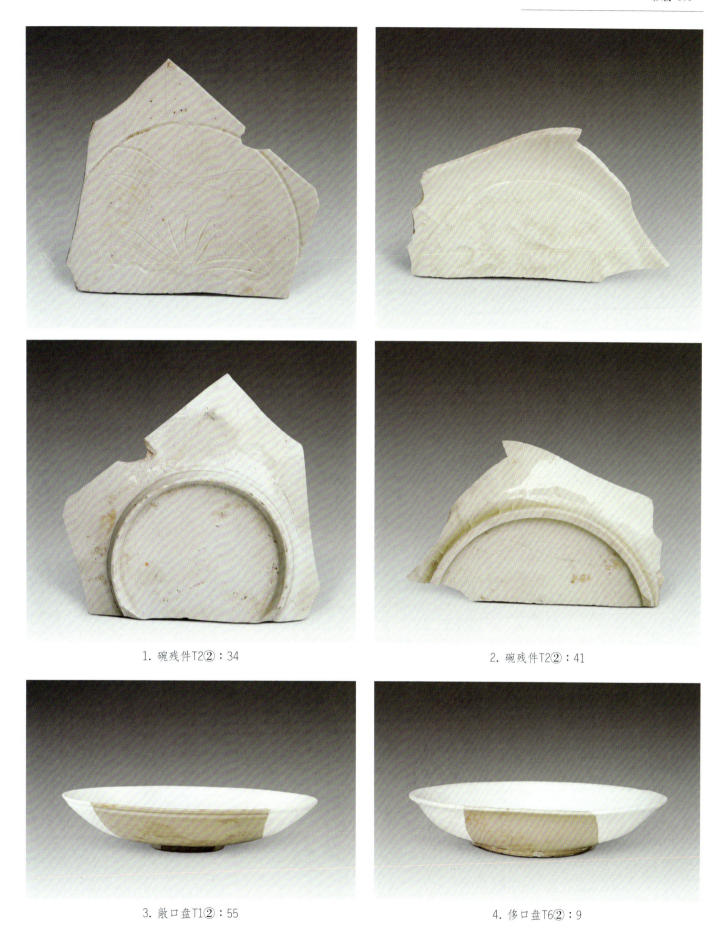

1. 碗残件T2②：34

2. 碗残件T2②：41

3. 敞口盘T1②：55

4. 侈口盘T6②：9

彩版 I-85　府治遗址第2层出土定窑白瓷碗、盘

1. 定窑白瓷不明器形残件T2②：36

2. 定窑白瓷不明器形残件T2②：38

3. 定窑白瓷不明器形残件T2②：42

4. 定窑白瓷不明器形残件T2②：43

5. 未定窑口白瓷折腹盘T1②：71

彩版Ⅰ-86　府治遗址第2层出土定窑白瓷残片、未定窑口白瓷盘

3. 卵白釉瓷杯T2②：53

1. 卵白釉瓷敞口盘T4②：3

2. 卵白釉瓷侈口盘T4②：2

4. 建窑黑釉瓷束口盏T2②：22

彩版Ⅰ-87　府治遗址第2层出土卵白釉瓷盘、杯和建窑黑釉瓷束口盏

彩版Ⅰ-88　府治遗址第2层出土遇林亭窑黑釉瓷盏

1. 敞口盏T5②：33

3. 束口盏T5②：31

2. 束口盏T4②：53

4. 束口盏T5②：32

彩版Ⅰ-88　府治遗址第2层出土遇林亭窑黑釉瓷盏

1. T4②：52　　　　　　　　　　　　　　2. T2②：3

彩版Ⅰ-89　府治遗址第2层出土青花瓷敞口碗

1. 敞口碗T2②：6

2. 侈口碗T1②：1

彩版Ⅰ—90　府治遗址第2层出土青花瓷碗

1. T4②：43

2. T5②：1

彩版 I −91　府治遗址第2层出土青花瓷侈口碗

2. T1②：6

1. T5②：21

3. T1②：29

彩版Ⅰ-92 府治遗址第2层出土青花瓷碗底残件

1. 碗底残件T2②：27   2. 侈口杯T6②：4

彩版Ⅰ—93　府治遗址第2层出土青花瓷碗、杯

1. 敞口盘T2②：11　　　　2. 侈口盘T6②：1

彩版Ⅰ-94　府治遗址第2层出土青花瓷盘

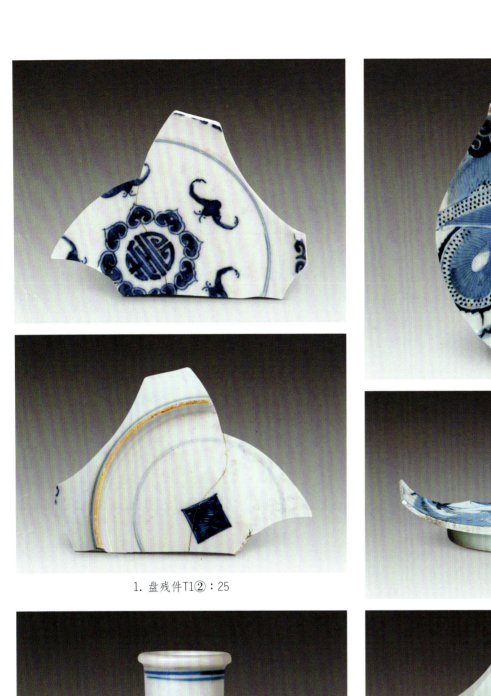

1. 盘残件T1②：25

2. 瓶T1②：40

3. 盘残件T5②：18

彩版Ⅰ-95　府治遗址第2层出土青花瓷盘、瓶

1. T5②：39   2. T4②：58

彩版Ⅰ－96　府治遗址第2层出土青花瓷碟

彩版Ⅰ—97　府治遗址第2层出土青花瓷器盖

1. T4②：18

2. T1②：22

3. T4②：17

彩版Ⅰ—97　府治遗址第2层出土青花瓷器盖

1. 碗T5②：24

2. 杯T6②：5

彩版Ⅰ-98　府治遗址第2层出土粉彩瓷碗、杯

1. 粉彩瓷器盖T4②：54   2. 红彩瓷杯T1②：57

彩版Ⅰ—99 府治遗址第2层出土粉彩瓷器盖、红彩瓷杯

1. 玉饰件T1②：103

2. 骨器T6②：81

彩版Ⅰ-100　府治遗址第2层出土玉饰件、骨器

府 学 遗 址

第一章　遗址发掘的缘起与概况

2003 年夏，杭州市文物考古所获悉位于清波街道、杭州碑林（孔庙）西侧的新民村一带将进行住宅建设。据此前的研究，知该处应该位于南宋临安府学范围内，我们随即组织人员前往建设地块察看。该地块位于新民村的东北部，南为浙江省气象局，距河坊街约 220 米；北临景云村小区住宅，距中国美术学院南山校区南围墙约 25 米；东近劳动新村小区住宅及杭州碑林（孔庙），距劳动路约 160 米；西临毛源昌信义光学眼镜有限公司，距南山路约 165 米。在该区域以南，2000 年和 2001 年曾两次发掘，揭示出南宋临安府治遗址的核心区域，取得重大收获。[①]（参见图 I −1，I −2）

据《咸淳临安志》记载，南宋时临安府学位于凌家桥西丰豫坊内。[②]居临安城内西部，丰豫门（涌金门）里南，左一（北）厢内，府治之东北。[③]南宋之后，历元、明、清、民国至今，杭州历代府学虽屡经兴修、损毁、重建或短暂的功能、布局的调整改变，但大致相沿承继，地盘不出原南宋府学的范围。[④]即大略位于今涌金广场之东南、劳动路西侧，包括今天杭州碑林（孔庙）的范围及以西区域。尚存于经复建的杭州碑林（孔庙）内西北部的清式重檐歇山顶木构建筑大成殿[⑤]，就是"左庙右学"的府学建筑中祭祀先圣孔子之"庙"仅存的地面遗迹。（图 II −1）

南宋及元明清历代府学的大致四至范围，在今天杭州城市中较为确切的位置，根据文献的相关记载，可进一步推知：

① 杭州市文物考古所《杭州南宋临安府衙署遗址》，《文物》2002年第10期。
② [宋]潜说友《咸淳临安志》卷十九《疆域四·坊巷》："丰豫坊。凌家桥西，府学在此坊内。"道光庚寅钱唐振绮堂汪氏仿宋本重雕，江苏广陵古籍刻印社，1986年版。另据[宋]吴自牧《梦粱录》卷十五《学校》："杭州府学，在凌家桥西。"《知不足斋丛书》本，《西湖文献集成·宋代史志西湖文献专辑》，杭州出版社，2004年版。
③ [宋]周淙《乾道临安志》卷二《坊市》："左一厢，……丰豫坊，府学巷。"嘉惠堂《武林掌故丛编》本，《南宋临安两志》，浙江人民出版社，1983年版。[宋]潜说友《咸淳临安志》卷十八《疆域三》："城西，钱湖门、清波门（俗呼暗门）、丰豫门（旧名涌金门）、钱塘门。"卷十九《疆域四·厢界》："左一北厢，……西至丰豫门、竹园新铺，接连左三厢界；……"卷十九《疆域四·坊巷》："左一北厢，……丰豫坊，……"前揭注。杭州市档案馆《杭州古旧地图集》，图3《宋朝京城图》（选自明嘉靖二十六年《西湖游览志》），浙江古籍出版社，2006年版。另据[明]田汝成《西湖游览志》卷十五《南山分脉城内胜迹》："杭州府儒学，在运河下，府治之东。宋初，在通越门外凤凰山之右，绍兴元年，徙建于此。"《西湖文献》丛书，上海古籍出版社，1998年版。
④ [民国]齐耀珊重修、吴庆坻重纂《杭州府志》卷十四《学校一》，《中国地方志集成》，上海书店，1993年版。另见杭州市文物保护管理所《杭州古建维修》之《杭州孔庙（碑林）修缮工程》"历史沿革"部分，浙江人民出版社，2007年版。
⑤ 参见杜正贤主编《杭州孔庙》之《孔庙建筑及陈设》，西泠印社出版社，2008年版。

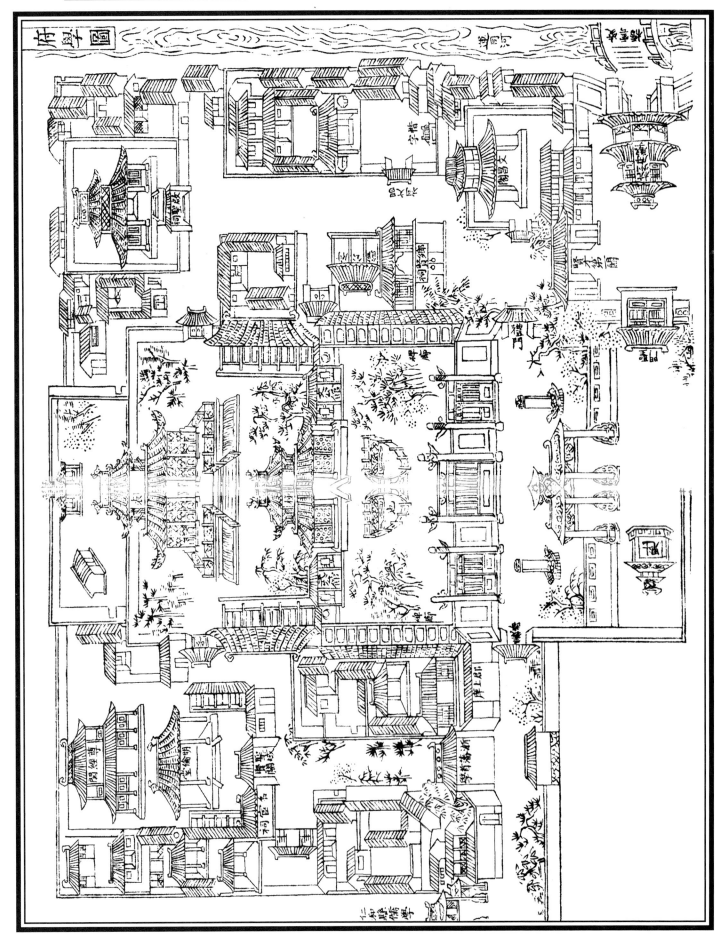

图Ⅱ—1 民国《杭州府志》卷一《府学图》

一、东界，应至今劳动路。孔庙位于劳动路西，劳动路为 1936 年填河及合并运司河下筑成，所填河道名运司河。[①]运司河之名始于南宋。[②]河上与府学相对处的桥梁在明清时称凌云桥，南宋时称凌家桥，元代沿用。[③]因南宋临安府学位于凌家桥西，故其东界应至今劳动路。[④]元明清三代，府学的东界大致未变。[⑤]

二、西界，应大致包括今毛源昌眼镜公司以东区域，发掘区即处于该区域。以今存之大成殿为参考，对照光绪间绘制的《浙江省城图》中关于"杭府学"的标示及宣化桥、凌云桥、杭府署、仁和县署等重要建置的相对位置关系，可知"大成殿"西"杭府学"西侧的南北向街巷应大致与今新民村东侧巷子的毛源昌眼镜公司东侧一段重合。[⑥]因此，清代府学西界应至此。据清乾隆《杭州府志》中的《府学图》，府学平面近似曲尺形。[⑦]清代杭州府署及两翼县署的总平面亦呈曲尺形，恰与府学平面曲尺形相合，其间的街巷，即文庙街。《浙江省城图》中标示的文庙街临"大成殿"的东西向一段，应经过今劳动新村与景云村小区之间、浙江省气象局北缘。府治与府学的上述相对位置关系形成于南宋，其后历代无大变革。[⑧]

三、南界，应不超过今劳动弄。劳动弄位于孔庙前的一段，袭自清时文庙街凌云桥西一段。元、明两代杭州府学均曾向南有所拓广。[⑨]及至清末民初时，府学南临文庙街。因此，南宋时府学南界，仍应不出该文庙街。

① 杭州市档案馆《杭州古旧地图集》，图153《最新实测杭州市街图（20世纪30年代）》，浙江古籍出版社，2006年版。

② 此名因流经南宋及元时转运而得，为南宋时清湖河（又称西河、小西河）的一段。[宋]潜说友《咸淳临安志》卷五十二《官寺一》："两浙转运司，旧在双门北，为南北两衙。今在丰豫门南，有东西二厅。" 道光庚寅钱唐绮堂汪氏仿宋本重雕，江苏广陵古籍刻印社，1986年版。[宋]施谔《淳祐临安志》卷十《山川·河渠》："清湖河，西自府治前净因桥，过闸转北，由楼店务桥、凌家桥、仁寿桥、转运司桥转东……"嘉惠堂《武林掌故丛编》本，《南宋临安两志》，浙江人民出版社，1983年版。[宋]潜说友《咸淳临安志》卷二十一《疆域六·桥道》："西河，……凌家桥，丰豫坊口。"前揭注。[宋]吴自牧《梦粱录》卷七《小西河桥道》："……府学前曰凌家桥。"前揭注。

③ [清]李卫《浙江通志》卷三十三《关梁一》："凌云桥，《成化杭州府志》旧名凌家桥，《钱塘县志》俗称庙桥，府学路旧由此入，故曰凌云。" 中华书局，2001年版。

④ [宋]施谔《淳祐临安志》卷七《城府·桥梁》："凌家桥。府学前。"前揭注。[宋]潜说友《咸淳临安志》卷十九《疆域四·坊巷》："丰豫坊。凌家桥西，府学在此坊内。"卷五十六《文事·府学》："绍兴元年，始以凌家桥西慧安寺故基建。"前揭注。[宋]吴自牧《梦粱录》卷十五《学校》："杭州府学，在凌家桥西。"前揭注。

⑤ 南宋亡国后，元代杭州路儒学建筑虽有所重修改建，但至至正初时已所剩无几，且"前阻逵路，后逼廛居"。之后的数次重建，应有所拓广，元至正二十三年的重建曾向南和东有所拓展，但其东界应不超过今劳动路。参见[元]黄溍《黄文献集》之《杭州路儒学兴造记》："……至治元年，进德、兴能两斋毁于灾，总管忽都鲁沙又即其地构厅事，仅存而可居者五斋，率皆局于地势，前阻逵路，后逼廛居，虽欲充拓，使就显敞而遗嚣烦，不可得也。"转引自[清]丁丙《武林坊巷志》，浙江人民出版社，1987年版。杜正贤《杭州孔庙》之《元杨翻重建杭州路庙学碑》："……至正二十三年，总管夏侯思忠方议重作，因定以庙居中，其西为学，东为教官之署，拓其前及左，视先以倍。"西泠印社出版社，2008年版。

⑥ 清光绪《浙江省城图》中以虚线标示的"杭府学"与"文昌阁"间街巷即文庙街的一段。文庙街东起凌云桥（今劳动弄东西向一段），折北近"大成殿"前，又折西通"杭府学"，再转北入"仁和县学"，继而向西通荷花池头。参见杭州市档案馆《杭州古旧地图集》，图137《浙江省城图》，前揭注。

⑦ [民国]齐耀珊重修、吴庆坻重纂《杭州府志》卷一《图说》，前揭注。

⑧ 参见宋版《京城图》，傅熹年《中国古代城市规划建筑群布局及建筑设计方法研究》，中国建筑工业出版社，2001年版。

⑨ [元]黄溍《黄文献集》之《杭州路儒学兴造记》："……先是，外之石棂星门距戟门为不远，至是则徒迁而南，其深八丈有奇，由公买地以拓充之也。……盖经始于十四年之五月，而落成于明年之五月。"转引自[清]丁丙《武林坊巷志》，前揭注。杜正贤《杭州孔庙》之《元杨翻重建杭州路庙学碑》，前揭注。[民国]齐耀珊重修、吴庆坻重纂《杭州府志》卷十四《学校一·府学》："（元至正）十二年，毁于寇，十三年，总管特穆尔斯乃伤材重建，购宋慧安寺地，展棂星门于南。"前揭注。[明]刘伯缙、陈善《万历杭州府志》卷四十《学校上》："……（弘治）十年，巡按御史吴一贯，以学之南路旁出而隘塞，谋诸镇巡、有司，撤民居之障其前者，给直以拓之，广十丈，袤三倍于广。" 中华书局，2005年版。

四、北界，应在今娃哈哈小学处。今存之大成殿位于杭州碑林（孔庙）北部，其北为娃哈哈小学。今娃哈哈小学至涌金饭店处，民国时有浙江病院，清时为盐驿道，明时为盐运司（都转运盐使司），宋元两代皆于此处设转运司（两浙路转运使署），均位于府学北，转运桥西。[①]惜现在杭州碑林（孔庙）北、娃哈哈小学及至涌金饭店处已无东西向街巷可循。但据1990年《杭州市地名志》所刊《清波街道地名图》，在杭州碑林（孔庙）北有一东西向短街，东可与惠民路相对，故孔庙的北界可能至此短街。[②]

由此可进一步确认，前述新民村一带建设地块，应位于相沿自南宋时期的历代府学范围内之西部。

鉴于该地区在南宋临安城中位置十分重要，应与府治一样，是临安城考古的重要地点，经与开发商协调，报经国家文物局同意，杭州市文物考古所于2003年7月至9月开始对该地块进行考古发掘。遗址编号为2003HLX（H—杭州，L—临安城遗址，X—新民村）。2003年7月10日，布东西向探沟一条，长22米，宽11.5米，编号为2003HLXT1。在发掘过程中又进行了数次扩方。扩方后总发掘面积约380平方米。在发掘过程中，为保存第2层下的部分建筑遗迹，在探方中部暂留出一南北长5.6、东西宽6.8米的区域未继续发掘。在发掘到第5层下的遗存时，为搞清遗迹的概貌，又在原留出部分东北部揭露出一东西向的长方形区域，长3.26、宽1.18米。（图Ⅱ-2）

发掘结束后，对T1进行了覆土回填，以保护相应遗迹。

在发掘和整理过程中，我们依据地层和遗迹之间的叠压打破关系，对各遗迹进行了编号。第5层下遗迹有F6和F7，F7包括台基、砖铺地面、廊道、甬道、散水、窨井和排水暗沟等遗迹，F6主要为方砖墁地的台基、甬道和砖铺地面；第4层下遗迹为F5，包括台基、散水和夹道遗迹；第3层下遗迹有F3、F4和水池遗迹，F3包括石墙、台基、砖铺地面和散水遗迹，F4包括台基和砖铺地面遗迹，水池遗迹共八个；第2层下遗迹有F2和F1，F2包括夯土基础、柱础石、石板铺地和方砖墁地等，F1包括房屋基址和庭院遗迹。

此次考古发掘领队为杜正贤，参加发掘的有梁宝华、沈国良和赵一杰。

本报告整理工作由唐俊杰主持，参与整理的有梁宝华、王征宇、李蜀蕾、沈国良、何国伟、赵一杰、寇小石和齐溶青等。整理工作的具体分工为：由王征宇、梁宝华、李蜀蕾完成对地层、遗迹的梳理和校对，并对出土遗物进行了系统的分类整理和统计，拣选标本；由南开大学研究生胡丽、臧天杰完成对拣选标本的器物描述，李蜀蕾对器物描述进行了核对，并统一了文字描述的格式；由赵一杰、曾博、曾尚录对部分器物标本进行了修复；由杭州市文物保护管理所徐彬完成器物标本照片的拍摄工作；由何国伟完成地层和遗迹图的清绘；由沈国良、寇小石完成标本器物图的绘制。吉林大学硕士研究生齐溶青协助王征宇完成了遗址相关文献的搜集和梳理。

① 杭州市档案馆《杭州古旧地图集》，图21《今朝郡城图》（选自明嘉靖二十六年《西湖游览志》）、图54《府城图》（选自清乾隆四十九年《杭州府志》）、图158《最新杭州市地图·西湖全图》（1946年），浙江古籍出版社，2006年版。[清]李卫《浙江通志》卷三十《公署上》："盐驿道，在涌金门内太平坊。《两浙盐法志》：……太平兴国三年，开两浙路转运使署于凤凰山双门内，为南北两衙。熙宁间，移置于涌金门内。元至元十三年，改为都转运盐使司。……明因之。国朝，康熙四十九年，改为盐驿道署。"中华书局，2001年版。此亦历史时期大型公共建置历代相沿使用之例。
② 杭州市地名委员会办公室《杭州市地名志》，浙江人民出版社，1990年版。

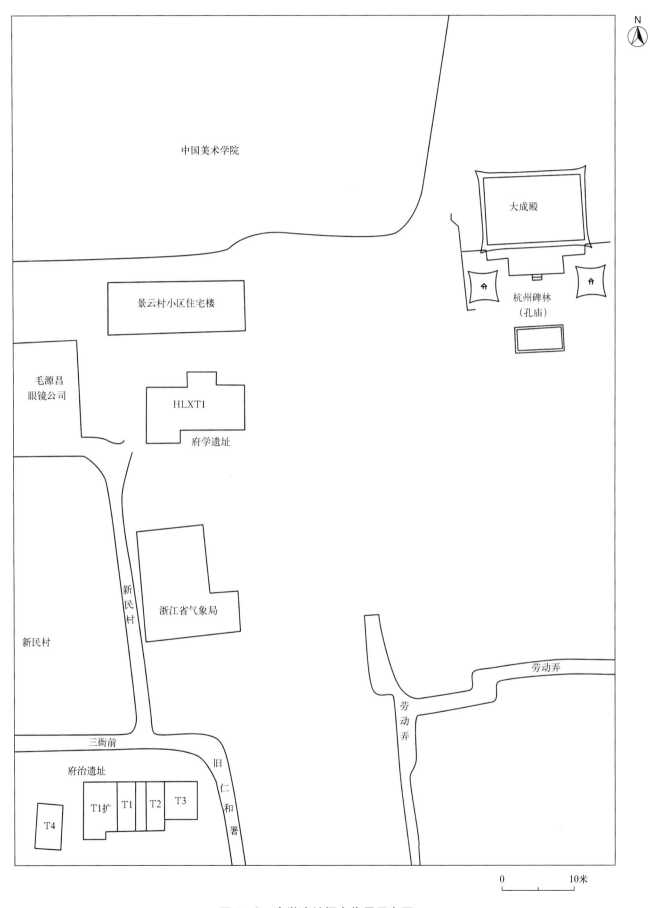

图 II－2　府学遗址探方位置示意图

整理工作完成后，开始报告的编写，由唐俊杰任主编。

由于府学遗址与府治遗址毗邻，同属临安城内重要建筑遗迹，又同属历史时期考古的范畴，因此，体例与府治遗址发掘报告保持基本统一。但因所发现遗迹在府学遗址中所处的方位，以及遗迹本身所反映的营造，又不同于府治遗址，属个案，故结语章节与府治遗址发掘报告又略有不同。体例确定后，我们邀请了南开大学刘毅教授、北京大学秦大树教授、浙江省文物考古研究所沈岳明研究员、福建博物院栗建安研究员对瓷器标本的窑口和年代进行了鉴定。由李蜀蕾结合各位专家的鉴定意见完成报告第二章"探方分布与地层堆积"、第四章"出土遗物"和第五章第一节"地层年代分析"的撰写。之后，由王征宇着手撰写并完成报告第一章"遗址发掘的缘起与概况"、第三章"遗迹"的撰写；由浙江大学文化遗产研究院李志荣老师和王征宇执笔完成第五章第二、三节的撰写。全书成稿后，唐俊杰通读全稿，并改定付梓。

第二章　探方分布与地层堆积

第一节　探方分布

此次发掘由于受地域限制，仅布探方一个，即 T1，后由于扩方致使探方平面不规则，总发掘面积约 380 平方米。探方北距景云村小区住宅楼 12 米，南距浙江省气象局 22 米，西距毛源昌眼镜公司 15 米，东距杭州孔庙（碑林）西围墙约 70 米。（见图 II −2）

第二节　地层堆积

发掘区内的地层堆积可分为五层。现以探方东壁中段和北壁西段为例予以介绍。

1.T1东壁中段（图 II −3）

共 5 层。

第 1 层　厚 40 ～ 65 厘米，表土层。未收集遗物。此层下为一现代房屋基础，钢筋混凝土结构。

第 2 层　厚 45 ～ 75 厘米，距地表深 40 ～ 65 厘米。灰黑色土，土质较松，含瓦砾较多。北部较厚。出土瓷片以青花瓷为主，另有一些粉彩瓷、龙泉窑青瓷等残片及铜钱。该层下有一层厚约 50 厘米的夯土层，为 F2 基础部分。

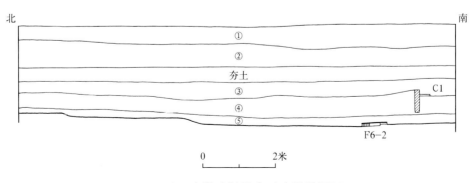

图 II −3　府学遗址T1东壁中段地层图

第3层　厚30～50厘米，距地表145～150厘米。灰黄色土，土质偏硬。出土瓷器有青瓷、青白瓷、白瓷等，青瓷以龙泉窑为主。此外还出土了一些陶质建筑构件，有脊兽、瓦当、滴水、雕花砖等。

第4层　厚38～65厘米，距地表180～200厘米。灰褐色土，土质偏硬。出土瓷器有青瓷、青白瓷、白瓷、黑釉瓷等，其中青瓷以龙泉窑为主。出土的陶质建筑构件有脊兽残件、瓦当等。

第5层　厚15～25厘米，距地表220～250厘米。灰褐色土，土质硬。出土青白瓷、白瓷等。

以下未作发掘。

2.T1北壁西段（图Ⅱ-4）

仅发掘至第4层。

第1层　厚30～45厘米，表土层。此层下为近现代房屋基础。

第2层　厚40～60厘米，距地表深30～45厘米。灰黑色土，土质较松。包含较多青花瓷片。该层下有一层厚约45厘米的夯土层，为F2基础部分。

第3层　厚12～77厘米，距地表120～130厘米。灰黄色土，土质偏硬。出土青瓷、青白瓷、白瓷及陶质建筑构件等遗物。

第4层　厚15～35厘米，距地表175～190厘米。灰褐色土，土质偏硬。出土瓷器及少量陶质建筑构件。

以下未作发掘。

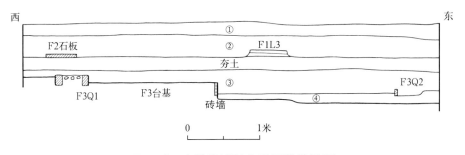

图Ⅱ-4　府学遗址T1北壁西段地层图

第三章 遗 迹

发掘面积不大，但遗迹关系非常复杂。可辨识的遗迹，第5层下有F6和F7，第4层下有F5，第3层下有F3、F4和水池遗迹，第2层下有F1和F2。（图Ⅱ-5；彩版Ⅱ-1：1）

第一节 第5层下遗迹

叠压于第5层下的遗迹有两组：建筑遗迹F6和F7，其中F6部分遗迹叠压在F7上。（图Ⅱ-6；彩版Ⅱ-1：2）

一 F7

包括夯土台基、砖铺地面、廊道、甬道、散水、窨井及排水暗沟等遗迹，距地表深约1.72～2.7米。（图Ⅱ-6；彩版Ⅱ-1～Ⅱ-6）

（一）夯土台基

两处，编号为F7-1、F7-2。

F7-1、F7-2分别位于探方东北部和中西部，分布在廊道的北侧和西侧。F7-1台基与F7-2台基连为一体。方向北偏西2度。室内墁地均已无存，暴露出台心黄褐色夯土面，台心周边以长方砖包砌成台壁。揭露面积约70平方米。

F7-1台基南壁包砖残长8.55、宽0.28、残高约0.3米。多由内外两层长方砖横向平砌而成，外侧一层以顺砌为主，砌筑规整，局部纵向平砌两块长方砖，砖长27、宽14、厚3厘米。

F7-2台基东壁包砖残长3.7米，外侧以一层长方砖纵向平铺顺砌，砖的规格为长34、宽14、厚3.5厘米。台基上发现两块础石，半嵌于台基内，中心间距为3.56米。南侧一块础石平面呈方形，边长73厘米；北侧一块础石平面呈长方形，长48、宽40厘米。北侧础石西侧残存一块长34、宽14、厚3.5厘米的近南北向的长方砖。南面础石南侧有一列近东西向的平铺砖面，揭露长1.87、宽0.14米，由34×14×3.5厘米的长方砖砌成。

另外，发掘过程中在开挖用于排放地下水的排水沟时，于探方西南部F5-3台基下发现一南北向砖墙（参见彩版Ⅱ-8：2），残长2.65米，以长方砖顺砌而成，用砖规格有长28、宽12、厚3.5厘米和28、宽7.5、厚3.5厘米两种。

（二）廊道

位于F7-1台基以南，F7-2台基以东，F7L1以北，西端延伸至探方外。残长13.2、宽3.1米。（彩版Ⅱ-2，Ⅱ-3，Ⅱ-4：1）

廊内地面以长方砖墁地，砖长27、宽14、厚3厘米，地面南部约四砖宽的距离内砌成人字纹，其余砖墁地为纵向错缝平铺。砖面南端有两个础石，均为方形，上面平整，两者中心间距5.04米，西侧一个边长31、厚9厘米，东侧一个边长38、厚9厘米。砖面中部偏北处发现一块长方形石板，长126、宽40、厚13厘米，紧贴F7-1台壁，高出廊内地面0.08米，石板侧壁与地面长方砖拼接。

廊南缘以一排长29、宽8、厚3.5厘米的长方砖侧砌包边。

廊南侧砌有低于廊内地面0.08米的用于护廊的阶基，宽0.28米，用长方砖砌成，砖的规格有长28、宽12、厚3.5厘米和长28、宽7.5、厚3.5厘米两种。（彩版Ⅱ-3：1）

经解剖发现，廊道的砖铺地面下另有两层铺砖，砖面均有残损，两层砖面之间铺有一层厚约3～6厘米的黄黏土。（图Ⅱ-6；彩版Ⅱ-3：2）

（三）甬道

一条，编号F7L1。位于探方东部，北接廊道，南连砖铺地面F7-3，北部西侧与F6L1路面相连。方向北偏西2度。长5.08、宽4.16米。（彩版Ⅱ-4）

路面主体以长28、宽7.5、厚3.5厘米的长方砖横向侧砌而成，中间高，两侧低，路面磨损明显，两侧各以相同规格的一列长方砖纵向侧砌包边。路面西侧中部有一方形石材，边长32厘米，略低于路面。

（四）砖铺地面F7-3

位于探方东南部，F7L1以南。方向北偏西0.5度。破坏严重。揭露部分南北长1.85、东西宽12.05米。仅发现部分夯土基础及砖面，砖面下就是黄褐色夯土基础。

砖铺地面破坏严重，仅存几处砖面，以长方砖平铺而成。其中，与F7L1正对处中部以长30、宽14、厚3.5厘米的长方砖横向错缝平铺，宽0.96米；两侧各纵向平铺一列长方砖，再在两侧横向平铺一列长方砖，砖长30、宽13.5、厚3厘米。西部则在两列横向平铺的长方砖上纵向侧砌一列长方砖，砖长28、宽8、厚3.5厘米。

（五）排水设施

有散水、排水沟和窨井遗迹。

1．散水

散水遗迹包括廊道南侧、F7-2 台基东侧、F7-3 北侧和 F7L1 两侧部分。

（1）廊道南侧散水

东西向，宽 0.93 米，以 F7L1 为界，分为东、西两段。其结构由两部分组成，主体部分包括一列纵向侧砌的长方砖和六列横向侧砌的长方砖，砖长 28、宽 7.5、厚 4 厘米，再以一列两层长方砖横向平砌包边，砖长 26、宽 12、厚 3.5 厘米；另一部分为较浅的排水沟，以将接纳之水排入窨井，以一列长 27、宽 14、厚 3 厘米的长方砖纵向平铺而成，沟宽 27 厘米，深约一砖的厚度。水沟穿过 F7L1 处较窄，宽仅 20 厘米，沟底横向平铺一列长方砖，北与廊道阶基相接，南侧横铺一列长方砖，与 F7L1 相接，砖面向沟底倾斜，沟上未见封盖。西侧散水在西端与 F7-2 台基东侧部分连为一体。（彩版Ⅱ-5∶1）

（2）F7-2 台基东侧部分散水

近南北向，与廊道南侧散水相连，宽 1.44 米，包括较浅的排水沟、横向侧砌的长方砖和平砌的长方砖包边等，用砖规格与廊道南侧部分散水相同。

（3）F7-3 北侧部分散水

近东西向，结构与廊道南侧散水主体部分基本相同，残宽 0.9 米。东侧散水局部可见修补的痕迹。（彩版Ⅱ-5∶2）

（4）F7L1 两侧部分散水

F7L1 两侧置有散水，破坏较严重。从残存情况看，其结构应为：在路面包边外侧，先横向平铺长方砖，约一砖半长，向外铺三列长方砖形成一个较浅的凹面，以利排水，再外纵向平铺一列长方砖，砖的规格多为长 28、宽 14、厚 3.5 厘米。

2．排水暗沟

排水暗沟 3 条，分别编号为 F7G1、F7G2 和 F7G3。

（1）F7G1

位于廊道西端，廊道最上一层砖面下，暗沟顶部覆砖与第二层砖面大致持平。可分为两段：一段呈东北-西南向，东北端破坏严重，残长 2.6 米，沟内宽 0.32、深 0.08 米，上部用长 22、宽 12、厚 3 厘米的长方砖平铺覆盖，沟底用两列长 28、宽 12、厚 3 厘米的长方砖平铺，西侧沟壁以长 33.5、宽 13、厚 3.5 厘米的长方砖侧砌，东侧沟壁以长 41、宽 17、厚 6.5 厘米的长方砖侧砌；一段呈南北向，长 1.8 米，沟内宽 0.14、深 0.08 米，北接前段斜向暗沟，南通窨井，沟壁用长 28、宽 14、厚 3 厘米的长方砖错缝叠砌，沟底用相同规格的砖纵向平铺。（彩版Ⅱ-6∶1）

（2）F7G2

位于 F7-2 中部台基下。东西向，残长 3.1 米，沟内宽 0.18、深 0.16 米。由长方砖砌成，沟底横向平铺一列长方砖，沟壁由五层长方砖纵向错缝平砌而成，沟顶覆盖一列横向平铺的长方砖，砖的规格为长 33.5、宽 13、厚 3.5 厘米。（彩版Ⅱ-6∶2）

（3）F7G3

位于 F7-2 南部台基下。东西向，揭露长度 2.78 米，沟内宽 0.17、深 0.24 米。由两种规格的长方砖砌成，沟底平铺和沟顶覆盖的均为长30、宽14、厚3.5厘米的长方砖，沟壁则由八层长28、宽7.5、厚3.5厘米的长方砖纵向错缝平砌而成。（彩版Ⅱ-6：3）

3.窖井

位于廊道的西南侧，编号F7J1。

平面略呈长方形，井内长0.52、宽0.26、深0.32米。四壁用长28、宽14、厚3厘米的长方砖砌成，底部无砖。（彩版Ⅱ-6：4）

二 F6

距地表深约1.5～2.6米，包括夯土台基、甬道和砖铺地面。（图Ⅱ-6）

（一）夯土台基

一处，编号为F6-1。

位于探方东北部，距地表深约1.9米。破坏严重。方向北偏西4度，揭露部分南北长1.64、东西宽4.2米，以方砖墁地，方砖边长40、厚6厘米。方砖墁地南侧残存部分平铺和侧砌长方砖，砖多残断。方砖墁地下为一层灰黄色黏土基础，厚约0.08米。（彩版Ⅱ-1：2）

（二）甬道

两处，编号为F6L1和F6L2。

1.F6L1

位于探方中部，F7廊道以南，F7L1以西，F6L2以东，叠压在F7-2夯土台基和F7廊道、甬道散水遗迹上。方向北偏西92.5度。残长11.55、残宽2.1米。（彩版Ⅱ-4：2，Ⅱ-7：1）

路面主体以长28、宽7.5、厚3.5厘米的长方砖横向侧砌而成，虹面升起。东段与F7L1路面相连，且连接处拼接紧密，应是有意为之。北侧以两列长27、宽6、厚4厘米的长方砖纵向侧砌包边。该路中段北部有一方形础石，础石边长33、厚8厘米。

2.F6L2

位于探方中西部，F6L1西侧，叠压在F5-2夯土台基下、F7-2夯土台基上。方向北偏西2.5度。残长2.1、残宽3米。（彩版Ⅱ-7：1）

破坏严重。由长方砖侧砌而成，残长2.8米。路面主体宽1米，北端部分以长方砖侧砌拼花，南部则是横向错缝侧砌，两侧用长方砖纵向侧砌包边；包边西侧残长2.4米，横向侧砌一列长方砖，西端被F5-2台基的砖砌护墙打破；包边东侧残长1.75、宽0.7米，横向侧砌两列长方砖。整个路面磨损严重。

紧贴路面东侧残存一列纵向侧砌的长方砖和一列纵向平铺的长方砖，砖的规格多为长27、宽6、厚4厘米。路面南端各横向平铺和侧砌一列长方砖，砖长28、宽8、厚4厘米。

（三）砖铺地面F6—2

位于探方东南部，破坏严重。方向北偏西 3.5 度。揭露部分南北长 3.1、东西宽 8.9 米，仅发现部分夯土基础及砖面。

夯土基础是在 F7—3 的基础上夯土填平而成的，较薄，再在其上铺砖。

砖面由长方砖平铺而成，砖长 28、宽 14、厚 3 厘米，中部残存七列，横向平铺，其中北侧第二、三列长方砖的西端纵向侧砌一块及半块长方砖。其余残存砖面排列成人字形。

第二节　第4层下遗迹

第 4 层下的遗迹为 F5。F5 距地表深 1.5 ～ 2 米，局部被 F3、F4 打破，破坏较严重。主要分布在探方的中西部及北部，包括夯土台基、散水和夹道遗迹。（图Ⅱ—7）

（一）夯土台基

四处，编号为 F5—1、F5—2、F5—3、F5—4。残存夯土台基，包括夯土台心和砖砌台壁。

1.F5—1

位于探方北部。破坏严重。方向北偏西 5.5 度。揭露南北残长 4.7、东西残宽约 8 米。夯土台心揭露面积约 30 平方米。黄褐色，直接叠压于早期建筑遗迹之上，经夯平。台基南侧残留部分用砖包砌的台壁，多仅存一皮砖，局部包砖见内外两层，外层由长方砖横向平铺顺砌而成，内层用砖规格欠一致，砌法显凌乱，多顺砌，局部丁砌，丁砌砖伸入到台心中。砖长 30、宽 15、厚 4 厘米。（彩版Ⅱ—7：2）

2.F5—2

位于探方中部偏西处，夹道 F5JD1 东侧，北部被 F3 台基叠压，南部被 F4 和水池遗迹打破。揭露南北残长 15、东西残宽 3.4 米。夯土台心多利用早期建筑的台基或基础，局部填筑黄褐色土，并夯平，以砖墙包砌成台壁。根据西侧台壁与东侧散水之间的距离测算，该台基的宽度为 2.75 米。台壁仅存西侧部分，东侧已无存。台壁残长 11.8 米，露明面整齐。从局部断面分析，台壁包砖应分内外两层，外层基本为顺砌。在台壁包砖南端，向东丁砌一列砖墙，伸入夯土台基中，砌法为横向错缝平砌，砖长 30、宽 12、厚 3.5 厘米。（彩版Ⅱ—8：1）

3.F5—3

位于探方西部，排水沟 F5G1 西侧。揭露南北残长 10、东西残宽 4.3 米。残存夯土台心及其砖砌台壁。夯土台心以黄褐色土分层夯筑而成，厚约 0.6 米，局部被开口于第 3 层的扰沟破坏。台壁以长方砖包砌，仅揭露东侧和南侧台壁。东侧台壁残长 9.6 米；南侧台壁近东西向，残长 2.6 米，西端曲尺形内折。台壁多以长方砖纵向错缝平砌而成，局部并砌内外两层，外层满顺，内层以顺砌为主，局部丁砌，伸入夯土中，用砖规格有长 30、宽 15、厚 3.5 厘米和长 30、宽 12、厚 3.5 厘米两种。整个台壁露明面较整齐划一。（彩版

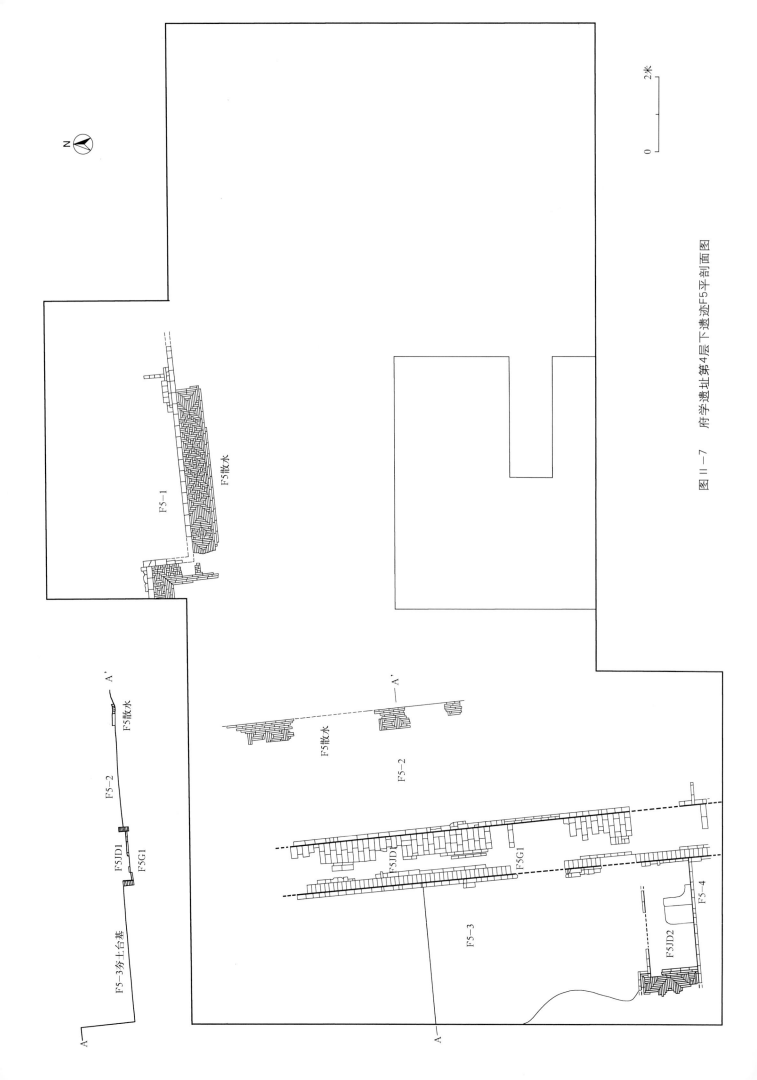

N

F5-1

F5散水

F5-2

A'

F5散水

F5-2

F5-3夯土台基

A'

F5散水

F5-2

F5JD1

F5G1

F5JD1

F5G1

A

F5-3

F5-4

F5JD2

A

0   2米

图Ⅱ-7　府学遗址第4层下遗迹F5平剖面图

Ⅱ－8：2）

4.F5－4

位于探方西南角，仅揭露小部分夯土台基及其砖砌台壁，面积约3.8平方米。

台心以黄褐色土分层夯筑而成，揭露部分南北长0.85、东西宽4.5米，残高0.15米。台心北侧和东侧尚保留部分砖砌台壁。北侧台壁残长3.3米，残高0.08～0.12米，用长29、宽7、厚4.5厘米的长方砖错缝平砌而成，残存2～3皮。

（二）散水

两处，均由长方砖侧砌而成，紧贴台壁。

1.F5－1台基南侧散水

揭露部分平面略呈"Z"形，可分为三段，右段残长4.5、中段长2、左段残长0.5米，残宽0.7米。散水主体以长方砖侧砌拼花，外侧侧砌数道长方砖。（彩版Ⅱ－9：1、2）

2.F5－2台基东侧散水

近南北向，残长6.6、残宽0.55米。散水内侧以长方砖侧砌拼花。外侧侧砌数道长方砖，平面弧形下凹，以利排水。长方砖的规格为长29、宽7、厚4.5厘米。

（三）夹道遗迹

共发现2处，编号F5JD1和F5JD2。

1.F5JD1

位于探方中部偏西处，F5－2台基与F5－3台基之间。（彩版Ⅱ－10）

（1）砖铺地面

方向北偏西5.5度，残长12、残宽1.6米，底部用长27.5、宽16、厚4厘米的长方砖平铺。

（2）排水沟

位于墁地与F5－3台基东壁之间，编号F5G1。

方向北偏西5.5度，残长11.3米，沟内宽0.23、深0.04米。沟底横向平铺一列长方砖，西侧直接与F5－3台基的包砖相接，东侧沟壁为纵向平铺一列长方砖，砖的规格多为长27.5、宽16、厚4厘米。

2.F5JD2

位于探方西南角，F5－3台基与F5－4台基之间。方向北偏西95.5度，残长3.6、宽1.35～1.55米。由砖和石板铺砌而成，夹道东段略窄，南北宽约1.35米，残存两块平铺的石板，石板长80、宽50、厚约10厘米；西段略宽，南北宽1.55米，用长29、宽7、厚4.5厘米的长方砖侧砌拼花，拼花部分东西向残长0.7米。（彩版Ⅱ－9：3）

第四节 第3层下遗迹

包括 F3、F4 和水池遗迹，距地表深 1.5～1.75 米。（图 II－8）

一 F3

位于探方西北部，包括石墙、台基、砖铺地面和散水。（彩版 II－11）

（一）石墙

发现 2 处，分别编号为 F3Q1 和 F3Q2。

1.F3Q1

位于探方西北部。南北向。揭露残长 4.4、宽 0.88～0.95 米。墙基两侧用不规则条石包砌，残存 2～3 皮，其内用黄褐色土夯筑。条石为紫砂岩质，长短不一，最长的有 72 厘米，外侧面修平，上下和两端也经修整，以利于叠加和拼接。（彩版 II－12：1）

2.F3Q2

位于探方北部西侧，F3Q1 东 8.4 米。南北向。残长 1.9、残宽 0.12 米。仅存一列条石，条石长 30～40 厘米，紫砂岩质，外侧面经修整，较平。

（二）台基

台基残存夯土大致分布于探方西北部 F3Q1 东部至 F5-2 夯土台基分布的位置，底部利用早期建筑的夯土基础，再在其上修筑台基。

发现砖墙 3 处，包括南北向砖墙 1 处和东西向砖墙 2 处，应为包砌夯土台心的台基侧壁。

南北向砖墙，揭露长度 2.2 米，墙宽 0.08 米，存高约 0.3 米。墙体以长方砖纵向错缝平砌而成，穿插丁头，砖长 28、宽 8、厚 5 厘米。砖墙西侧残砖、石块较密集，其间夹有黄褐色土，约与砖墙等高。砖墙西侧探方北壁上发现断裂的柱础石残块略高于残存砖墙上皮。

北侧东西向砖墙，揭露东西残长 6.8 米，墙宽约 0.22 米，残存最高处约 0.43 米。东段墙体残存用长方砖及其断块纵向侧砌的一层，砖长 30、宽 14、厚 4 厘米，其下未作解剖；西段上部残存并排两列 3～6 层横向错缝平砌的长方砖，穿插丁头，砖长 28、宽 8、厚 5 厘米，下部也为一层纵向侧砌长方砖及其断砖，与东面一段连续。

南侧东西向砖墙，揭露东西残长 1.37 米，墙宽 0.14 米，下部一层以长方砖横向平铺，其上多用半块长方砖纵向侧砌，再上横向错缝平砌单列 11 层长方砖，砖长 30、宽 14、厚 4 厘米，砖墙残高 0.66 米。砖墙的墙面中，北面砌筑规整，墙面平整，应是露明的一面，而南面或为断砖残端，或为丁头砖外凸。

发现立柱两处，立柱均为紫砂岩石质。北侧一块位于北侧东西向砖墙西端，长 38、宽 23、高 70 厘米，北面和西面修凿平整；南侧一块位于南侧东西向砖墙东端，长 30、宽 17、

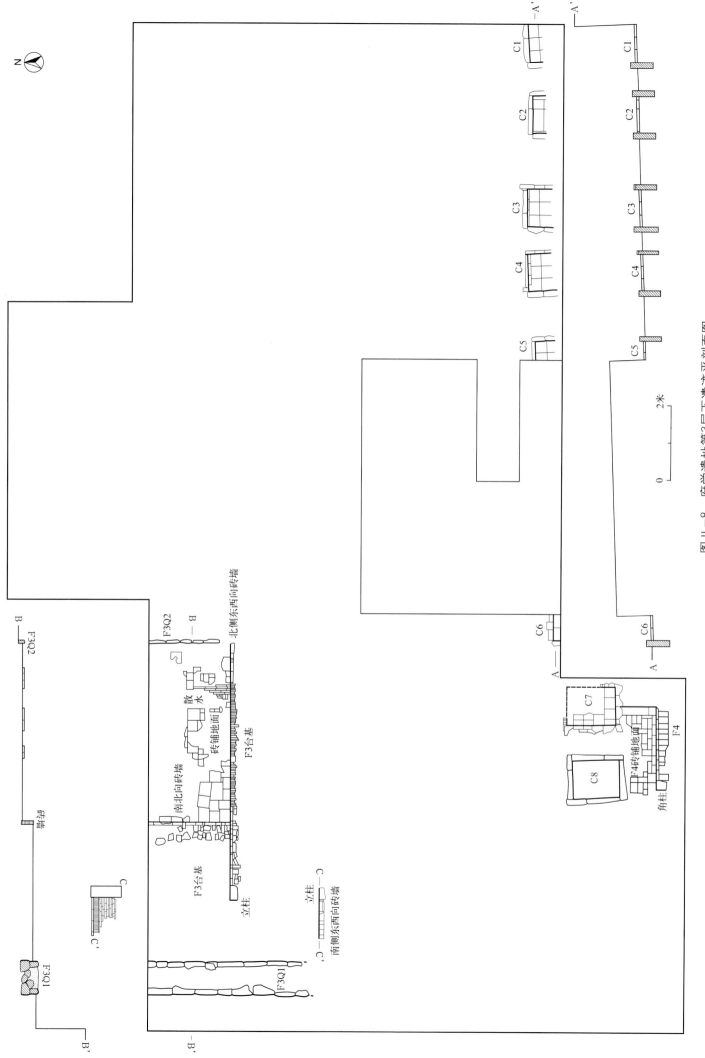

图 II—8　府学遗址第 3 层下遗迹平剖面图

N

F3Q2

F3Q2

砖墙

F3Q1

C'
立柱
C'
南侧东西向砖墙

C
立柱
C

F3台基

F3台基
砖铺地面
F3台基
南北向砖墙
散水
砖铺地面
F3Q2
北侧东西向砖墙

B
B'

C8
C7
F4砖铺地面
F4
角柱

C6　C5　C4　C3　C2　C1　—A'
A—

A'
C6　C5　C4　C3　C2　C1

A—

0　　　2米

高 70 厘米，北面修凿较平整。

（三）砖铺地面

位于探方西北部，F3 夯土台基南北向砖墙东侧，破坏严重。东西宽 4.73、南北向揭露 2 米多，揭露面积近 10 平方米。残存地面用边长 32、厚 4 厘米的方砖墁地，平铺于灰褐色夯土基础上。（彩版 Ⅱ−12：2）

（四）散水

位于探方西北部，F3Q2 西侧。南北向，揭露残长 1.7、宽约 0.8 米。西侧与砖铺地面铺砖衔接，北端残断。由长方砖纵向错缝侧砌而成，弧形下凹，以利排水，砖长 28、宽 8、厚 5 厘米。

二 F4

位于探方的南部偏西处，因受场地限制，仅清理台基西北角局部，砖铺地面位于 C7、C8 以南，紧贴台基北壁。

（一）台基

揭露南北残长 1.3、东西残宽 2.2 米，残存夯土台心、砖砌台壁、角柱等。

台心夯土灰褐色，内掺杂有少量瓦砾。北侧残存由长方砖包砌成的台壁，揭露残长 2.2、残高 0.17 米，外壁为一列长方砖横向平铺叠砌而成，砖长 28、宽 8、厚 5 厘米，砌筑规整，其内未作解剖。台壁南侧有一列东西向的长方砖，纵向平铺于夯土基础上，紧贴台壁，砖长 28、宽 12、厚 5 厘米。

台基西北角残存一角柱。紫砂岩质，长和宽均为 25 厘米，高 53 厘米，约有三分之二埋入地下，仅西和北两个侧面修凿平整。

（二）砖铺地面

台基北侧残存少量砖面，长方砖墁地，大多呈人字纹排列，局部略有变化，或两横两纵，或拼成一列，砖长 30、宽 15、厚 3.5 厘米。

C7 南、砖铺地面东侧有一长条形石板，长 80、宽 30、厚 12 厘米。

三 水池遗迹

共发现 8 个，均位于探方南部，平面均为方形，自东向西依次编号为 C1～C8，池壁、底部均残留部分石灰浆。均开口于第 3 层下，其中 C1～C6 打破第 4 层，C7、C8 打破第 4 层和 F5−2 部分台基。（彩版 Ⅱ−13：1）

C1：东部和南部未揭露，揭露部分东西长 1.2、南北宽 0.5、残深 0.14 米。四壁用条石侧砌，条石厚约 15、高约 65 厘米。内底用边长 30、厚 4 厘米的方砖平铺。

C2：与 C1 相距 0.6 米，南部未揭露，揭露部分东西长 1.3、南北宽 0.5、残深 0.12 米。四壁用条石侧砌，条石厚约 15、高约 65 厘米。内底用长 60、宽 30、厚 4 厘米的长方形石板平铺。

C3：与 C2 相距 1.2 米，南部未揭露，揭露部分东西长 1.3、南北宽 0.9、残深 0.17 米。四壁用条石侧砌，条石厚 10 ~ 18、高 60 ~ 65 厘米。内底用边长 35、厚 4 厘米的方砖平铺。（彩版 Ⅱ －13：2）

C4：与 C3 相距约 0.5 米，南部未揭露，揭露部分东西长 1.25、南北宽 0.9、残深 0.1 米。四壁用条石侧砌，条石厚 8 ~ 15、高 55 ~ 60 厘米。内底用边长 35、厚 4 厘米的方砖平铺。（彩版 Ⅱ －13：2）

C5：与 C4 相距 1.05 米，西部和南部未揭露，揭露部分东西长 0.65、南北宽 0.65、残深 0.1 米。四壁用条石侧砌，条石厚约 12.5、高约 60 厘米。内底用边长 30、厚 4 厘米的方砖平铺。

C6：东部和南部未揭露，揭露部分东西长 0.8、南北宽 0.55、深 0.33 米。四壁用条石侧砌，条石厚约 15、高约 64 厘米。内底用边长 32、厚 4 米的方砖平铺。

C7：与 C6 相距 0.4 米，平面呈长方形，池内长 1.6、宽约 1、深 0.32 米。四壁用破碎的方砖和长方砖混砌，残存 8 层，每层砖厚约 4 厘米。内底用边长 35、厚 4 厘米的方砖平铺，东北角被破坏。（彩版 Ⅱ －13：3）

C8：与 C7 相距 0.6 米，平面呈长方形，长 1.68、宽 1.35、深 0.48 米。四壁用长方形条石侧砌。底部铺砖已无存。

第六节　第2层下遗迹

包括 F1 和 F2。

一　F2

分布于整个探方，部分被 F1 叠压，距地表深 0.8 ~ 0.9 米。柱础石、石板铺地和方砖墁地均建筑在同一夯土基础上。方砖墁地低于石板铺地约 7 厘米。（图 Ⅱ －9；彩版 Ⅱ －14）

（一）夯土基础

分层夯筑，质硬，厚约 0.44 ~ 0.5 米。可分为五层，最上一层为黄褐色土，厚约 12 ~ 13 厘米；第 2 层为白色硬结的石灰层，厚约 2 ~ 3 厘米；第 3 层为黄沙层，厚约 2 ~ 3 厘米；第 4 层为灰褐色土，厚约 25 ~ 26 厘米；第 5 层为黄褐色土，厚约 3 ~ 4 厘米。

（二）柱础石

共发现 11 个，编号为 1 ~ 11 号。各础石尺寸有差异，下部均埋入夯土基础中。依形状可分为两类：一类是修出圆形鼓镜的础石，共9个；另一类是仅修出部分鼓镜的异形础石，共2个。除4号和11号为异形础石外，余均属前一类。

1号础石：紫砂岩质。镜面直径70厘米；下部方形，边长95、厚35厘米；

2号础石：紫砂岩质。镜面直径55厘米；下部方形，边长75、厚35厘米；

3号础石：紫砂岩质。镜面直径55厘米；下部方形，边长80、厚38厘米；

4号和11号础石：紫砂岩质。镜面直径45厘米；下部长方形，长67、宽54、厚25厘米；

5号和7号础石：紫砂岩质。镜面直径35厘米；下部方形，边长60、厚40厘米；

6号（彩版Ⅱ—13：4）和8号础石：灰白色水成岩质。镜面直径45厘米；下部方形，边长80、厚35厘米；

9号础石：灰白色水成岩质。镜面直径50厘米；下部方形，边长75、厚35厘米；

10号础石：紫砂岩质。镜面直径60厘米；下部方形，边长100、厚40厘米。

1号和2号两础石中心间距3.6米；2号和3号两础石中心间距3.25米；5号和7号两础石中心间距4.3米；9号和10号两础石中心间距3.65米。

（三）石板铺地

探方中南部尚残存16块大小不一的长方形石板，平铺于夯土基础之上。位于5号和7号两础石之间正中的一块最大，大致呈南北向，为青灰色水成岩质，长152、宽105、厚20厘米。其余石板多为长条形，长短不一，最长的达170厘米，宽35～50厘米，厚20厘米。探方西北部残存部分石板和条石。

（四）方砖墁地

位于探方中东部，南北残长3.45、东西残宽6.1米。方砖边长30、厚4厘米，砖缝多对齐。

二 F1

由房屋基址和庭院遗迹两部分组成。（图Ⅱ—10）

（一）房屋基址

仅发现一处，编号F1-1。位于探方的北部，叠压于第2层下，距地表深0.45～0.65米。破坏较严重，残存遗迹包括墙基、门道、柱础石及墁地等。房屋主体呈长方形，坐北朝南，宽18米，三开间，每间面阔约5.4米。

1.墙基

发现东、西墙基及北墙柱洞。东、西两侧墙基相距约16.5米，近南北向，均由石块砌筑而成，露明面稍作修整，中间填以黏土及石渣、瓦砾等物。东侧墙基残长8、宽0.7、残高0.35米，向南、北两个方向延伸。该墙基在距探方北壁3.4米处有一向东伸延的墙体基础，亦由石块砌筑，筑法与两侧墙基主体同，残长 1.65、宽 0.7、残高 0.35 米。西侧墙基残长 1.8、宽 0.8、残高 0.3 米。北墙破坏严重，仅存两处柱洞和部分残断条石、碎砖。一处柱洞位于北墙近东端，柱心距东侧墙基约 5.6 米；另一处位于北墙中部偏东侧，距东侧墙基约 1.8 米。柱径约 20 厘米。条石残长 25～112.5、残宽约 10 厘米。从残存柱洞分布的情况推测，北墙原应由四柱承重。

2.门道

北墙东、西两端各开有边门，位置对称，结构大致相同，门道中间为一长方形槛垫石，槛垫石两侧为方形石砧及其所辅石材。东次间边门槛垫石长 95、宽 40 厘米，两侧方形石砧边长 25～30 厘米不等；西次间边门槛垫石长 85、宽 40 厘米。在北墙中部发现残存的方形石材一块，从明间北墙处残存的方形石材和其与明间对应的室外地面的构造、布局来看，北墙的正中处也应开有门，门道宽约 2 米。

3.柱础石及柱础坑

仅发现一块柱础石和一个柱础坑。柱础石位于明间与东次间之间，置于柱础坑中。该础石由灰白色太湖石（水成岩质）制作而成，方形，边长 55、厚 29 厘米；上部修出圆形鼓镜，镜面直径 50 厘米，表面平整，中间凿有榫窝，截面呈方形，边长 10、深约 13.5 厘米。柱础坑位于明间与西次间之间，平面呈圆角方形。

4.墁地

破坏较为严重，仅在明间两侧、西次间西北角和东次间近中部残存有少量排列整齐的方砖，砖缝对齐。方砖边长为 35、厚 4 厘米。

明间与东次间之间、础石以北残存有长条石，长 220、宽 36 厘米，条石大部分埋入夯土中，上面与砖铺地面基本持平。现存条石两块，南部一块长 40 厘米，北部一块长 180 厘米，厚均为 20 厘米。

（二）庭院遗迹

庭院遗迹中发现有甬路和墁地，庭院内地面低于 F1-1 室内地面约 12 厘米。

1.庭院地基

由灰黄色黏土夹杂少量细碎瓦砾夯填而成，厚约 11 厘米，其下为 F2 夯土基础。

2.甬路

共三处，均呈南北向，分别与 F1-1 三处后门相对，编号 F1L1、F1L2、F1L3。

（1）F1L1

与 F1-1 东侧边门相对，揭露部分长 2.5、宽 1.75 米。残存部分东西向的断砖纵向侧砌的路面，断砖长约 15 厘米，厚薄不一。

（2）F1L2

与 F1-1 明间后门相对，宽 2.4 米。仅存东侧两列南北向的横向侧砌的断砖，断砖残长约 5～15 厘米，厚薄不一。

（3）F1L3

与 F1-1 西侧边门相对，长 2.2、宽 1.75 米。揭露部分北段残存一排东西向的碎砖纵向侧砌的路面，中部残存六块长方形石块，长 20～30 厘米，宽、厚 10～15 厘米，两侧各横向侧砌一列南北向的断砖。断砖残长 5～17 厘米。

3.庭院墁地

位于房屋基址的北面，甬路之间，分为左、右两个单元，距地表深 0.4～0.5 米。两个单元尺寸相同，东西长约 5.5、南北宽约 1.8 米。由断砖及碎石块混砌而成，现仅残存局部。

第四章　出土遗物

遗址内出土遗物以瓷器为主，另有陶质建筑构件、铜钱和石质遗物，现分层予以介绍。

第一节　第5层出土遗物

出土遗物以瓷器为主，有青瓷、青白瓷和白瓷。

（一）青瓷
所属窑口有龙泉窑、越窑及未定窑口。

1.龙泉窑

莲瓣碗

标本 T1 ⑤：12，残底。圈足，足底窄平。灰胎，质细。青绿色釉，釉面可见细小棕眼，足底无釉。外壁刻莲瓣纹。残高 3.1 厘米。（彩版 Ⅱ－15：1）

2.越窑

碗残件

标本 T1 ⑤：13，残底。圈足，足底窄平。灰胎，质致密。青绿色釉泛灰，光泽较差，釉层薄，透出胎体轮旋痕。内外底皆有垫烧痕迹。残高 4.3 厘米。（彩版 Ⅱ－15：2）

标本 T1 ⑤：22，残底。圈足。灰胎，质略粗，器底部胎体有孔隙。淡青灰色釉，釉层薄。内底刻花卉纹，间划篦纹。内底和足底均有垫烧痕。残高 3 厘米。（彩版 Ⅱ－15：3）

3.未定窑口

碗残件

标本 T1 ⑤：8，口沿残件。圆唇，敞口。灰褐色胎，较粗。青黄色釉。内壁划篦纹，外壁刻窄折扇纹。残高 6.5 厘米。（彩版 Ⅱ－15：4）

（二）青白瓷
所属窑口有景德镇窑及未定窑口。

1.景德镇窑

器形有碗、盘和炉。

（1）碗

斗笠碗

标本 T1 ⑤：3，残。斜直腹，饼足浅挖。白胎，质较粗。青白色釉。外底心无釉，有垫烧痕。足径4.4、残高4厘米。（图Ⅱ－11：1；彩版Ⅱ－16：1）

碗残件

标本 T1 ⑤：5，口腹残件。尖唇，敞口。灰白色胎，质较粗。青白色釉，有开片。内壁满划篦纹，外壁饰两道细弦纹。口径18、残高5.4厘米。（图Ⅱ－11：2；彩版Ⅱ－16：2）

（2）盘

敞口盘

标本 T1 ⑤：1，可复原。薄圆唇，芒口外敞，腹壁较直，平底内凹。白胎，质较细。

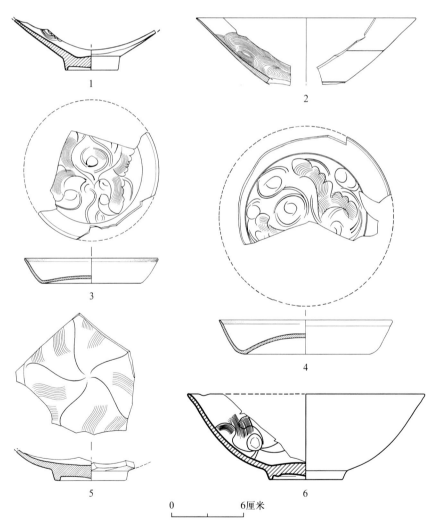

图Ⅱ－11　府学遗址第5层出土景德镇窑及未定窑口青白瓷碗、盘

1.斗笠碗T1⑤：3　2.碗残件T1⑤：5　3.敞口盘T1⑤：1　4.敞口盘T1⑤：2　5.碗残件T1⑤：7
6.花口碗T1⑤：6

青白色釉。内底心刻划变形牡丹纹。口径 11.2、底径 8.4、高 2 厘米。（图Ⅱ－11：3；彩版Ⅱ－17：1）

标本 T1⑤：2，可复原。方唇，芒口外敞，腹壁较直，底上鼓。白胎，质较细。青白色釉。内底心刻划变形牡丹纹。口径 14.3、底径 10.4、高 2.7 厘米。（图Ⅱ－11：4；彩版Ⅱ－17：2）

（3）炉

樽式炉

标本 T1⑤：11，残。筒腹。灰白色胎，胎薄，质较粗。青白色釉偏黄，有开片。外壁饰凸弦纹。残高 7 厘米。（彩版Ⅱ－16：3）

2.未定窑口

有碗和罐。

（1）碗

花口碗

标本 T1⑤：6，可复原。圆唇，花口外敞，斜腹，圈足。灰白胎，质较细密。青白色釉泛黄，施釉至底，底足无釉。内壁刻划花卉纹，间划篦纹。口径 19.5、足径 6、高 6.9 厘米。（图Ⅱ－11：6；彩版Ⅱ－18：1）

碗残件

标本 T1⑤：7，残底。圈足。白胎，质较粗。青白色釉，施釉不及底。内壁划篦纹。足径 6.1、残高 2.5 厘米。（图Ⅱ－11：5；彩版Ⅱ－18：2）

（2）罐

罐残件

标本 T1⑤：10，口肩部残件。方唇，芒口内敛，矮领，溜肩。灰白色胎，质较粗。青白色釉偏黄，有开片。外壁饰一组三道凸弦纹。残高约 5 厘米。（彩版Ⅱ－18：3）

（三）白瓷

为定窑白瓷残件。

标本 T1⑤：14，口腹残件。芒口。白胎，质较细密。白釉偏黄，外壁有流釉现象。内壁模印水波游鱼纹、水草纹，边饰卷草纹。残长 9.9、残宽 4.4 厘米。（彩版Ⅱ－16：4）

第二节 第4层出土遗物

出土遗物有陶质建筑构件、瓷器、铜钱和石质遗物。

一 陶质建筑构件

包括筒瓦和脊兽。

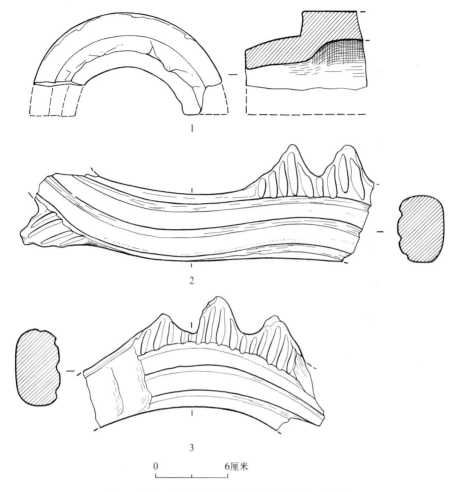

图Ⅱ-12 府学遗址第4层出土陶瓦当、脊兽
1.筒瓦T1④：63 2.兽头T1④：65 3.兽头T1④：66

1.筒瓦

标本 T1 ④：63，残。细泥质陶，表面呈灰黑色，内芯呈灰黄色。残长9.9、残宽15.6、矢高8.3厘米。（图Ⅱ-12：1；彩版Ⅱ-19：1）

2.脊兽

标本 T1 ④：64，角部残件。细泥质陶，灰黑色。残长32厘米。（彩版Ⅱ-19：2）

标本 T1 ④：65，残。细泥质陶，表面呈灰黑色，内芯呈灰褐色。残长29.2厘米。（图Ⅱ-12：2；彩版Ⅱ-19：3）

标本 T1 ④：66，残。细泥质陶，灰黑色，局部内芯呈灰褐色。残长20厘米。（图Ⅱ-12：3；彩版Ⅱ-19：4）

二 瓷器

有青瓷、青白瓷、白瓷、黑釉瓷和粗瓷。

（一）青瓷

所属窑口有龙泉窑及未定窑口。

1.龙泉窑

器形有碗、盏、盘、洗和器盖，以及不明器形的残件。

（1）碗

均为残件。

标本 T1 ④：15，口沿残件。薄圆唇，芒口。灰白色胎，质略粗。青绿色釉，口沿露胎处呈火石红色。腹内壁饰一道细弦纹。口径 12.3、残高 6 厘米。（彩版Ⅱ－19：5）

标本 T1 ④：3，腹底残件。曲腹，圈足，挖足较浅。灰胎，质略粗。青绿色釉泛灰，釉面可见细小棕眼，底足无釉。内壁刻划侧视莲花纹，底心划一荷叶，下腹部外壁饰一道细弦纹。足径 5.8、残高 4.6 厘米。（彩版Ⅱ－19：6）

标本 T1 ④：4，腹底残件。曲腹，圈足。灰胎，质略粗。青绿色釉，有开片，外底刮釉一周，露胎处呈红褐色，有垫烧痕迹。足径 7.9、残高 4 厘米。（彩版Ⅱ－19：7）

（2）盏

敞口盏

标本 T1 ④：17，可复原。圆唇，芒口外敞，曲腹，小圈足。灰白色胎，质略粗。浅青绿色釉，内外壁皆有细碎开片，口沿和足底无釉处呈浅褐色。口径 9.5、足径 3、高 5.1 厘米。（彩版Ⅱ－20：1）

（3）盘

莲瓣盘

标本 T1 ④：24，可复原。薄圆唇，折沿，曲腹，圈足，足底窄平。灰白色胎，质略粗。青绿色釉，釉层厚，釉面光亮，足底无釉。外壁刻莲瓣纹。口径 14.3、足径 5、高 4.1 厘米。（彩版Ⅱ－20：2）

标本 T1 ④：11，可复原。薄圆唇，敞口，曲腹，圈足，足底平。灰白色胎，质较细腻。青绿色釉，釉层厚，内外壁皆有开片，足底无釉呈火石红色。外壁刻有莲瓣纹。口径 17、足径 5.2、高 4.2 厘米。（彩版Ⅱ－20：3）

标本 T1 ④：22，可复原。尖唇，敞口，曲腹，圈足。灰白色胎，质略粗。青绿色釉，釉层厚，釉面光亮，足底无釉。外壁刻莲瓣纹。口径 12.4、足径 6.6、高 3.6 厘米。（图Ⅱ－13：1；彩版Ⅱ－20：4）

盘残件

标本 T1 ④：30，残底。圈足，足底窄平。深灰色胎，质较细腻。粉青色釉，釉面失透，有开片，足底无釉，呈铁足。足径 5.7、残高 1.9 厘米。（彩版Ⅱ－20：5）

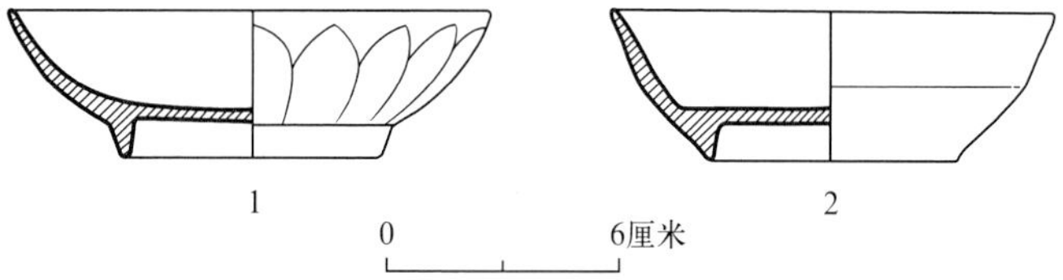

图Ⅱ－13　府学遗址第4层出土龙泉窑青瓷盘、洗
1.莲瓣盘T1④：22　2.隐圈足洗T1④：25

（4）洗

隐圈足洗

标本 T1 ④：25，可复原。薄圆唇，敞口，斜曲腹。灰白色胎，质较细腻。青绿色釉，

外底无釉处呈火石红色。腹外壁饰一周凸弦纹。口径11.2、足径6.4、高3.7厘米。（图Ⅱ-13：2；彩版Ⅱ-21：1）

洗残件

标本T1④：32，口沿残件。圆唇，折沿。灰白色胎，质略粗。青绿色釉，釉层厚，有开片。口径17.5、残高3.5厘米。（彩版Ⅱ-21：2）

标本T1④：34，口沿残件。折唇。灰白色胎，质略粗。青绿色釉，显乳浊，釉层厚。口径12.5、残高3.2厘米。（彩版Ⅱ-21：3）

标本T1④：49，腹底残件。折腹，圈足。深灰色胎，质细。粉青色釉，釉层厚，釉面失透，足底无釉，呈铁足。残高2.1厘米。（彩版Ⅱ-21：4）

（5）器盖

标本T1④：33，残。子口。灰白色胎，质较细腻。青绿色釉，盖内沿无釉处呈火石红色。直径11.2、残高2.6厘米。（彩版Ⅱ-20：6）

（6）不明器形残件

标本T1④：6，腹底残件。曲腹，圈足，足底窄平。灰胎，略粗。青绿色釉，釉面光亮，有开片，足底无釉呈淡紫色。外壁刻上下双层莲瓣纹。足径6.7、残高5.9厘米。（彩版Ⅱ-21：5）

2. 闽清义窑

仅见碗，为花口碗。

标本T1④：12，口腹残件。圆唇，花口外敞。灰白色胎，质较粗。青黄色釉，釉层薄，外壁透出胎体轮旋痕。内壁刻浪涛纹，内划篦纹。复原口径19.9、残高5.3厘米。（彩版Ⅱ-21：6）

3. 未定窑口

器形有碗、碟和瓶。

（1）碗

敞口碗

标本T1④：23，可复原。圆唇，曲腹，圈足。灰胎，质较粗。淡青灰色釉，施釉不均匀，有棕眼，底足无釉。口径14、足径5.5、高6厘米。（彩版Ⅱ-22：1）

碗残件

标本T1④：37，口腹残件。圆唇，斜曲腹。灰褐色胎，质较粗。蓝紫色窑变釉，口沿处呈棕色，施釉不及底。残高3.6厘米。（彩版Ⅱ-22：2）

标本T1④：5，腹底残件。圈足。黄褐色胎，质细。青黄色釉，釉层薄，施釉不及底。内底压圈。足径5.2、残高3.2厘米。（彩版Ⅱ-22：3）

（2）碟

敞口碟

标本T1④：36，残。尖唇，斜曲腹，平底。灰胎，质粗。青黄色釉。内底心划有纹饰。残高2.5厘米。（彩版Ⅱ-22：4）

（3）瓶

残件

标本 T1 ④：45，口肩部残件。圆唇，直口，束颈，溜肩。灰胎，质较粗。青绿色釉泛灰，腹内壁局部施釉未及。口径 4.2、残高 5.2 厘米。（彩版 II － 22：5）

（二）青白瓷

所属窑口为景德镇窑及未定窑口。

1.景德镇窑

器形有碗、盏、盘、碟、罐以及不明器形的残件。

（1）碗

侈口碗

标本 T1 ④：21，可复原。尖唇，斜曲腹，圈足。白胎，质较粗。青白色釉，有细碎开片，底足无釉。内壁划卷草纹。口径 19.2、足径 5.7、高 6.6 厘米。（图 II － 14：1；彩版 II － 23：1）

碗残件

标本 T1 ④：7，残底。圈足。白胎，质较细。青白色釉，外底心无釉，有垫圈垫烧痕，底足无釉。内壁刻划花卉纹，内划篦纹。足径 5.6、残高 4.2 厘米。（图 II － 14：4；彩版 II － 24：1）

标本 T1 ④：8，残底。圈足。白胎，质较粗。青白色釉，有开片，外底心无釉，有垫圈垫烧痕。内壁刻划花卉纹，内底心压圈。足径 5.9、残高 3.9 厘米。（图 II － 14：2；彩

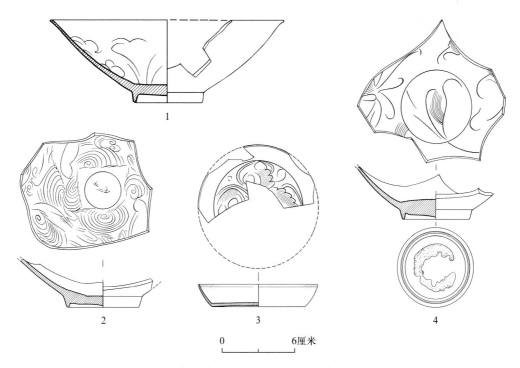

图 II －14　府学遗址第4层出土景德镇窑青白瓷碗、碟

1.侈口碗T1④：21　2.碗残件T1④：8　3.平底碟T1④：18　4.碗残件T1④：7

版Ⅱ－24：2)

（2）盏

残件

标本 T1④：16，残底。实足。白胎，质较细。青白色釉，有开片，底足无釉。内底刻划花卉纹。足径 3.4、残高 2.2 厘米。（彩版Ⅱ－23：2）

（3）盘

折腹盘

标本 T1④：50，口腹残件。圆唇，敞口，上腹斜直，下腹折收。白胎，质较细。青白色釉。内壁作菊瓣纹。残高 5.4 厘米。（彩版Ⅱ－23：3）

（4）碟

平底碟

标本 T1④：18，可复原。芒口外敞，方唇，斜直腹。白胎，质略粗。青白色釉。内底刻划花卉，内划箆纹。口径 9.8、底径 7.6、高 1.8 厘米。（图Ⅱ－14：3；彩版Ⅱ－23：4）

（5）罐

残件

标本 T1④：35，口肩部残件。圆唇，芒口，矮领，溜肩。白胎，质较粗。青白色釉。残高 4.1 厘米。（彩版Ⅱ－24：3）

（6）不明器形残件

标本 T1④：51，腹部残件。鼓腹。白胎，质较粗。青白色釉，有细碎开片。外壁模印变形莲瓣纹。残长 5.1、残宽 3.4 厘米。（彩版Ⅱ－24：4）

2.未定窑口

器形有盒、花盆和器盖。

（1）盒

粉盒盖

标本 T1④：19，可复原。母口。灰白色胎，质略粗。青白色釉，盖内壁仅顶面施釉。盖面模印石榴纹和菊瓣纹。直径 5.3、高 1.7 厘米。（图Ⅱ－15：1；彩版Ⅱ－25：1）

标本 T1④：39，可复原。母口。灰白色胎，质较粗。青白色釉，盖内壁仅顶面施釉。盖外壁饰菊瓣纹。直径 6.3、高 1.1 厘米。（彩版Ⅱ－25：2）

标本 T1④：52，可复原。母口。盖面稍内凹。灰白胎，质较细。青白色釉。直径 5.5、高 1.6 厘米。（图Ⅱ－15：2）

（2）花盆

樽形花盆

标本 T1④：9，可复原。圆唇，芒口外敞，筒腹斜向内收，平底中部有一孔，存两蹄足。灰白色胎，质较粗。青白色釉偏灰，有开片。内壁仅近口沿处有釉，施釉不及底。腹外壁饰两组三道凹弦纹。口径 12、底径 5、高 9.1 厘米。（图Ⅱ－15：3；彩版Ⅱ－25：3）

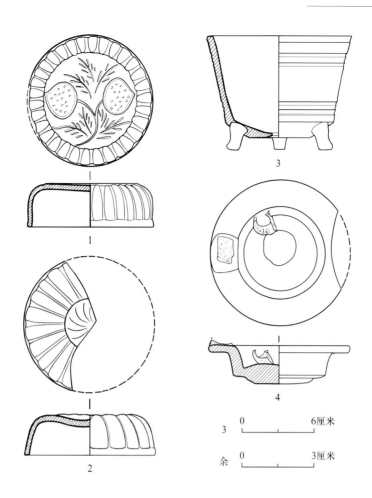

图Ⅱ－15　府学遗址第4层出土未定窑口青白瓷盒、花盆、器盖

1.粉盒盖T1④：19　2.粉盒盖T1④：52　3.樽形花盆T1④：9　4.器盖T1④：10

（3）器盖

标本 T1 ④：10，可复原。子母口，盖面内凹，一侧有残纽。灰白色胎，质较粗。青白色釉，内面无釉。直径5.9、残高1.7厘米。（图Ⅱ－15：4；彩版Ⅱ－25：4）

（三）白瓷

所属窑口有定窑及未定窑口。

1.定窑

器形有碗、瓶和器盖。

（1）碗

残件

标本 T1 ④：14，残底。圈足。白胎，质较细密。釉色白中闪黄，足底无釉。内底心模印荷花纹。足径5.6、残高1.3厘米。（彩版Ⅱ－26：1）

标本 T1 ④：38，残底。圈足。白胎，质较细密。釉色白中闪黄，足底无釉。内底心刻划鱼纹，外壁刻莲瓣纹。残高2.5厘米。（彩版Ⅱ－26：2）

（2）瓶

梅瓶

标本 T1④：26，肩部残件。端肩。灰白色胎，质较粗。釉色白中闪黄，釉层薄，内壁无釉，可见轮旋痕。残高 3.6 厘米。（彩版Ⅱ－26：3）

（3）器盖

标本 T1④：47，残。盖顶中心有一小圆纽。黄白色胎，质较粗。釉色白中泛黄。盖面刻莲瓣纹。残高 1.4 厘米。（彩版Ⅱ－26：4）

2. 未定窑口

器形有碗和罐，以及不明器形的残件。

（1）碗

侈口碗

标本 T1④：54，可复原。方唇，芒口外侈，曲腹，圈足。白胎，质较粗。黄白色釉，有细碎开片。下腹部内壁划有纹饰。口径 18.6、足径 6、高 6.4 厘米。（图Ⅱ－16；彩版Ⅱ－27：1）

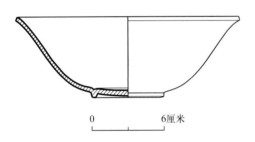

图Ⅱ－16 府学遗址第4层出土未定窑口白瓷侈口碗T1④：54

标本 T1④：40，口腹残件。圆唇，芒口外侈。白胎，质较粗。黄白色釉，有细碎开片。腹内壁出筋。残高 4.5 厘米。（彩版Ⅱ－27：2）

（2）罐

残件

标本 T1④：53，口肩部残件。方唇，芒口，矮领，溜肩。灰白色胎，质较粗。青黄色釉，有细碎开片。外壁作菊瓣纹。残高 3.9 厘米。（彩版Ⅱ－27：3）

（3）不明器形残件

标本 T1④：44，残底。圈足。白胎，质较细。黄白色釉，有开片。内底划有纹饰。足径 7、残高 0.8 厘米。（彩版Ⅱ－27：4）

（四）黑釉瓷

所属窑口为遇林亭窑、吉州窑及未定窑口。

1. 遇林亭窑

束口盏

标本 T1④：28，残。圆唇。灰黑胎，质较粗。釉色黑亮，釉面可见细小棕眼，口沿处呈紫褐色。口径 12.5、残高 3.9 厘米。（彩版Ⅱ－28：1）

2. 吉州窑

器形有碗、杯和盏。

（1）碗

敞口碗

标本 T1④：1，可复原。方唇，芒口，曲腹，小圈足。黄白色胎，较粗。内壁黄白色釉，有细碎开片，外壁酱黑色釉，底足无釉。口径 13.6、足径 2.2、高 3.7 厘米。（图Ⅱ－17：1；彩版Ⅱ－28：2）

（2）盏

玳瑁盏

标本 T1④：29，残底。圈足。黄褐色胎，质粗。釉色黑，较亮，有灰黄色斑块。外壁施釉不及底，近足处釉色显灰褐。足径 3.9、残高 3.6 厘米。（彩版Ⅱ－28：3）

3.未定窑口

直口杯

标本 T1④：27，可复原。圆唇，曲腹，圈足。灰黄色胎，质粗。釉色黑，较亮，施釉不及底，釉薄处显灰褐色。口径 10.2、足径 4.1、高 5.5 厘米。（图Ⅱ－17：2；彩版Ⅱ－28：4）

（五）粗瓷

瓶

标本 T1④：2，完整。方唇，直口，束颈，溜肩，深筒腹，平底。灰褐色胎，质粗。灰褐色釉，施釉不均，仅及口肩部外壁。口径 8.5、底径 7.2、高 24.8 厘米。（图Ⅱ－18；彩版Ⅱ－29：1）

三 铜钱

仅发现 3 枚，分别是"开元通宝"、"太平通宝"和"大观通宝"。（图Ⅱ－19；表Ⅱ－1）

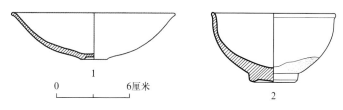

图Ⅱ－17　府学遗址第4层出土吉州窑及未定窑口黑釉瓷碗、杯
1.敞口碗T1④：1　2.直口杯T1④：27

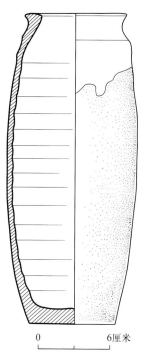

图Ⅱ－18　府学遗址第4层出土粗瓷瓶T1④：2

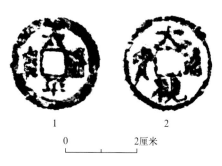

图Ⅱ－19　府学遗址第4层出土铜钱拓本
1.太平通宝　2.大观通宝

表Ⅱ-1　府学遗址第4层出土铜钱统计表

钱文	数量（枚）	铸造年代	直径（厘米）	备注	图号
开元通宝	1	唐高祖武德四年（621年）始铸	2.4	隶书、对读	
太平通宝	2	宋太宗太平兴国年间（976～984年）铸	2.5	楷兼八分、对读	图Ⅱ-19：1
大观通宝	1	宋徽宗大观元年（1107年铸）	2.4	隶书、对读	图Ⅱ-19：2

四　石质遗物

石磨

标本 T1④：67，残。圆形，截面呈"山"字形。白色水成岩质。外径74、厚30厘米。（彩版Ⅱ-29：2）

第三节　第3层出土遗物

出土遗物有陶质建筑构件、瓷器和铜钱。

一　陶质建筑构件

有方砖、板瓦、瓦当、滴水、脊兽及其他。

1.方砖

宝相花纹方砖

标本 T1③：63，残。细泥质陶，表面呈灰黑色，内芯呈灰褐色。饰变形宝相花。残长 19.8、残宽 12.4、厚 6.5 厘米。（图Ⅱ-20：1；彩版Ⅱ-30：1）

标本 T1③：54，残。细泥质陶，灰黑色，局部内芯呈灰褐色。饰变形宝相花。残长 13、残宽 10、厚 6 厘米。（彩版Ⅱ-30：2）

2.板瓦

重唇板瓦

标本 T1③：11，残。细泥质陶，灰黑色。唇面饰波浪纹。残长 13、残宽 16、厚 2 厘米。（图Ⅱ-20：2；彩版Ⅱ-30：3）

3.瓦当

包括莲花纹瓦当和牡丹纹瓦当。

莲花纹瓦当

标本 T1③：62，残。缘宽。细泥质灰陶，表面显灰黑色。当面饰侧视莲花，珍珠地。当面直径 12.8、厚 1～1.4 厘米。（图Ⅱ-21：1；彩版Ⅱ-30：4）

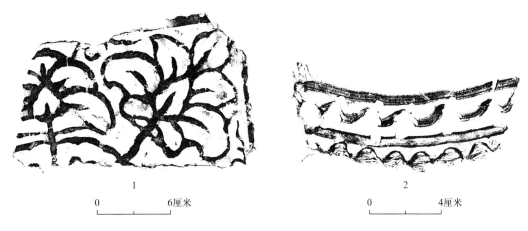

图 II-20　府学遗址第3层出土陶砖、瓦纹饰拓本
1.宝相花纹方砖T1③：63　2.重唇板瓦T1③：11

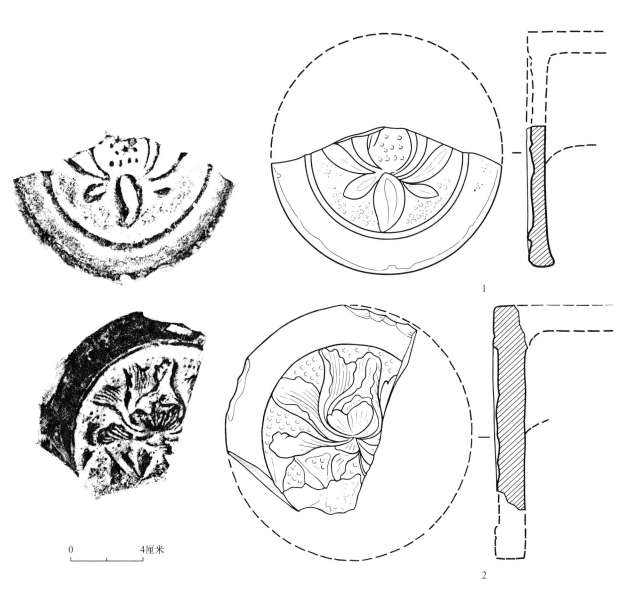

图 II-21　府学遗址第3层出土陶瓦当
1.莲花纹瓦当T1③：62　2.牡丹纹瓦当T1③：61

牡丹纹瓦当

标本 T1 ③：61，残。缘宽，缘中部略弧形内凹。细泥质灰陶，局部表面残留白色石灰。当面饰侧视牡丹，珍珠地。当面直径 13.5、厚 1.6 厘米。（图Ⅱ－21：2；彩版Ⅱ－30：5）

4.滴水

如意形滴水

标本 T1 ③：57，残。周缘平。细泥质陶，灰黑色。正面饰侧视莲花。残长 3、残宽 13.7、高 9.7 厘米。（图Ⅱ－22；彩版Ⅱ－31：1）

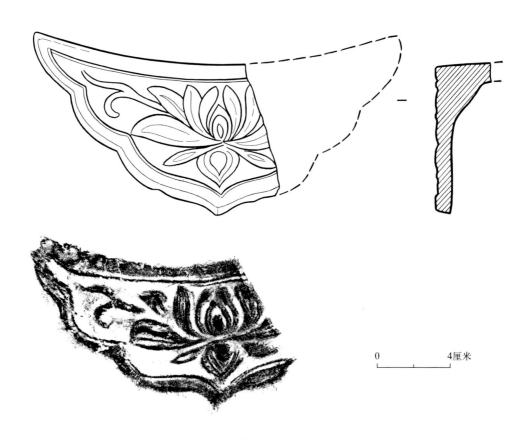

图Ⅱ－22　府学遗址第3层出土陶如意形滴水T1③：57

标本 T1 ③：55，残。周缘较平。细泥质陶，灰黑色。正面饰侧视莲花，两侧辅以水草。残长 5.3、残宽 18.6、残高 10.6 厘米。（图Ⅱ－23：1；彩版Ⅱ－31：2）

标本 T1 ③：53，残。周缘较平。细泥质陶，灰黑色。正面饰变形侧视莲花，辅饰水波草叶。残长 3.4、残宽 16.8、残高 12.1 厘米。（图Ⅱ－23：2；彩版Ⅱ－31：3）

5.脊兽

均为残件。

标本 T1 ③：72，眼部残件。眼珠居前，眉上卷，发直立，露牙。细泥质陶，表面呈灰黑色，内芯呈灰褐色。残长 10、残宽 11.6、残高 11.8 厘米。（图Ⅱ－24：1；彩版Ⅱ－31：4）

0 ————— 4厘米

图 II－23　府学遗址第3层出土
陶如意形滴水
1. T1③：55　2. T1③：53

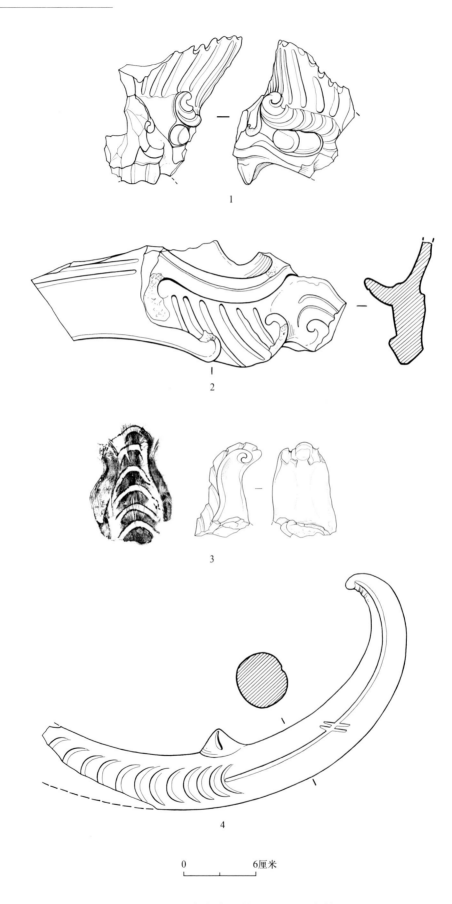

图 II-24　府学遗址第3层出土陶脊兽

1.T1③：72　2.T1③：67　3.T1③：70　4.T1③：64

标本 T1 ③：67，眉部残件。细泥质陶，灰黑色，表面残留有白色石灰。残长 26、残宽 5.6、残高 9.7 厘米。（图 Ⅱ－24：2；彩版 Ⅱ－31：5）

标本 T1 ③：70，舌部残件。舌尖上卷，断面近扁圆形。细泥质陶，表面呈灰黑色，内芯呈灰褐色。残长 7.65、残宽 5.3、残高 5.75 厘米。（图 Ⅱ－24：3；彩版 Ⅱ－32：1）

标本 T1 ③：64，角部残件。弧形上卷，断面近圆形。细泥质陶，灰黑色。一侧装饰凹弦纹和月牙纹。残长 31.4 厘米。（图 Ⅱ－24：4；彩版 Ⅱ－31：6）

标本 T1 ③：65，角部残件。弧形上卷，断面呈椭圆形。细泥质灰陶。一侧装饰凹弦纹。残长 13.7 厘米。（彩版 Ⅱ－32：2）

标本 T1 ③：66，发部残件。正立面呈三角形，发弧曲，发梢上卷。细泥质陶，灰黑色。残长 14.2、残高 24.1 厘米。（图 Ⅱ－25：1；彩版 Ⅱ－32：3）

标本 T1 ③：68，腿部残件。腿部鼓起。细泥质陶，表面呈灰黑色，内芯呈灰黄色。饰鳞片。残长 12.4、厚 1.8、残高 13 厘米。（图 Ⅱ－25：2；彩版 Ⅱ－32：4）

标本 T1 ③：71，走兽足部残件。圈足座上剔刻四爪兽足。细泥质陶，灰黑色。内面残留白色石灰。残高 7 厘米。（图 Ⅱ－25：3；彩版 Ⅱ－33：1）

标本 T1 ③：56，兽身鳞片。细泥质陶，灰黑色。残长 19.6、厚 2.4、残高 11.1 厘米。（图 Ⅱ－25：4；彩版 Ⅱ－33：2）

6.其他

标本 T1 ③：59，残。底面中心镂孔。细泥质灰陶，表面显灰黑色。侧面饰缠枝花卉。长 20.4、残宽 12、残高 3.6 厘米。（图 Ⅱ－26：1；彩版 Ⅱ－33：3）

标本 T1 ③：58，残。细泥质陶，表面呈灰黑色，内芯呈灰黄色。残长 18.1、残宽 11.4、残高 7 厘米。（图 Ⅱ－26：2；彩版 Ⅱ－33：4）

标本 T1 ③：51，残。整器应作"H"形。细泥质陶，灰黑色。侧面刻划简化草叶纹。长 17.4、残宽 9.5、残高 11.7 厘米。（彩版 Ⅱ－34：1）

标本 T1 ③：52，残。整器应作"H"形。细泥质陶，断面分层，表面和内芯均呈灰黑色，中间夹有灰色层。侧面刻划简化草叶纹。长 20.3、残宽 10.8、残高 12 厘米。（图 Ⅱ－26：3；彩版 Ⅱ－34：3）

标本 T1 ③：60，残。侧面弧形。细泥质灰陶。长 20.9、残宽 9.1、高 7.1 厘米。（图 Ⅱ－26：4；彩版 Ⅱ－34：2）

二　瓷器

有青瓷、青白瓷、卵白釉瓷、黑釉瓷和粗瓷。

（一）青瓷
所属窑口有龙泉窑、越窑、铁店窑及未定窑口。

1.龙泉窑
器形有碗、盘、碟、钵、洗和瓶。

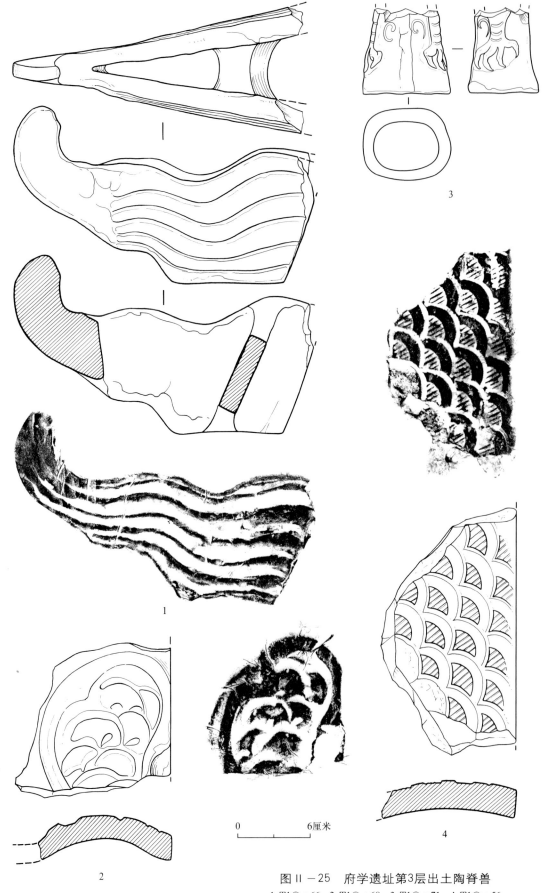

图Ⅱ-25　府学遗址第3层出土陶脊兽
1.T1③：66　2.T1③：68　3.T1③：71　4.T1③：56

0　　　　6厘米

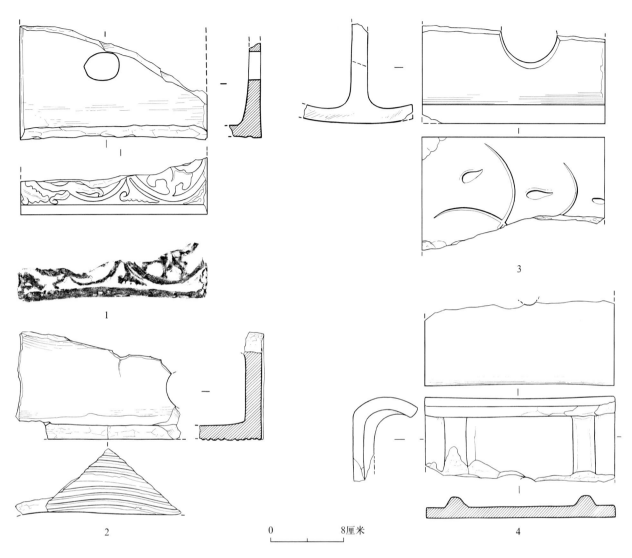

图Ⅱ－26 府学遗址第3层出土其他陶质建筑构件
1.T1③：59 2.T1③：58 3.T1③：52 4.T1③：60

（1）碗

包括莲瓣碗、菊瓣碗和敞口碗，以及碗残件。

莲瓣碗

标本 T1 ③：21，可复原。圆唇，侈口，曲腹，圈足。灰白色胎，质略粗。青绿色釉，足底无釉。腹外壁刻双层莲瓣纹，施釉后瓣纹欠清晰。口径11.2、足径3.4、高5.5厘米。（彩版Ⅱ－35：1）

标本 T1 ③：12，可复原。圆唇，敞口，曲腹，圈足。灰白色胎，较细腻。青绿色釉泛灰，内外壁皆有开片，底足无釉。外壁刻莲瓣纹。口径17.1、足径5.4、高7.6厘米。（图Ⅱ－27：1；彩版Ⅱ－35：2）

标本 T1 ③：25，残。曲腹，圈足，足底平。灰白色胎，质较粗。青绿色釉，足底无釉呈火石红色。腹外壁刻莲瓣纹。足径5.3、残高4.5厘米。（彩版Ⅱ－35：3）

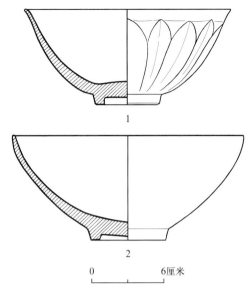

图Ⅱ-27　府学遗址第3层出土龙泉窑青瓷碗
1.莲瓣碗T1③：12　2.敞口碗T1③：19

标本T1③：27，残。曲腹，鸡心底，圈足，足底平。灰白色胎，质略粗。浅青绿色釉，有细碎开片，足底无釉呈灰黄色。腹外壁刻莲瓣纹。足径4.6、残高4.3厘米。（彩版Ⅱ－35：4）

标本T1③：28，残。曲腹，圈足。灰白色胎，质略粗。浅青绿色釉，有开片，底足无釉。腹外壁刻莲瓣纹。足径5.4、残高4.5厘米。（彩版Ⅱ－36：1）

标本T1③：31，残。薄圆唇，敞口。灰胎，质较细。青绿色釉。腹外壁刻莲瓣纹。复原口径20.8、残高7.1厘米。（彩版Ⅱ－36：2）

菊瓣碗

标本T1③：32，残。花口外敞，曲腹。灰胎，质较粗。青绿色釉。内壁饰双层菊瓣纹。复原口径17.4、残高6.2厘米。（彩版Ⅱ－36：3）

敞口碗

标本T1③：18，可复原。圆唇，曲腹，圈足。深灰色胎，质较粗。青绿色釉，有细碎开片，底足无釉。内底模印葵花纹。口径16.3、足径5.9、高6.4厘米。（彩版Ⅱ－37：1）

标本T1③：19，可复原。圆唇，曲腹，鸡心底，圈足，足底宽平。灰白色胎，质较粗。青灰色釉，外壁施釉不均，底足无釉。口径19.2、足径6.2、高8.3厘米。（图Ⅱ－27：2；彩版Ⅱ－37：2）

标本T1③：3，残。圆唇，曲腹。深灰色胎，质较粗。青绿色釉泛灰。内壁刻划花卉纹和箆纹。口径17.3、残高7.7厘米。（彩版Ⅱ－37：3）

碗残件

标本T1③：26，腹底残件。曲腹，圈足。灰白色胎，质略粗。青绿色釉，外底刮釉一周，露胎处呈火石红色。内壁刻划纹饰。足径7.6、残高4厘米。（彩版Ⅱ－36：5）

标本T1③：29，残底。圈足。灰白色胎，质略粗。青绿色釉，内底刮釉一周，外底心刮釉，有垫烧痕。内底心印杂宝纹。足径7.1、残高3.8厘米。（彩版Ⅱ－36：4）

（2）盘

包括莲瓣盘和侈口盘。

莲瓣盘

标本T1③：14，可复原。薄圆唇，敞口，曲腹，圈足，挖足过肩。灰胎，质较细腻。深青绿色釉，釉层厚，釉面光亮，足底无釉。腹外壁刻莲瓣纹。口径12.4、足径6.5、高

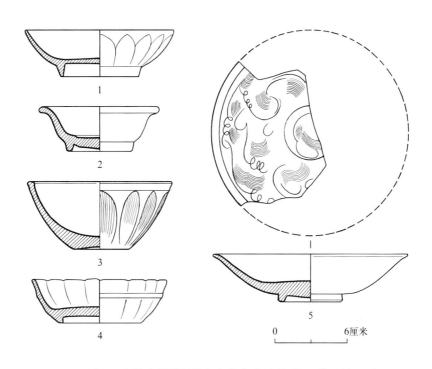

图Ⅱ-28　府学遗址第3层出土龙泉窑青瓷盘、碟、钵、洗

1.莲瓣盘T1③：14　2.侈口碟T1③：23　3.钵T1③：13　4.蔗段洗T1③：24　5.侈口盘T1③：22

3.7厘米。（图Ⅱ-28：1；彩版Ⅱ-37：4）

侈口盘

标本T1③：22，可复原。圆唇，曲腹，圈足。灰白色胎，质较细腻。浅青绿色釉。外底有垫饼垫烧痕。腹内壁刻划浪涛纹，内底心划荷叶纹，内划篦纹。口径16.2、足径5.3、高3.8厘米。（图Ⅱ-28：5；彩版Ⅱ-38：1）

（3）碟

侈口碟

标本T1③：23，可复原。圆唇，曲腹，圈足。灰白色胎，质略粗。浅青绿色釉，内外壁皆有开片，内底压圈处露胎，底足无釉。口径10、足径5.5、高3.6厘米。（图Ⅱ-28：2；彩版Ⅱ-38：2）

标本T1③：30，残。曲腹，圈足。灰白色胎，质较粗。青绿色釉，内底刮釉一周，外底心刮釉。内底刻划荷花纹。足径6.1、残高3厘米。（彩版Ⅱ-39：1）

（4）钵

标本T1③：13，可复原。方唇，敞口，曲腹，平底微内凹。灰胎，质略粗。青绿色釉，底部无釉。腹外壁刻莲瓣纹，内填篦纹。口径12、底径4.6、高5.4厘米。（图Ⅱ-28：3；彩版Ⅱ-39：2）

（5）洗

蔗段洗

标本T1③：24，可复原。平唇，敞口，曲腹，隐圈足。灰白色胎，质略粗。青绿色

釉，外底无釉呈火石红色。腹壁作蕉段状。口径11.2、足径6.9、高3.5厘米。（图Ⅱ－28：4）

（6）瓶

梅瓶

标本T1③：5，残。隐圈足。灰胎，质略粗。浅青绿色釉，釉面失透，足底无釉。内壁粘连有修胎时残留的泥条。足径7.9、残高6.1厘米。（彩版Ⅱ－39：3）

标本T1③：6，残。圆唇，直口，短颈，圆肩。灰白色胎，质略粗。青绿色釉。肩部饰有弦纹。残高3.6厘米。（彩版Ⅱ－39：4）

2.越窑

器形有碗和壶。

（1）碗

残件

标本T1③：2，残底。圈足。青灰色胎，质较致密。青黄色釉，釉层薄，外底无釉。内底和足底有泥点垫烧痕。足径7.1、残高2.5厘米。（彩版Ⅱ－40：1）

（2）壶

执壶

标本T1③：42，残。鼓腹，圈足。青灰色胎，质致密。青绿色釉泛灰，釉层薄。外底有垫烧痕。足径7.1、残高9.3厘米。（彩版Ⅱ－40：2）

3.铁店窑

残件

标本T1③：7，残底。圈足。黄褐色胎，质较粗。蓝紫色窑变釉，乳浊感强，施釉不及底。足径5.5、残高3.4厘米。（彩版Ⅱ－40：3）

4.未定窑口

器形有碗。

侈口碗

标本T1③：46，可复原。凸唇，曲腹，圈足。灰黄色胎，质粗。青褐色釉，内底无釉，外壁施釉不及底。口径17.6、足径6.4、高6.8厘米。（图Ⅱ－29；彩版Ⅱ－40：4）

碗残件

标本T1③：44，残底。圈足。砖红色胎，质粗。蓝紫色窑变釉，内底刮釉一周，外壁施釉不及底。足径6.3、残高3.5厘米。（彩版Ⅱ－40：5）

标本T1③：45，残底。圈足。灰褐色胎，质较粗。深蓝紫色窑变釉，施釉不及底。内底和足底均有泥点垫烧痕。足径7.5、残高4.7厘米。（彩版Ⅱ－40：6）

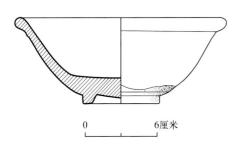

0   6厘米

图Ⅱ－29　府学遗址第3层出土未定窑口青瓷侈口碗T1③：46

（二）青白瓷

均为景德镇窑的产品，器形有碗和罐，以及一些不明器形的残件。

1.碗

包括菊瓣碗、侈口碗和残底。

菊瓣碗

标本 T1 ③：36，残。圈足。灰胎，器底处显灰褐色，质较粗。青白色釉，外底无釉。内壁模印折枝花卉纹，外壁饰菊瓣纹。外底心刻"X"形记号。足径5、残高5.6厘米。（图Ⅱ－30：1；彩版Ⅱ－41：1）

侈口碗

标本 T1 ③：35，可复原。圆唇，芒口外侈，曲腹，圈足。白胎，质较细。青白色釉，有开片。内壁模印缠枝花纹。口径13.6、足径4、高4.1厘米。（彩版Ⅱ－41：2）

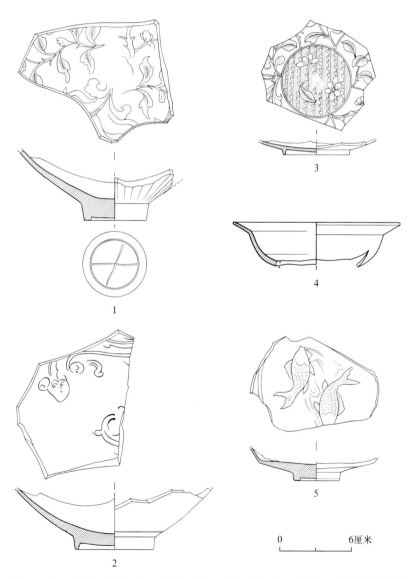

图Ⅱ－30　府学遗址第3层出土景德镇窑青白瓷碗、残件及卵白釉瓷残件

1.青白瓷菊瓣碗T1③：36　2.青白瓷碗残件T1③：1　3.青白瓷不明器形残件T1③：39　4.青白瓷不明器形残件T1③：15　5.卵白釉瓷残件T1③：38

碗残件

标本 T1③：1，腹底残件。圈足。白胎，质略粗。青白色釉，外底无釉，有垫饼垫烧痕。内壁刻划纹饰。足径 6.4、残高 4.9 厘米。（图Ⅱ－30：2；彩版Ⅱ－41：3）

2.罐

标本 T1③：8，口肩部残件。方唇，芒口，领中高，折肩。灰白色胎，质较粗。青白色釉，有细碎开片。口径 11.2、残高 5.2 厘米。（彩版Ⅱ－42：1）

3.不明器形残件

标本 T1③：39，残底。圈足。白胎，质较细。青白色釉，足部满釉。内底心模印垂枝、叶脉、花卉纹。足径 5.5、残高 1.3 厘米。（图Ⅱ－30：3；彩版Ⅱ－42：2）

标本 T1③：15，口腹残件。折沿，圆唇，曲腹。白胎，质较粗。青白色釉。口径 13.9、残高 3.5 厘米。（图Ⅱ－30：4；彩版Ⅱ－42：3）

（三）白瓷

为景德镇窑产品。

高足杯

标本 T1③：41，残。曲腹，竹节状高圈足。白胎，质较细。白色釉，有稀疏开片，足底无釉。足径 5.5、残高 9.3 厘米。（彩版Ⅱ－42：4）

（四）卵白釉瓷

仅见残件，为景德镇窑产品。

标本 T1③：38，残底。圈足。白胎，质较细。卵白色釉，底足无釉。内底心模印双鱼纹。足径 3.9、残高 2.6 厘米。（图Ⅱ－30：5；彩版Ⅱ－42：5）

（五）黑釉瓷

所属窑口为吉州窑。

1.盏

标本 T1③：43，可复原。圆唇，曲腹，圈足。黄白色胎，质较粗。内壁黑褐色釉，外壁黑釉，施釉不及底，釉面有黄斑，似玳瑁斑。内壁有剪纸贴花装饰。口径 10.6、足径 3.4、高 5.5 厘米。（图Ⅱ－31：1；彩版Ⅱ－43：1）

2.碗

标本 T1③：17，可复原。

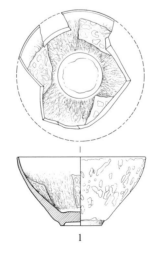
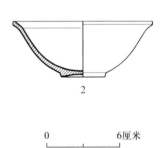

图Ⅱ－31　府学遗址第3层出土吉州窑黑釉瓷盏、碗

1.盏T1③：43　2.碗T1③：17

方唇，芒口，曲腹，圈足。黄白色胎，质较粗。内壁黄白色釉，有细碎开片，外壁酱黑色釉，底足满釉。口径11.5、足径3.6、高4.4厘米。（图Ⅱ－31：2；彩版Ⅱ－43：2）

（六）粗瓷

器形为瓶。

标本T1③：47，完整。方唇，束颈，溜肩，深筒腹，平底。灰胎，质粗。酱色釉，施釉仅及口肩部。口径6.1～6.9、底径6.5、高20.2厘米。（彩版Ⅱ－44：1）

标本T1③：48，完整。方唇，束颈，溜肩，筒腹，平底。赭黄色胎，质粗。酱色釉，施釉不及底。口径3.6、底径2.7～3.2、高9厘米。（彩版Ⅱ－44：2）

三　铜钱

仅发现2枚，均为"元丰通宝"。（图Ⅱ－32；表Ⅱ－2）

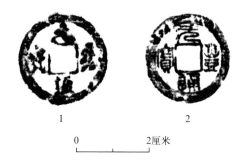

图Ⅱ－32　府学遗址第3层出土"元丰通宝"铜钱拓本
1.行书　2.篆书

表Ⅱ－2　府学遗址第3层出土铜钱统计表

钱文	数量（枚）	铸造年代	直径（厘米）	备注	图号
元丰通宝	1	宋神宗元丰年间（1078～1085年）铸	2.4	行书、旋读	图Ⅱ－32：1
	1		2.4	篆书、旋读	图Ⅱ－32：2

四　石质遗物

石碑　2件

标本T1③：73，残。圆形，原为石碑，碑文阴刻"浙西"等字，刻卷云纹。白色水成岩石质。直径47、厚19.5厘米。（图Ⅱ－33；彩版Ⅱ－44：3）

标本T1③：74，残。圆形，原为石碑，碑文阴刻，刻众多人名，并记其事。白色水成岩质。直径50、厚20厘米。（图Ⅱ－34；彩版Ⅱ－45）

0   8厘米

图Ⅱ-33 府学遗址第3层出土石碑T1③：73拓本

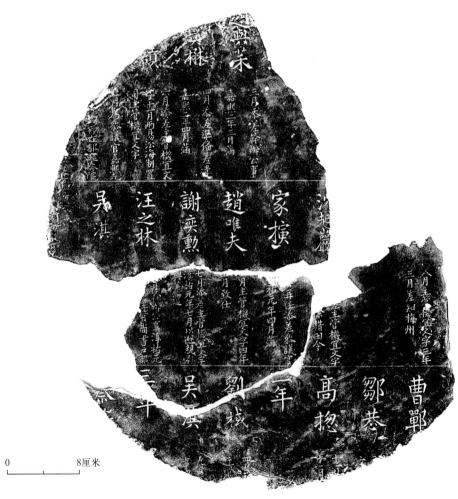

0   8厘米

图Ⅱ-34 府学遗址第3层出土石碑T1③：74碑文拓本

第四节　第2层出土遗物

出土遗物有陶质建筑构件、瓷器和铜钱。

一　陶质建筑构件

有瓦当和滴水。

1.瓦当

包括莲花纹瓦当、牡丹纹瓦当和菊花纹瓦当。

莲花纹瓦当

标本 T1 ② ：1，当面稍残。缘宽平。细泥质灰黑陶。当面饰折枝莲花纹。当面直径16.1、厚 2.1 厘米。（图Ⅱ－35；彩版Ⅱ－46：1）

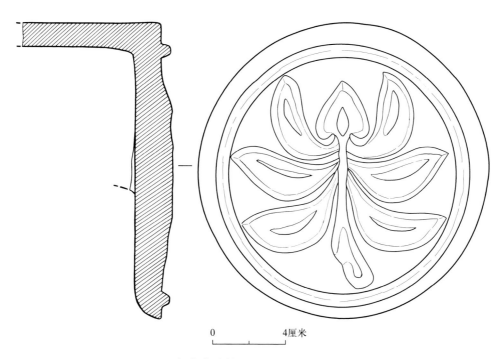

0　　　　4厘米

图Ⅱ－35　府学遗址第2层出土陶莲花纹瓦当T1②：1

标本 T1 ② ：44，当面完整。缘宽平。细泥质灰黑陶。当面饰折枝莲花纹。当面直径12.7～13.2、厚 2 厘米。（图Ⅱ－36：1；彩版Ⅱ－46：2）

标本 T1 ② ：45，当面完整。缘宽平。细泥质灰黑陶。当面饰折枝莲花、荷叶纹，珍珠地。背面残留白色石灰。当面直径11.5、厚 1.4 厘米。（图Ⅱ－36：2；彩版Ⅱ－46：3）

牡丹纹瓦当

标本 T1 ② ：2，当面完整。缘宽平。细泥质灰陶。当面饰折枝牡丹纹，珍珠地。当面直径12.4、厚 1.6 厘米。（图Ⅱ－36：3）

图 II-36 府学遗址第2层出土陶瓦当

1.莲花纹瓦当T1②：44 2.莲花纹瓦当T1②：45 3.牡丹纹瓦当T1②：2 4.菊花纹瓦当T1②：43

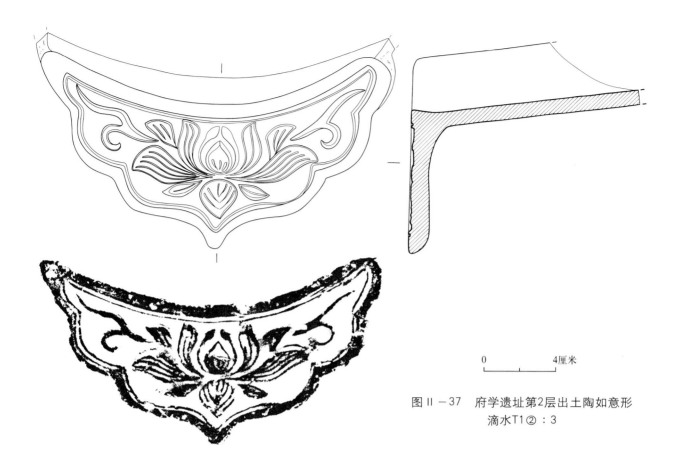

0　　　　　　4厘米

图Ⅱ－37　府学遗址第2层出土陶如意形
滴水T1②：3

菊花纹瓦当

标本 T1 ②：43，残。缘较宽平。细泥质灰黑陶。菊瓣舒展，瓣下饰三叶，叶脉清晰。当面直径 13.7、厚 1.2 厘米。（图Ⅱ－36：4；彩版Ⅱ－46：4）

2.滴水

如意形滴水

标本 T1 ②：3，残。周缘平凸。细泥质陶，灰黑色。正面饰侧视莲花，两侧辅饰水波纹。残长 12.9、宽 19.4、高 10.9 厘米。（图Ⅱ－37；彩版Ⅱ－47：1）

标本 T1 ②：46，残。周缘凸起。细泥质陶，灰黑色。中部饰有文字，外圈以圆框，两侧装饰绶带纹。高 10.5、宽 19.3、厚 1 ～ 2 厘米。（图Ⅱ－38：1；彩版Ⅱ－47：2）

标本 T1 ②：47，残。周缘凸起。细泥质陶，灰黑色。中部饰"寿"字，两侧装饰折枝梅花纹。高 8.3、残宽 13、厚 0.9 厘米。（图Ⅱ－38：2；彩版Ⅱ－47：3）

二　瓷器

有青瓷、青白瓷、白瓷和青花瓷。

（一）青瓷

所属窑口有龙泉窑、仿龙泉窑、仿哥窑瓷及未定窑口。

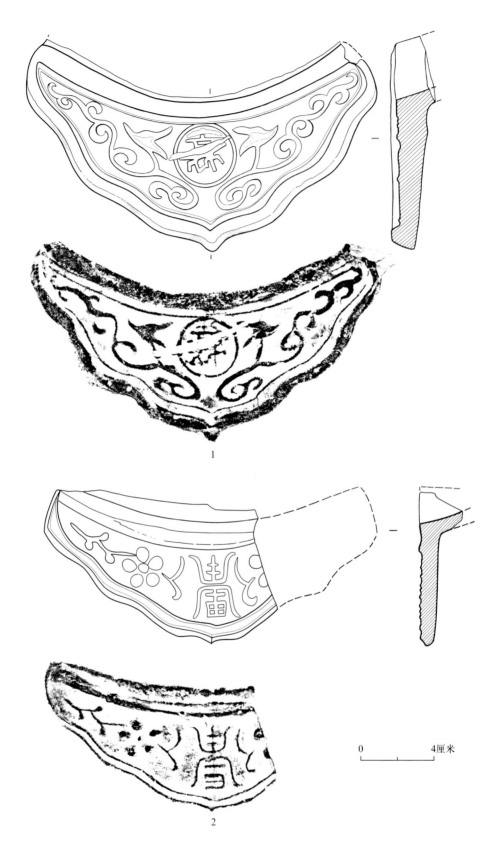

图Ⅱ-38　府学遗址第2层出土陶如意形滴水
1.T1②：46　2.T1②：47

1.龙泉窑

敞口碗

标本 T1 ② : 7，可复原。薄圆唇，曲腹，鸡心底，圈足。灰白色胎，质略粗。青绿色釉，局部泛青黄色，内外壁皆有开片，施满釉，圈足底刮釉。内壁刻划莲花纹，内底堆贴花卉纹。口径 16.5、足径 4.6、高 7.6 厘米。（图 Ⅱ－39；彩版 Ⅱ－48：1）

2.仿龙泉窑

高足杯

标本 T1 ② : 48，残。曲腹，竹节状高圈足。灰白色胎，质较粗。深青绿色釉，釉层厚。内底心刻划纹饰。残高 8.2 厘米。（彩版 Ⅱ－48：2）

3.仿哥釉瓷

折沿洗

标本 T1 ② : 9，可复原。圆唇，斜直腹，平底，仅存一云头足。灰白色胎，质较粗。青绿色釉偏灰，釉层较厚，有铁线开片。外底有细小支钉痕。残高 6.4 厘米。（图 Ⅱ－40；彩版 Ⅱ－48：3）

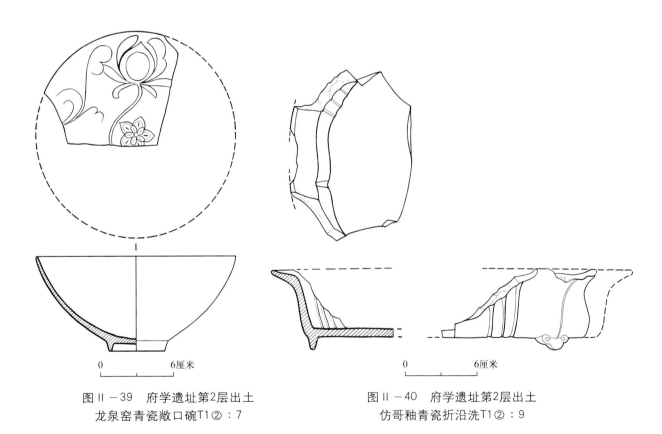

图 Ⅱ－39　府学遗址第2层出土　　　　　图 Ⅱ－40　府学遗址第2层出土
　龙泉窑青瓷敞口碗T1②：7　　　　　　　仿哥釉青瓷折沿洗T1②：9

4.未定窑口

（1）碟

敞口碟

标本 T1 ② : 8，完整。圆唇，斜直腹，大圈足。灰褐色胎，质较粗。青灰色釉，外壁

有缩釉现象，内外底皆刮釉一周。口径10.9、足径6、高1.7厘米。（彩版Ⅱ－49：1）

（2）洗

敞口洗

标本T1②：10，可复原。圆唇，斜直腹，圈足。灰胎，质较粗。青绿色釉，有浅隐开片，内底心有涩圈，外壁施釉不及底。口径13.6、足径7.6、高4.4厘米。（彩版Ⅱ－49：2）

（二）青白瓷

为景德镇窑产品，器形有碗，以及不明器形残件。

（1）碗

侈口碗

标本T1②：6，可复原。圆唇，曲腹，圈足。灰白色胎，质较粗。青白色釉，有开片，外底无釉。口径14.4、足径5.6、高7.2厘米。（图Ⅱ－41：1；彩版Ⅱ－50：1）

（2）不明器形残件

标本T1②：11，口腹残件。葵口外侈，曲腹。白胎，质较细。青白色釉。口沿及起茎处堆贴串珠纹，作如意状。残高5.6厘米。（彩版Ⅱ－50：2）

（三）白瓷

为景德镇窑产品，器形有碗、碟和杯。

（1）碗

包括侈口碗和敞口碗。

侈口碗

标本T1②：38，可复原。圆唇，垂腹，圈足。白胎，质较粗。釉色白中微闪灰，足

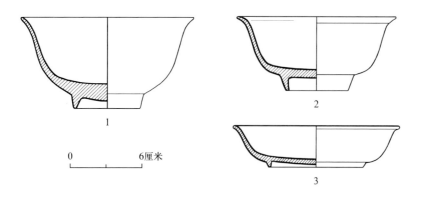

图Ⅱ－41　府学遗址第2层出土景德镇窑青白瓷碗及白瓷碗、碟

1.青白瓷侈口碗T1②：6　2.白瓷侈口碗T1②：38　3.白瓷侈口碟T1②：5

底无釉。口径 13、足径 5.1、高 5.9 厘米。（图Ⅱ－41：2；彩版Ⅱ－51：1）

标本 T1②：40，可复原。圆唇，垂腹，圈足。白胎，质较粗。釉色白中微闪灰，足底无釉。口径 12.9、足径 6.3、高 6.1 厘米。（彩版Ⅱ－51：2）

敞口碗

标本 T1②：39，可复原。圆唇，曲腹，圈足。白胎，质较粗。釉色白中微闪黄，有开片，足底无釉。口径 12.9、足径 5.9、高 6.3 厘米。（彩版Ⅱ－51：3）

（2）碟

侈口碟

标本 T1②：5，可复原。圆唇，曲腹，大圈足。白胎，质细。釉色白，釉面光亮且失透，施满釉，圈足底刮釉。口径 13.7、足径 7.8、高 3.3 厘米。（图Ⅱ－41：3；彩版Ⅱ－52：1）

标本 T1②：41，可复原。圆唇，曲腹，圈足。白胎，质较粗。釉色白中微闪灰，施满釉，圈足底刮釉。口径 11.3、足径 6.4、高 2.9 厘米。（彩版Ⅱ－52：2）

标本 T1②：42，可复原。圆唇，垂腹，圈足。黄白胎，较粗。釉色白中闪青，施满釉，圈足底刮釉。口径 11.1、足径 6.3、高 2.8 厘米。（彩版Ⅱ－52：3）

（3）杯

侈口杯

标本 T1②：4，可复原。薄圆唇，曲腹，圈足。白胎，质细。釉色白，莹润，釉面光亮，口沿处刮釉。外底刻"吉"字款。口径 8.1、足径 3.8、高 3.8 厘米。（彩版Ⅱ－50：3）

（四）青花瓷

数量较多，器形有碗、盘和碟等。择其少量介绍。

1.碗

包括侈口碗、敞口碗及残件。

侈口碗

标本 T1②：28，可复原。尖唇，曲腹，圈足。胎细白。釉色白中闪青，足底无釉。外口沿绘有两周弦纹，外壁绘云纹及蝠纹，蝠纹填红彩，外底近圈足处绘有三周弦纹。口径 14.4、足径 5、高 7 厘米。（图Ⅱ－42：1；彩版Ⅱ－53：1）

敞口碗

标本 T1②：14，可复原。圆唇，曲腹，圈足。胎细白。釉色较白，釉面光亮，足底无釉。内口沿及内底皆绘有两周弦纹，内底绘有不明纹饰，外口沿绘有两周弦纹，外壁绘有鱼藻纹，外底近圈足处绘有三周弦纹。外底有方形印记，以两周弦纹为框。口径 11.2、足径 5.3、高 6.7 厘米。（图Ⅱ－42：2；彩版Ⅱ－53：4）

标本 T1②：15，可复原。尖唇，曲腹，圈足。胎细白。釉色较白，釉面光亮，足底

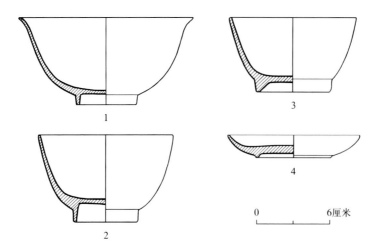

图Ⅱ-42 府学遗址第2层出土青花瓷碗、碟

1.侈口碗T1②：28 2.敞口碗T1②：14 3.敞口碗T1②：16 4.敞口碟T1②：21

无釉。外口沿及外底近圈足处皆绘有两周弦纹，外壁绘有缠枝花卉纹及杂宝变形莲纹。外底书有"若深珍藏"。口径13.7、足径5.5、高6.3厘米。（彩版Ⅱ-53：2）

标本T1②：16，可复原。圆唇，曲腹，圈足。白胎，较细腻。青白色釉，釉面有气泡。足底无釉。外壁绘有纹饰。口径10.4、足径6.1、高5.9厘米。（图Ⅱ-42：3；彩版Ⅱ-53：3）

碗残件

标本T1②：25，圈足。胎细白。内壁釉色较白，外壁施蓝釉，足底无釉。内底双线绘花卉纹，以两周弦纹为框，内壁双线绘缠枝花卉纹。外底篆书"大清嘉庆年制"。足径4、残高2.5厘米。（彩版Ⅱ-54：1）

2.盘

侈口盘

标本T1②：20，可复原。尖唇，曲腹，圈足。胎细白。釉色青白，青花发色晕散，足底无釉。内口沿及内底皆绘有两周弦纹，内底绘有纹饰，外口沿及外壁近圈足处皆绘有两道弦纹，外壁绘有缠枝花卉纹。足径6.6、高3厘米。（彩版Ⅱ-54：2）

3.碟

敞口碟

标本T1②：21，可复原。圆唇，曲腹，圈足。胎细白。釉色较白，足底无釉。内部绘有圆点纹，间饰以格纹。口径10.8、足径6.1、高1.8厘米。（图Ⅱ-42：4；彩版Ⅱ-54：3）

三 铜钱

可辨识的共33枚，另有9枚腐蚀严重，钱文不辨。（图Ⅱ-43；表Ⅱ-3）

表Ⅱ-3 府学遗址第2层出土铜钱统计表

钱文	数量（枚）	铸造年代	直径（厘米）	备注	图号
开元通宝	1	唐高祖武德四年（621年）始铸	2.4	隶书、对读	图Ⅱ-43：1
元丰通宝	1	宋神宗元丰年间（1078～1085年）铸	2.4	真书、旋读	
景定元宝	2	宋理宗景定年间（1260～1264年）铸	2.8	楷书、对读	图Ⅱ-43：2
宽永通宝	2	宽永二年德川始铸（宽永二年：明天启五年即1625年）（宽永：日本水尾天皇年号）	2.5	楷书、对读	
	2		2.35	楷书、对读	图Ⅱ-43：3
	1		2.2	楷书、对读	
康熙通宝	1	清圣祖康熙年间（1662～1722年）铸	2.7	对读	图Ⅱ-43：4
	1		2.2	对读	
洪化通宝	1	清吴世璠铸（1678～1681年）	2.3	对读	图Ⅱ-43：8
乾隆通宝	1	清高宗乾隆年间（1736～1795年）铸	2.5	对读	
	1		2.5	对读	
	1		2.5	对读	
	1		2.5	对读	
	3		2.4	对读	图Ⅱ-43：5
	1		2.15	对读	
	1		1.85	对读	
嘉庆通宝	1	清仁宗嘉庆年间（1796～1820年）铸	2.6	对读	图Ⅱ-43：6
	1		2.3	对读	
	1		2	对读	
道光通宝	1	清宣宗道光年间（1821～1850年）铸	2.2	对读	图Ⅱ-43：9
	1		2.2	对读	
光绪通宝	1	清德宗光绪十三年（1887年）始铸	2	对读	图Ⅱ-43：10
光绪元宝	4	清德宗光绪二十六年（1900年）铸	2.8	对读	图Ⅱ-43：7
中华民国开国纪念币	2	民国初期发行	2.8	国民华中币念纪国开	

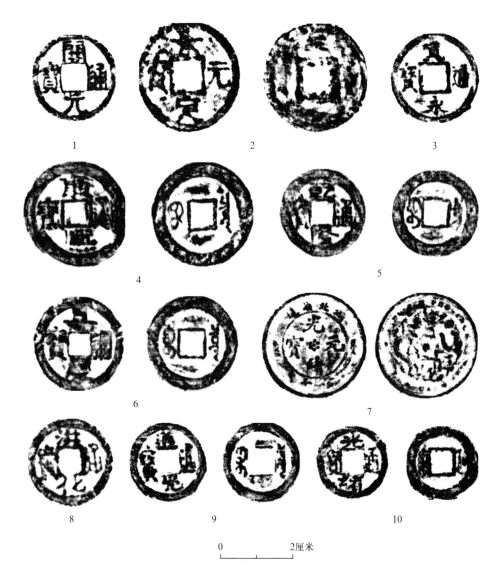

0   2厘米

图Ⅱ-43 府学遗址第2层出土铜钱拓本

1.开元通宝 2.景定元宝 3.宽永通宝 4.康熙通宝 5.乾隆通宝 6.嘉庆通宝 7.光绪元宝 8.洪化通宝
9.道光通宝 10.光绪通宝

第五章　结　语

第一节　地层年代分析

以各地层包含物为主要依据，结合地层间的叠压关系，现对各地层的年代作一推断。

第 1 层未收集遗物，其时代最晚，应为现当代地层。

第 2 层中出土的器物有陶质建筑构件、瓷器和铜钱，出土瓷器数量最多，尤以青花瓷器为大宗。

（1）出土的建筑构件有瓦当和滴水。从杭州历年出土建筑构件的情况看，如意形滴水 T1 ②：46 和 T1 ②：47，体质轻薄，饰变形龙纹或寿字，应属清代；而如意形滴水 T1 ②：3，饰侧视莲花，南宋临安城遗址内多有出土，元明清地层中亦多见；菊花纹瓦当 T1 ②：43、珍珠地的折枝莲花纹瓦当 T1 ②：45 和牡丹纹瓦当 T1 ②：2 应为宋元时期遗物；折枝莲花纹瓦当 T1 ②：1 和 T1 ②：44，宋代少见，可能为元明时期遗物。

（2）出土青瓷中，仿哥釉瓷折沿洗 T1 ②：9，仿龙泉青瓷高足杯 T1 ②：48，应为清代景德镇所产，另有少量未定窑口青瓷，制作粗糙，釉色暗淡，应为明代产品，尚出有少量鸡心底的元代青瓷碗。

（3）出土部分明清时期白釉瓷器，亦有少量宋元时期青白瓷器。

（4）青花瓷器所占的比例最大，且多为清代器物。如底款为"大清嘉庆年制"的碗残件 T1 ②：25，应为清嘉庆时期的产品；底款"若深珍藏"的敞口碗 T1 ②：15，应是清康熙时期的产品，而非光绪时产品；[①]敞口碗 T1 ②：14 则应为清中晚期的产品。尚有少量明代青花瓷。

（5）出土铜钱中，除"宽永通宝"外，未见其他明代钱币，而以清代铜钱发现最多，有"康熙通宝"、"乾隆通宝"、"嘉庆通宝"、"道光通宝"、"光绪通宝（元宝）"及"洪化通宝"等。从出土的"中华民国开国纪念币"看，该层的年代下限可晚至民国。

第 3 层中出土的器物有陶质建筑构件、瓷器、铜钱和石器，所出瓷器的年代多为元代，未见明以后产品。

---

① 参见耿宝昌《明清瓷器鉴定》附录三《明清瓷器堂名款一览表》，第376～402页，紫禁城出版社·雨木出版社，1993年版。

（1）出土建筑构件中，T1 ③：64 这件遗物，应为戗脊或垂脊脊兽的残件，宋元建筑中多可见到这类兽头角部，双角左右分开，插装在脊兽顶部预留的两个孔内。在两宋和元代绘画中，宫殿寺庙屋顶上的兽头多为这种样式，很常见。[①]莲花纹瓦当 T1 ③：62 和牡丹纹瓦当 T1 ③：61，在南宋临安城遗址内屡有出土，元代地层中也有发现，其余建筑构件也多为宋元时期遗物。

（2）出土的龙泉窑青瓷器，多属元代，器物质地厚重，莲瓣碗莲瓣趋狭长，或作菊瓣，部分器物鸡心底、内底心模印纹饰或外底刮釉一圈。莲瓣碗 T1 ③：27、T1 ③：28 和 T1 ③：31，菊瓣碗 T1 ③：32，鸡心底敞口碗 T1 ③：19，外底刮釉的碗残件 T1 ③：26，内底涩圈且底心模印纹饰的碗残件 T1 ③：29 等，均为元代器物。蔗段洗 T1 ③：24 则是典型的元代器物。T1 ③：6 这种类型的梅瓶，南宋时已有，之后仍有烧造。另有部分南宋器物在该层中发现。出土的金华铁店窑青瓷 T1 ③：7，应属元代。[②]

（3）出土的景德镇卵白釉瓷器 T1 ③：38，为典型的元代产品。而白釉竹节状高足杯 T1 ③：41，残存足部形态与景德镇丽阳瓷器山西坡发现的明代早期窑址所出的白瓷把杯（如标本 T2 ③：03）相类[③]，但腹部弧度较之小，又有别于景德镇湖田窑址出土 A 型高足杯 95A·T1 ①：501（明代中期）之斜腹[④]，明代瓷器中竹节状高足杯可见于永乐、成化、万历等时期[⑤]，因足部形态与丽阳窑所出高足杯最似，故其时代应不晚于明中期。

（4）出土的黑釉瓷盏 T1 ③：43，剪纸贴花、兔毫纹、玳瑁斑及其造型特征，在江西吉州永和窑所出器物中均可见，具有南宋时代风格。[⑥]而 T1 ③：17 这件碗，白覆轮，与吉州窑仿北方黑釉民窑产品相类。[⑦]

（5）石碑残件 T1 ③：73 和 T1 ③：74，从碑额雕饰和碑文看，两件石碑应为南宋临安府学遗碑，后被凿成圆形。

第 4 层中出土的器物有陶质建筑构件、瓷器、铜钱和石器，年代多为南宋至元代。

（1）出土的建筑构件中，脊兽残件 T1 ④：64 与第 3 层出土的 T1 ③：64 形态相类，应为宋元时期遗物，另几件建筑构件时代应与之相当。

（2）出土的部分龙泉窑青瓷，多为南宋中期至元代器物。其中，釉色粉青，釉面有开片，或青绿透亮，釉层厚，施莲瓣者莲瓣瓣缘处积釉厚，瓣脊突出，制作较精，如 T1 ④：6、T1 ④：11、T1 ④：15 等，应为南宋晚期遗物。部分龙泉窑青瓷，器体较厚重，外底无釉，足较宽，如碗 T1 ④：3，曲腹，内底径略大于外底，圈足外缘经过修削，挖足较浅，外壁素面，内壁饰长茎四瓣莲花，内底饰一荷叶，与龙泉东区窑址出土的一型

---

① 傅熹年《关于展子虔〈游春图〉年代的探讨》，《傅熹年书画鉴定集》，第16~32页，河南美术出版社，1999年版。

② 故宫博物院《故宫藏传世瓷器真赝对比·历代古窑址标本图录》，第254页，紫禁城出版社，1998年版。

③ 故宫博物院、江西省文物考古研究所、景德镇市陶瓷考古研究所《江西景德镇丽阳瓷器山明代窑址发掘简报》，《文物》2007年第3期，第17~33页。

④ 江西省文物考古研究所、景德镇民窑博物馆《景德镇湖田窑址》，文物出版社，2007年版。

⑤ 首都博物馆《景德镇珠山出土永乐官窑瓷器》，第75页，文物出版社，2007年版。耿宝昌《明清瓷器鉴定》，第87~105页，紫禁城出版社·雨木出版社，1993年版。艺术家工具书编委会《中国陶瓷大系之一·明代陶瓷大全》，第417页，艺术家出版社，1987年版。

⑥ 余家栋《中国古代陶瓷标本·江西吉州窑》，图147、图148，岭南美术出版社，2002年版。

⑦ 余家栋《中国古代陶瓷标本·江西吉州窑》，图15、图16、图145，岭南美术出版社，2002年版。

Ⅶ式碗相类，应为南宋中期的产品。[①]另有部分元代龙泉窑青瓷器，有竹节状隐圈足洗，如T1④：25；或外底一圈无釉，如碗 T1④：4，釉色青灰，未见纹饰，坦腹，内底心微下凹，其年代应不晚于元代中期。出土的闽清义窑青瓷花口碗 T1④：12 应为南宋器物。

（3）出土的景德镇青白瓷器，多为南宋时器物，如侈口碗 T1④：21、平底碟 T1④：18 等，也有元代器物，如残件 T1④：51，可能是瓶腹部残片，模印变形莲瓣纹。

（4）出土的遇林亭窑黑釉盏 T1④：28，时代为南宋。玳瑁盏 T1④：29，与吉州窑所出同类器物相同，具南宋时代风格。[②]T1④：1 敞口碗，外酱黑釉内黄白釉，白覆轮，底足刮釉，在吉州（永和）窑所出器物中均可见，胎釉特征相符，为仿北方黑釉民窑产品，属宋代。[③]

（5）出土的定窑白瓷器多为小碎片，应为宋－金时期的遗物。

（6）出有"大观通宝"，为宋徽宗大观元年（1107 年）铸造。

第 5 层出土器物较少，但年代较为集中，多属宋代遗物。

（1）出土的龙泉窑青瓷莲瓣碗 T1⑤：12，浅灰胎，薄釉，釉色灰青，残存莲瓣宽大，近三角形，无瓣脊，瓣缘刻痕明显，未见篦纹，釉面未见开片，与龙泉东区窑址三型Ⅰ式碗有相类之处，应为南宋中期的产品。

（2）发现的越窑青瓷碗残件，釉色青绿，或显乳浊，应为北宋晚期的产品。

（3）出土的青白瓷中，景德镇窑敞口盘 T1⑤：1 和 T1⑤：2，器形与景德镇湖田窑 Aa 型青白釉芒口碟相类，装饰篦纹、牡丹花纹，胎较细，质坚体薄，釉色青白，微泛绿，符合景德镇湖田窑第三期产品的特征，应是北宋时的产品；景德镇窑斗笠碗底腹残件 T1⑤：3，胎釉与上述两件敞口盘相类，亦划有篦纹，时代也应与之相当；景德镇窑碗口腹残件 T1⑤：5，内壁划有细密的篦纹，釉色趋青翠，应不晚于南宋前期（约在理宗以前）；少量器物釉色青白泛黄，胎薄，质较疏松，如景德镇窑樽式炉 T1⑤：11，应为南宋前期的产品。[④]而且，T1⑤：11 虽为残件，但在器形上与南宋官窑樽式炉存在相似处。[⑤]

综合地层间的叠压关系，我们认为：

第 2 层的年代为清代，其下限可晚至民国；

第 3 层的年代为元至明早期；

第 4 层的年代为南宋晚期至元代；

第 5 层的年代下限在南宋中期。

第二节　遗迹年代分析

如前所述，第 5 层的年代下限在南宋中期，叠压于第 5 层下的遗迹有 F6、F7，F6 叠

---

① 浙江省文物考古研究所《龙泉东区窑址发掘报告》，文物出版社，2005年版。
② 余家栋《中国古代陶瓷标本·江西吉州窑》，图68、图69、图70，岭南美术出版社，2002年版。
③ 余家栋《中国古代陶瓷标本·江西吉州窑》，图15、图16、图145，岭南美术出版社，2002年版。
④ 江西省文物考古研究所、景德镇民窑博物馆《景德镇湖田窑址》，文物出版社，2007年版。
⑤ 杭州市文物考古所《杭州老虎洞窑址瓷器精选》，文物出版社，2002年版。

压在 F7 之上，F7 早于 F6，故 F6 的年代不晚于南宋中期。又因第 4 层的年代为南宋晚期至元代，故叠压于第 4 层下的 F5 的始建年代应不早于南宋中期。因此，F5 取代 F6 应在南宋中期。

结合第一章对杭州南宋及元明清历代府学范围的分析可知，发掘区域属于历代府学内西部。因此，F7、F6 是府学内西部 F5 建成前的建筑。

南宋中期对于府学的建置，见诸文献者仅一次。据《淳祐临安志》记载，嘉定十年（1217 年）孟春时，府学"拓地鼎建"，规制完备，包括大成殿、养源堂、御书阁及祠堂、斋舍等。[①]因此，F5 可能重建于这次"拓地鼎建"。

同时，F7 和 F5 遗迹的规模说明，其应属于早晚不同时期南宋府学内西部的次要建筑，而非府学内大成殿、养源堂等主要建筑单元内的建筑基址。尺寸上，F7 廊道（以中轴线对称复原推测）东西宽约为 15.64 米，约合宋尺（以每尺 30.91 厘米计[②]）仅五丈六寸；F5 西廊 F5-2 宽 3.4 米，约合宋尺仅一丈一尺。而且，F7、F5 各台基高度、包壁厚度、包壁砖尺寸远不及南宋临安府治、南宋恭圣仁烈皇后宅等遗址发现的南宋时期各台基规模。[③]

由于第 4 层堆积包含有元代瓷片，且可晚至元代中期，因此，F5 重建后，其建筑基址在元代仍应沿用。据元代《杭州路儒学兴造记》，在大德七年（1303 年）之前，"庙学悉沿其旧，久未有所改作。"[④]由此表明，F5 建筑至元代大德七年时，应尚未被第 3 层下遗迹原有建筑所取代。

综上，发掘揭示的 F7、F6 和 F5 这些遗迹现象，在一定程度上反映了南宋时期临安府学内西部建筑的时空关系。

南宋以来，历代府学虽曾向东和向南有所拓展，但未曾易址。因此，发掘揭露的第 3 层下的 F3、F4、水池遗迹和第 2 层下的 F1、F2，应属于元、明、清府学内西部不同时期的建筑。

因第 3 层的年代为元至明早期，故叠压于第 3 层下的 F3、F4 和水池遗迹的废弃年代应不晚于明代早期。

F2 叠压于第 2 层下，由"第 2 层→F1→F2→第 3 层"的层位关系分析，其始建年代应晚于明早期。由该遗迹中的覆盆式础石之制分析，其年代应不晚于元代。因此，应是 F2 在筑建时利用了比它早的建筑的构件。

F1 直接叠压在 F2 上，被第 2 层叠压，而 F2 的年代大致为明代，且第 2 层的形成年代可晚至民国，故 F1 的年代可大致定为清代。

---

① [宋]施谔《淳祐临安志》卷六《城府·学校》："嘉定九年，……白之朝，拓地鼎建，略仿成均，规制始备具。……明年孟春经始，越壮月告成。大成殿（重创）、养源堂（重创）、御书阁（新创）。……祠堂，东列祠……西列祠……八斋，进德、兴能、登俊、宾贤、持正、崇礼、致道、尚志。小学一斋，在登俊斋之侧。"嘉惠堂《武林掌故丛编》本，《南宋临安两志》，浙江人民出版社，1983 年版。
② 此据中国国家博物馆藏北宋木矩尺，一尺长 30.91 厘米，参见国家计量总局、中国历史博物馆、故宫博物院《中国古代度量衡图集》尺度五七，文物出版社，1984 年版。
③ 参见杭州市文物考古所《南宋恭圣仁烈皇后宅遗址》，文物出版社，2008 年版。
④ [元]黄溍《黄文献集》之《杭州路儒学兴造记》，转引自[清]丁丙《武林坊巷志》（第一册），浙江人民出版社，1987 年版。

基于第 3 层下遗迹种类及各建筑单元的分布与 F5 相比变化较大，也不同于 F2 的结构布局这一事实，结合前述各层下遗迹年代的分析，可知历代府学内西部建筑在元代和明代经历了两次较大的变革。

如前所述，元初，杭州路儒学沿用南宋时府学建筑。之后，据元代《杭州路儒学兴造记》，自大德七年开始，府学陆续经历了撤斋舍、广殿基、营廨宇、建论堂等。①历时较长，缺乏规划。F3、F4 和水池遗迹，类型多样，分布无序，可能与缺乏规划有关。而其原有建筑，可能就是在上述历程中建成的。

明代洪武八年（1375 年），于原杭州路儒学重建杭州府（儒）学。其后，于永乐十八年（1420 年）毁于火灾。②又因第 3 层的年代下限为明代早期，故 F3、F4 和水池遗迹原有建筑可能最终毁弃于永乐十八年的这次火灾。

灾后，在宣德三年（1428 年）三月至六年二月，先后建起了礼殿、廊庑、明伦堂、崇文阁、穿堂及门宇垣墉之属。③F2 可能始于这次重建。

据元代《杭州路重建庙学之碑》记载：元末至正十二年（1352 年），杭州路儒学被毁，至正十三年（1353 年）予以重建，其布局遵循当时国学之制——"左庙右学"。④即左（东）为礼殿（"庙"内主要建筑）、右（西）为明伦堂（"学"内主要建筑）的殿堂布局。自此，改变了南宋以来西为大成殿、东为养源堂的殿堂布局。⑤是古代文献中关于府学建置变革的重要记载。其后虽经毁损、修缮、重建等，但这种布局未变。及至前述明代宣德间的重建，总体布局仍循"左庙右学"之制。

---

① [元]黄溍《黄文献集》之《杭州路儒学兴造记》："大德七年，王教授去疾始撤尚志一斋以广殿基。至大四年，倪教授渊遂撤养心、率性两斋以营学官廨舍。至治元年，进德、兴能两斋毁于灾，总管忽都鲁沙又即其地构厅事，仅存而可居者五斋，率皆局于地势，前阻途路，后逼廛居，虽欲充拓，使就显敞而遗器烦，不可得也。至正二年夏，细人之家不戒于火，飞燎及殿檐而止，持正、宾贤、崇礼、致道四斋与庙垣外比屋而居者数十家，尽毁弗存。执事者请割学西隙地，益以钱若干缗，易其废址，改建论堂。四年夏，儒学提举班公惟志方理之，度木简材，而李君祁来为副提举，亟命学正录、直学等揆日庀工。适当总管彭公琏下车伊始，教授谢君池亦至，赵公既锐然以学校为己任，谢君亦克并志一虑而趋事赴功。乃徙阁于四斋之故位，且以屋披其两旁，而以堂之故位作新堂及前轩，设大小学斋，东西对峙，辇石刻置阁之北数百步，而为亭以覆之。殿庐、门庑、官厅、吏舍，及故所有登俊一斋，下至庖廪之属，仆者起之，缺者完之，丹采之剥蚀者饰治之，屋之因旧葺更新创造以间计者总若干，龥堂涂及门属于阁二百余丈……。始作于六年冬十一月，讫役于七年夏四月。"转引自［清］丁丙《武林坊巷志》（第一册），浙江人民出版社，1987年版。
② [明]陈让、夏时正《成化杭州府志》卷二十三《学校一·儒学》："洪武八年，重建。永乐十八年，江浙布政司火，延毁。"影抄明成化刻本，浙江图书馆藏，1911年版。另据[明]田汝成《西湖游览志》卷十五《南山分脉城内胜迹·官署》："杭州府儒学，……洪武八年，重新之。永乐十八年火，宣德初，大理寺卿熊概以上命重建。"《西湖文献》丛书，上海古籍出版社，1998年版。
③ [明]熊概《重建杭州府庙学记》："……次第而新之，始礼殿，次廊庑，次明伦堂，次崇文阁，又次而穿堂及门宇、垣墉之属，无不毕举。知府马仪又增饰先圣先贤像于其中，……经始于宣德戊申三月，落成于辛亥二月。"转引自[民国]齐耀珊重修、吴庆坻重纂《杭州府志》卷十四《学校一》，《中国地方志集成》，上海书店，1993年版。
④ [清]阮元《两浙金石志》卷十八《元杭州路重建庙学碑》之《元杭州路重建庙学之碑》："……遂经度地，略丈数物土，方揣高卑，议远迩，左庙右学，一循国学之制。……首建礼殿，尊祀先圣先师，东西两庑从祀位焉。丹楹刻桷，清庙有严，金榜朱扉，戟门斯辟。焕前规而高广宏壮，视旧址而恢廓平整。……先是，外之石楼星门距戟门为不远，至是则徙迁而南，其深八丈有奇，由公买地以拓充之也。若夫学校之建，则明伦之堂宏敞高亮，以隆迪教讲道之原，设大小学四斋，以严授学辨惑之会。庖湢有所，仓庾有居，先贤、后土有祠，来朋见宾有门，中唐有龥，泮水有梁，而学校之制大备焉。盖经始于十有四年之五月，而落成于明年之五月。"光绪十有六年浙江书局重刻本，江苏广陵古籍刻印社，1984年版。
⑤ 南宋临安府学及其沿用至元代的建筑，其格局以大成殿为主殿，其东为养源堂，六经斋十斋环列四周，堂后御书阁，教授东、西厅分别位于临安府学之南和西，并未严格有序地将庙学建筑在布局上分开。参见[宋]潜说友《咸淳临安志》卷五十六《文事·府学》："大成殿，在学之西。"前揭注。[元]黄溍《黄文献集》之《杭州路儒学兴造记》："礼殿之东有论堂，宋理宗书'养源堂'三大字故在，左右前后环以十斋。"前揭注。

第三节　发掘的意义

南宋临安府学是临安城内的重要官方教育机构之一。限于条件，此次发掘，面积不大。发现的遗迹虽复杂，但并不能算十分丰富，揭示的这些实物信息也无法与文献记载的修葺情况一一对应。又由于发掘揭露的遗迹处于历代府学内西部，并非府学内庙、学主体建筑。因此，文献所记载的历代府学建筑的大变革在其主体建筑上得到反映的同时，是否同样决定了局部或边缘建筑的变革，值得思考。然而，这次发掘对临安城的考古与研究，仍然具有十分重要的意义。

临安城考古是我国城市考古工作的重要内容，历年来屡有重大收获。临安府学遗址的发掘，和南宋皇城、御街、太庙、德寿宫、临安府治、恭圣仁烈皇后宅等遗址的发掘一样，为南宋临安城的研究和复原，提供了一个新的可靠的参照点。

临安府学遗址的揭露，在提供重要实物资料的同时，也在一定程度上弥补了有关大型建置的沿革，文献记载缺失细节的不足。比如，揭露的各组遗迹在庭院布局、地面做法、建筑用材及其做法等方面的内容，都是文献未载的新知识。南宋以迄于清，杭州历代府学文献可考，至今沿革有序，古今重叠，此次发掘所揭示的不同地层各组遗迹之间层叠清楚、差异鲜明的特点，正是对与此相关的历史事实的印证。反过来，对于临安城内与府学类似的、沿革清楚的古今重叠的大型公共建筑遗址而言，这种差异具有可参照的断代意义，特别是对于还要长期进行的临安城考古实践，意义重大。

1. 府学遗址全景（西—东）

2. 第5层下遗迹F6、F7（西北—东南）

彩版Ⅱ－1　府学遗址全景和第5层下遗迹F6、F7

1. F7廊道东半部（北—南）

2. F7廊道西半部（东—西）

彩版Ⅱ-2 府学遗址第5层下遗迹F7之廊道

1. 廊道全景（东—西）

2. 廊道内地面下之砖面

彩版Ⅱ-3　府学遗址第5层下遗迹F7之廊道

1. F7L1（南—北）

2. F6L1与F7的打破关系（西—东）

彩版Ⅱ-4　府学遗址第5层下遗迹F6、F7之甬道

1. F7廊道南侧散水（东—西）

2. F7-3北侧散水（南—北）

彩版Ⅱ-5　府学遗址第5层下遗迹F7之散水

1. 排水暗沟F7G1（南—北）

2. 排水暗沟F7G2（东—西）

3. 排水暗沟F7G3（东—西）

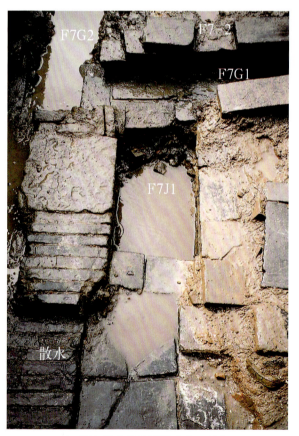

4. F7之窖井遗迹F7J1（东—西）

彩版Ⅱ—6　府学遗址第5层下遗迹排水暗沟与窖井

1. 第5层下遗迹F6L1与F6L2（东—西）

2. 第4层下遗迹F5-1全景（东—西）

彩版Ⅱ-7 府学遗址第5层下遗迹F6之甬道与第4层下遗迹F5-1全景

1. F5-2全景及F5夹道（西南—东北）

2. F5-2、F5-3夯土台基（西北—东南）

彩版Ⅱ-8　府学遗址第4层下遗迹F5-2、F5-3

1. F5-1散水转折处（西—东）

2. F5-1散水细部

3. F5JD2局部（南—北）

彩版Ⅱ-9　府学遗址第4层下遗迹F5之散水、甬道

彩版Ⅱ—10　府学遗址第4层下遗迹夹道F5JD1（南—北）

彩版Ⅱ－11　府学遗址第3层下遗迹F3（西－东）

F3Q1

1. F3石砌后墙F3Q1（东—西）

2. F3砖铺地面（东—西）

彩版Ⅱ—12　府学遗址第3层下遗迹F3之石砌后墙与砖铺地面遗迹

1. 第3层下遗迹C1～C5（东—西）

3. 第3层下遗迹C7全景（北—南）

4. 第2层下遗迹F2之6号础石（北—南）

2. 第3层下遗迹C3和C4俯视（南—北）

彩版Ⅱ—13　府学遗址水池遗迹与F2之础石

1. F2全景（东南—西北）

2. F2局部（南—北）

彩版Ⅱ-14　府学遗址第2层下遗迹F2

1. 龙泉窑青瓷莲瓣碗T1⑤：12

2. 越窑青瓷碗残件T1⑤：13

3. 越窑青瓷碗残件T1⑤：22

4. 未定窑口青瓷碗残件T1⑤：8

彩版Ⅱ－15　府学遗址第5层出土青瓷碗

1. 景德镇窑青白瓷斗笠碗T1⑤：3

3. 景德镇窑青白瓷樽式炉T1⑤：11

4. 定窑白瓷残件T1⑤：14

2. 景德镇窑青白瓷碗残件T1⑤：5

彩版Ⅱ－16　府学遗址第5层出土景德镇窑青白瓷碗、炉及定窑白瓷残片

1. T1⑤：1
2. T1⑤：2

彩版Ⅱ—17　府学遗址第5层出土景德镇窑青白瓷敞口盘

1. 花口碗T1⑤：6

2. 碗残件T1⑤：7

3. 罐残件T1⑤：10

彩版Ⅱ-18　府学遗址第5层出土未定窑口青白瓷碗、罐

1. 陶筒瓦T1④：63

2. 陶脊兽T1④：64

3. 陶脊兽T1④：65

4. 陶脊兽T1④：66

5. 龙泉窑青瓷碗T1④：15

6. 龙泉窑青瓷碗T1④：3

7. 龙泉窑青瓷碗T1④：4

彩版Ⅱ-19　府学遗址第4层出土陶筒瓦、脊兽及龙泉窑青瓷碗残件

1. 敞口盏 T1④：17

4. 莲瓣盘 T1④：22

2. 莲瓣盘 T1④：24

5. 盘残件 T1④：30

3. 莲瓣盘 T1④：11

6. 器盖 T1④：33

彩版Ⅱ-20　府学遗址第4层出土龙泉窑青瓷盏、盘、器盖

1. 龙泉窑青瓷隐圈足洗T1④：25

2. 龙泉窑青瓷洗残件T1④：32

3. 龙泉窑青瓷洗残件T1④：34

4. 龙泉窑青瓷洗残件T1④：49

5. 龙泉窑青瓷不明器形残件T1④：6

6. 闽清义窑青瓷花口碗T1④：12

彩版Ⅱ-21　府学遗址第4层出土龙泉窑青瓷洗、不明器形残件及闽清义窑青瓷花口碗

1. 敞口碗T1④：23

2. 碗残件T1④：37

3. 碗残件T1④：5

4. 敞口碟T1④：36

5. 瓶残件T1④：45

彩版Ⅱ-22　府学遗址第4层出土未定窑口青瓷碗、碟、瓶

2. 盏残件T1④：16

3. 折腹盘T1④：50

1. 侈口碗T1④：21

4. 平底碟T1④：18

彩版Ⅱ－23　府学遗址第4层出土景德镇窑青白瓷碗、盏、盘、碟

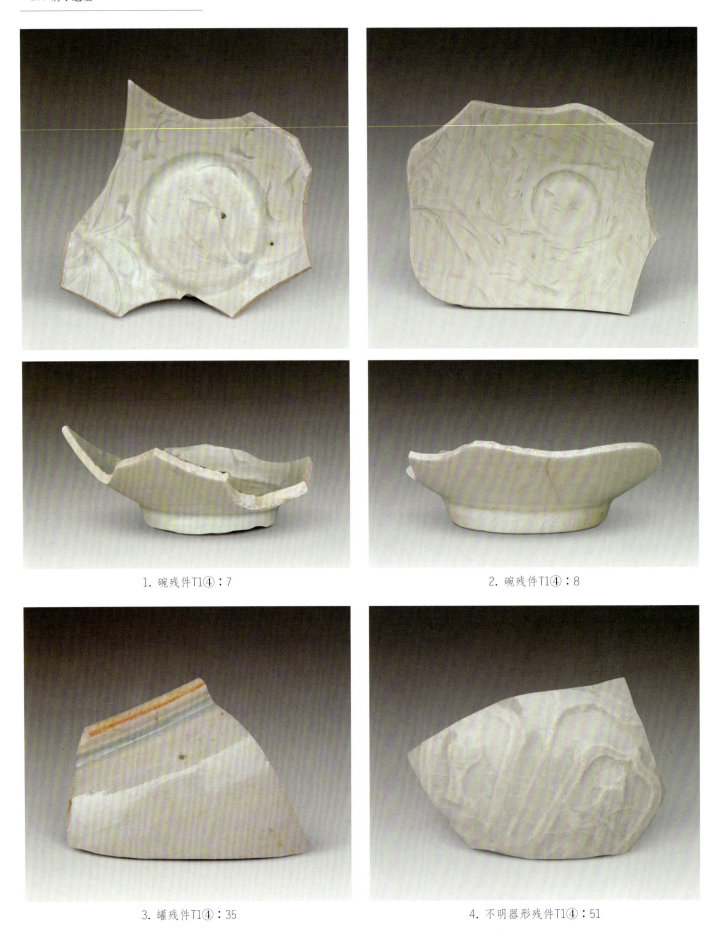

1. 碗残件T1④：7

2. 碗残件T1④：8

3. 罐残件T1④：35

4. 不明器形残件T1④：51

彩版Ⅱ－24　府学遗址第4层出土景德镇窑青白瓷碗、罐及不明器形残件

3. 樽形花盆T1④：9

1. 粉盒盖T1④：19

2. 粉盒盖T1④：39

4. 器盖T1④：10

彩版Ⅱ-25　府学遗址第4层出土未定窑口青白瓷盒盖、樽形花盆、器盖

1. 碗残件T1④：14

3. 梅瓶T1④：26

2. 碗残件T1④：38

4. 器盖T1④：47

彩版Ⅱ-26　府学遗址第4层出土定窑白瓷碗、瓶、器盖

2. 侈口碗T1④：40

3. 罐残件T1④：53

1. 侈口碗T1④：54

4. 不明器形残件T1④：44

彩版Ⅱ－27　府学遗址第4层出土未定窑口白瓷碗、罐及不明器形残件

1. 遇林亭窑黑釉瓷束口盏T1④：28

3. 吉州窑黑釉瓷玳瑁盏T1④：29

2. 吉州窑黑釉瓷敞口碗T1④：1

4. 未定窑口黑釉瓷直口杯T1④：27

彩版Ⅱ—28　府学遗址第4层出土黑釉瓷盏、碗、杯

1. 粗瓷瓶T1④：2

2. 石磨T1④：67

彩版Ⅱ－29　府学遗址第4层出土粗瓷瓶及石磨

彩版Ⅱ-30 府学遗址第3层出土陶砖、瓦、瓦当

1. 宝相花纹方砖T1③：63

2. 宝相花纹方砖T1③：54

3. 重唇板瓦T1③：11

4. 莲花纹瓦当T1③：62

5. 牡丹纹瓦当T1③：61

彩版Ⅱ-30　府学遗址第3层出土陶砖、瓦、瓦当

1. 如意形滴水T1③：57

4. 脊兽残件T1③：72

2. 如意形滴水T1③：55

5. 脊兽残件T1③：67

3. 如意形滴水T1③：53

6. 脊兽残件T1③：64

彩版Ⅱ－31　府学遗址第3层出土陶如意形滴水、脊兽残件

彩版Ⅱ-32　府学遗址第3层出土陶脊兽残件

1. T1③：70

3. T1③：66

2. T1③：65

4. T1③：68

彩版Ⅱ-32　府学遗址第3层出土陶脊兽残件

3. 其他陶质建筑构件T1③：59

1. 脊兽残件T1③：71

2. 脊兽残件T1③：56

4. 其他陶质建筑构件T1③：58

彩版Ⅱ-33　府学遗址第3层出土陶脊兽残件及其他陶质建筑构件

彩版Ⅱ-34 府学遗址第3层出土其他陶质建筑构件

1. T1③：51

2. T1③：60

3. T1③：52

彩版Ⅱ-34 府学遗址第3层出土其他陶质建筑构件

1. T1③：21

3. T1③：25

2. T1③：12

4. T1③：27

彩版Ⅱ－35　府学遗址第3层出土龙泉窑青瓷莲瓣碗

1. 莲瓣碗T1③：28

3. 菊瓣碗T1③：32

2. 莲瓣碗T1③：31

4. 碗残件T1③：29

5. 碗残件T1③：26

彩版Ⅱ—36　府学遗址第3层出土龙泉窑碗

1. 敞口碗T1③：18

3. 敞口碗T1③：3

2. 敞口碗T1③：19

4. 莲瓣盘T1③：14

彩版Ⅱ-37　府学遗址第3层出土龙泉窑青瓷碗、盘

1. 侈口盘T1③：22

2. 侈口碟T1③：23

彩版Ⅱ－38　府学遗址第3层出土龙泉窑青瓷盘、碟

1. 侈口碟 T1③：30

3. 梅瓶 T1③：5

2. 钵 T1③：13

4. 梅瓶 T1③：6

彩版Ⅱ-39　府学遗址第3层出土龙泉窑青瓷碟、钵、梅瓶

1. 越窑青瓷碗残件T1③：2

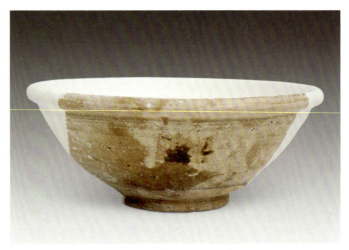

4. 未定窑口青瓷侈口碗T1③：46

2. 越窑青瓷执壶T1③：42

5. 未定窑口青瓷碗残件T1③：44

3. 铁店窑青瓷器底残件T1③：7

6. 未定窑口青瓷碗残件T1③：45

彩版Ⅱ—40 府学遗址第3层出土越窑、铁店窑及未定窑口青瓷碗、执壶等

彩版Ⅱ-41　府学遗址第3层出土景德镇窑青白瓷碗

2. 侈口碗 T1③：35

1. 菊瓣碗 T1③：36

3. 碗残件 T1③：1

彩版Ⅱ-41　府学遗址第3层出土景德镇窑青白瓷碗

1. 青白瓷罐T1③：8

4. 白瓷高足杯T1③：41

2. 青白瓷不明器形残件T1③：39

3. 青白瓷不明器形残件T1③：15

5. 卵白釉瓷器底残件T1③：38

彩版Ⅱ－42　府学遗址第3层出土景德镇窑青白瓷、白瓷及卵白釉瓷残件

1. 盏T1③：43   2. 碗T1③：17

彩版Ⅱ-43　府学遗址第3层出土吉州窑黑釉瓷盏、碗

彩版Ⅱ-44　府学遗址第3层出土粗瓷瓶及石碑

1. 粗瓷瓶T1③：47

2. 粗瓷瓶T1③：48

3. 石碑T1③：73

彩版Ⅱ-44　府学遗址第3层出土粗瓷瓶及石碑

彩版Ⅱ—45　府学遗址第3层出土石碑T1③：74

1. 莲花纹瓦当T1②：1

3. 莲花纹瓦当T1②：45

2. 莲花纹瓦当T1②：44

4. 菊花纹瓦当T1②：43

彩版Ⅱ－46　府学遗址第2层出土陶瓦当

2. T1②：46

1. T1②：3

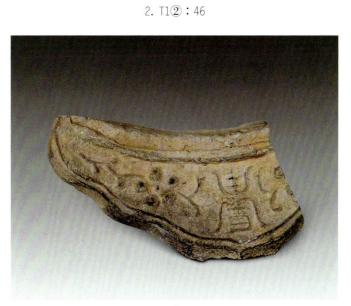

3. T1②：47

彩版Ⅱ-47　府学遗址第2层出土陶如意形滴水

1. 龙泉窑青瓷敞口碗T1②：7

3. 仿哥釉瓷折沿洗T1②：9

2. 仿龙泉窑青瓷高足杯T1②：48

彩版Ⅱ—48　府学遗址第2层出土青瓷碗、杯、洗

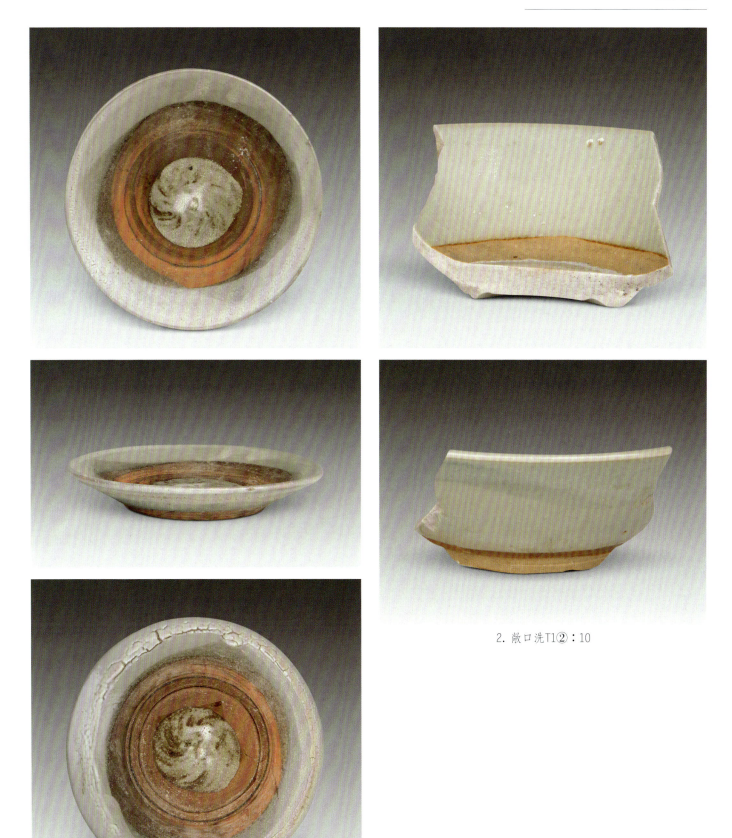

2. 敞口洗T1②：10

1. 敞口碟T1②：8

彩版 II-49　府学遗址第2层出土未定窑口青瓷碟、洗

1. 青白瓷侈口碗T1②：6

2. 青白瓷不明器形残件T1②：11

3. 白瓷侈口杯T1②：4

彩版Ⅱ—50　府学遗址第2层出土景德镇窑青白瓷碗、不明器形残件及白瓷侈口杯

2. 侈口碗T1②：40

1. 侈口碗T1②：38

3. 敞口碗T1②：39

彩版Ⅱ－51　府学遗址第2层出土景德镇窑白瓷碗

彩版 II-52　府学遗址第2层出土景德镇窑白瓷侈口碟

1. T1②：5

2. T1②：41

3. T1②：42

彩版 II-52　府学遗址第2层出土景德镇窑白瓷侈口碟

1. 侈口碗T1②：28

2. 敞口碗T1②：15

3. 敞口碗T1②：16

4. 敞口碗T1②：14

彩版Ⅱ−53　府学遗址第2层出土景德镇窑青花瓷碗

2. 侈口盘T1②：20

1. 碗残件T1②：25

3. 敞口碟T1②：21

彩版 Ⅱ-54　府学遗址第2层出土景德镇窑青花瓷碗、盘、碟

后　记

　　本报告根据杭州市文物考古所2000～2001年荷花池头和2003年新民村的考古发掘资料整理编写，两部分发掘资料分属南宋临安府治和府学遗址。

　　发掘资料的整理工作由唐俊杰主持，自2006年9月开始，至2008年3月完成。两部分发掘资料的整理工作同时开展，参与整理的有梁宝华、王庆成、王征宇、李蜀蕾、何国伟、沈国良、赵一杰、彭颂恩和寇小石。其中，府治遗址部分由王庆成负责，府学遗址部分由王征宇负责。报告中的遗迹线图由沈国良、何国伟绘制并着墨清绘；器物照片由徐彬拍摄，王庆成、王征宇、何国伟、曾博协助完成；器物线图由寇小石、沈国良、何国伟绘制；瓦当、铜钱等器物拓片由梁宝华完成；器物修复由曾尚录、曾博、赵一杰完成。

　　南开大学考古学与博物馆学系李敏行、陈扬、臧天杰、胡丽参与了出土器物的整理和记录工作。北京大学硕士研究生沈如春、吉林大学硕士研究生齐溶青帮助搜集和核对了部分文献。编写过程中，还得到了南开大学考古学与博物馆学系教授刘毅、北京大学考古文博学院教授秦大树、中国社会科学院考古研究所研究员朱岩石、福建省博物馆研究员栗建安、浙江省文物考古研究所研究员沈岳明、中国社会科学院文学研究所研究员扬之水、杭州博物馆馆长吴晓力和杭州市文物保护管理所所长杜正贤的大力支持和帮助。

　　本报告由唐俊杰任主编。参与编写的有王征宇、李蜀蕾和王庆成。浙江大学文化遗产研究院李志荣老师指导并参与了部分章节的撰写。各章节的撰写具体分工如下：

　　前言，由唐俊杰负责。

　　府治遗址部分，由王庆成、王征宇负责。李志荣指导了第三章和第五章的撰写，并改定了这两章的部分文字。

　　府学遗址部分，由王征宇、李蜀蕾、李志荣负责。其中，第一章由王征宇负责；第二章、第四章和第五章第一节由李蜀蕾负责；第三章由王征宇负责；第五章第二、三节由李志荣、王征宇共同负责。

　　英文提要，由中国社会科学院考古研究所丁晓雷翻译；日文提要，由日本早稻田大学大学院文学研究科久保田慎二翻译、中国社会科学院考古研究所朱岩石审校。

国家文物局、浙江省文物局、杭州西湖风景名胜区管委会（杭州市园林文物局）对本报告的整理与编写工作给予了高度重视和大力支持。国家文物局为本报告的整理出版提供了专项补助资金。浙江省文化厅副厅长、浙江省文物局局长鲍贤伦与杭州西湖风景名胜区管委会书记（主任）、杭州市园林文物局局长刘颖一直对报告的整理编写工作深表关切。

本报告的出版得到了文物出版社的大力支持，责任编辑付出了辛勤劳动。

谨向上述单位和个人表示衷心的感谢。

在本报告出版之前发表的有关南宋临安府治与府学遗址的资料，如与本报告有出入者，均以本报告为准。

编　者

2013年1月26日

Report on Archaeological Excavation to the Site of Lin'an City

The Sites of Lin'an Prefecture Administration and Prefecture School of the Southern Song Dynasty

(Abstract)

Lin'an Prefecture Administration seat and Prefecture School of the Southern Song Dynasty were located in the neighborhoods of Hehua Chi Tou荷花池头, Jiu Renhe Shu旧仁和署, Xinmin Cun 新民村 and Laodong Xincun劳动新村, Qingbo清波 Sub-district, Shangcheng上城 District, Hangzhou City. In the years 2000, 2001 and 2003, Hangzhou Municipal Institute of Cultural Relics and Archaeology conducted several seasons of excavation to the remains of these two sites.

The excavations in 2000 through 2001 revealed an architectural foundation (F1) in Lin'an Prefecture Administration seat and a pagoda base (S2) having ever belonged to Jingyin Temple净 因寺.

The architectural foundation F1 consisted of remains of the halls, west wing, impluvium, courtyard and so on. The uncovered length was 61 meters, and the full length (north-south) of F1 was at least 94 meters (plus the balks between the exploration ditches, whose width in sum was 33 meters).

Three halls in total were found in the excavation; Hall 1 was found in the south of Exploration Ditch 1 (T1), the uncovered length (north-south) of which was 7.3 meters and width (east-west) was 13.5 meters. It was built on platform foundation tamped with yellowish clay, which was about 0.65 meter higher than the ground at that time. The north edge of the platform foundation was lined with two layers of brick walls laid in stretcher bond, on top of which top curbstones (also used as balustrade plinths) were laid. The floor of Hall 1 was paved with square tiles decorated with impressed designs, the west of which was separated from the west wing with rectangular brick paved belt. The ground of the rear corridor of H1 was paved with plain square tiles, at the west end of which a square column base was found. Based on the width of the impluvium tightly behind the rear corridor of H1 and its distance from this column base, H1 was estimated to have comprised three bays on façade. Hall 2, which was located in the north of Exploration Ditch 3 (T3), had only a small part excavated: the uncovered length of this part was 1.25 meters (north-south) and uncovered width, 5.4 meters (east-west), within which only part of the tamped-earth platform foundation and brick-laid lining wall to its south and some remains of the front corridor (or porch) of Hall 2 were preserved. The platform foundation was 0.9 meter high, which was 0.25 meter higher than that of the west wing, with two pieces of top curbstones kept in situ. Hall 3, which was located in the southeast of T4, had an area 4.35 meters long (north-south) and 3.35 meters wide (east-west) excavated, within which remains of tamped-earth platform foundation, which was 0.65 meter high, and part of brick-laid lining wall to its north were found; the lining wall was built in the same way as that of Halls 1 and 2. The west end of Hall 3 was engaged to the west wing.

Another tamped-earth foundation was found in the east of T1, and engaged to Hall 1. The excavated length (north-south) of this architectural unit was 9.9 meters and width (east-west), 3.5 meters. Remaining tamped-earth platform foundation and brick-laid lining wall to its west were uncovered. The uncovered length of the wall, which was laid by rectangular bricks in stretcher bond, was 5.3 meters from north to south. A stone column base was found on the top of the platform foundation.

The remains of the west wing were found in T1, T3 and T4; the uncovered length in T1 was 15 meters, that in T3 was 28 meters and in T4, 18 meters (all north-south). However, the platform foundation of the west wing stretched out of the excavation area and both the north and south ends of it have not been cleared up. Therefore, the full length of the west wing was at least 94 meters. Same as those of Halls 1 and 3, the platform foundation of the west wing was also tamped with yellowish clay and brick-laid lining wall on its east side was uncovered, most of the length was still covered with top curbstones (also used as balustrade plinths). The height of the west wing's platform foundation, which was 0.65 meter, was the same as that of the foundations of Halls 1 and 3, but 0.25 meter lower than that of foundation of Hall 2. The west wing's floor was paved with plain square tiles or rectangular bricks. The internal space of the west wing was partitioned into several separate rooms, each of which was 5.2 meters wide and 9 meters deep. Of these separate rooms, the one engaged to Hall 1 had its front half leading to Hall 1, and at the position of the partition between the front and rear halves, a doorframe bearing stone was found, suggesting that a door had been set between the two halves. The portion of the west wing found in T3 also had door between the front and rear halves, the two door frame bearing stones had a gap of 2.85 meters between them.

The remains of the impluvium was found to the north of the rear corridor of H1; the uncovered width (east-west) of the impluvium was 12.5 meters and length (north-south), 4.5 to 5.6 meters. The bottom of the impluvium was sloping down from northeast to southwest, on the west side of which a brick-lined draining path parallel to the top curbstone course of the west wing's platform foundation was found, which was 1.57 meters wide and 0.15 meter deep with an inward-curving cross-section. This draining path led from the west end of the impluvium into the base of the hall through a culvert at the bottom of the lining wall of the platform foundation of the hall. The culvert was in a trapezoid elevation the height of which was 0.34 meter. Regular draining paths were also found along the platform foundations to the east and south of the impluvium, which were also lined by rectangular bricks in stretcher bond, the remaining width of which was 0.38 meter. The ground of the draining path on the east side was paved by plain square brick.

The remains of the courtyard were found to the east of the west wing in T3 and T4. The uncovered part in T3 was 26 meters long (north-south) and 0.35 to 9.35 meters wide (east-west); the part found in T4 was 13.3 meters long and 2.4 to 3.55 meters wide. Plus the unexcavated part, the full length of the courtyard would have been about 48 meters from north to south. On the west side of the courtyard was a brick-lined draining path parallel to the top curbstone course of the west wing's platform foundation, the width of which was 2 meters and depth, 0.2 meter. In the north of T4, a brick-lined square seepage well was found, which was 0.92 meter long, 0.9 meter wide and 0.38 meter (remaining) deep. The draining path stretched southward to the north lining wall of Hall 3's platform foundation and the middle part of it led into the bottom of the foundation.

The pagoda base of Jingyin Temple (S2) was found in the east of Exploration Ditch 7 (T7). The stone-built pagoda base, which was in an octagonal plan, consisted of three tiers the entire height of which was 0.67 meter. The lower tier, which was 0.11 meter high and 2.4 meters long on each side, was assembled up by eight trapezoid stone blocks made of marble with gray and dark stripes into an octagonal plan, the margins of which were again curbed by other marble planks. The middle tier, which was 0.13 meter high and 1.69 meters long on each side, was assembled up by four marble blocks in identical shape and with well-polished surfaces into an octagonal plan. The upper tier, which was 0.43 meter high and 1.28 meters long on each side, was combined by two grayish aqueous rock blocks into an octagonal plan, the eight vertical facets of which were decorated with mountain and sea wave designs in high relief. In the center of the top surface of the upper tier, an octagonal trace with 0.91 meter long on each side was seen, which would have been the place where the pagoda's Sumeru Pedestal须弥座 had been set. The rim of the top surface of the upper tier was decorated with a ring of sea wave pattern in bas-relief joining the high relief designs on the vertical facets, both of which were symbolizing the "九山八海 (Nine Cakravāla, or nine concentric mountain ranges or continents, the central one of which is Sumeru须弥山, separated by Eight Seas, of a universe)" where Buddha lives.

Based on the stratigraphical contexts of F1, sizes and architectural rules by which it was built, its orientation and relevant records in historic literature, F1 is suggested to be units on the central axis of the architectural complex of Lin'an Prefecture Administration seat. Of the revealed units and parts, Hall 1, the impluvium to its north and the east wing were components of the王-shaped complex named Qing Ming Ping Xuan清明平轩: Hall 1 was the western half of the most south architectural unit in east-west orientation, and the east wing was the southern section of the north-south oriented roofed corridor going through the middle of the complex. The impluvium to the west was one of the four impluvia (the southwestern one) of Qing Ming Ping Xuan. Hall 2 would be the banquet hall, and Hall 3, the gate of the Prefecture Administration complex.

The excavation in 2003 uncovered three groups of architectural remains with stratigaphical and chronological relationships to each other, and numbered them as F7, F6 and F5.

F7 consisted of tamped-earth foundations, brick-paved paths, draining ditches, seepage well and other architectural remains. The tamped-earth foundation F7-1, which was found in the northeast of the excavation area, was in an orientation of 2° west of north; the uncovered area was about 70 spuare meters, within which tamped-earth foundation and covered lining walls were found. The corridor, remaining length of which was 13.2 meters and width, 3.1 meters, was located to the south of the foundation of F7-1, and the ground of the corridor was paved by rectangular bricks. Dwelling site F7-2, which was found in the southeast of the excavation area, was in an orientation of 2 west of north; the uncovered length of the east side of the lining wall of the tamped-earth foundation was 3.7 meters, and on the surface of the foundation brick paved floor and stone column bases were found. Dwelling site F7-3, which was found in the middle slightly by the west of the excavation area and severely disturbed, was in an orientation of 0.5° north of west; the uncovered length (north-south) was 1.85 meters and width (east-west) 12.05 meters, within which tamped-earth dwelling and brick-paved floor were found. Brick-paved path (F7L1), which was found in the east of the excavation area, was in an orientation of 2° west of north; the uncovered length of it was 5.08 meters and width, 4.16 meters, consisting of the main body of path and rainwater draining paths flanking it. The rectangular seepage well (F7J1) was found to the southwest of the corridor, the inner length of which was 0.52, width was 0.26 and depth 0.32 meter; the walls of the seepage well were lined by bricks but the bottom was not paved.

F6 consisted of tamped-earth foundations, brick-paved path and floor. The tamped-earth foundation F6-1, which was found in the northeast of the excavation area and severely damaged, was in an orientation of 4° west of north; the uncovered length (north-south) was 1.64 meters and width (east-west) 4.2 meters. The foundation was a very shallow tamped-earth layer made of grayish yellow clay, atop of which square tiles were paved as floor. Brick-paved floor remains F6-2, which was found in the southeast of the excavation area and also severely damaged, was in an orientation of 3.5° west of north; the uncovered length (north-south) was 3.1 meters and width (east-west) 8.9 meters, within which only part of the tamped-earth foundation and square tile-paved floor were found. The remains of brick-paved path (F6L1), which was found in the middle of the excavation area and to the west of F7L1, was in an orientation of 2.5° west of north; the remaining length of it was 11.55 meters and width 2.1 meters. It was paved with rectangular bricks on side in stretcher bond, the course of which was perpendicular to the orientation of the path, and the east end of F6L1 joined the main body of F7L1 and matched tightly. Another brick-paved path F6L2, which was located in the middle slightly by the west of the excavation area, was in an orientation of 2.5° west of north; the remaining surface of the path, which was eroded badly, was 2.1 meters long and 3.0 meters wide and paved by rectangular bricks in stretcher bond.

F5 consisted of tamped-earth foundations, brick-paved draining paths and alley remains. The tamped-earth foundation F5-3, which was located in the west of the excavation area and to the west of the draining ditch F5G1, was with only parts of tamped-earth foundation and brick lining walls preserved, the uncovered part was 10 meters long (north-south) and 4.3 meters wide (east-west). The dwelling site F5-2, which was located in the middle slightly by the west of the excavation area and to the east of brick-paved path, and was partly intruded and superimposed by F3; the uncovered length (north-south) was 15 meters and width (east-west) 3.4 meters, within which tamped-earth foundation, its brick-laid lining wall and brick-paved rainwater draining path were found. Site F5-1, which was found in the north of the excavation area, was in an orientation of 5.5° north of west; the uncovered part was 4.7 meters long (north-south) and 8 meters wide (east-west) with tamped-earth platform foundation preserved. Only about 3.8 square meters of dwelling site F5-4, which was located in the southwest corner of the excavation area, was uncovered, with tamped-earth platform foundation preserved. The brick-paved alley F5JD1, which was located in the middle slightly by the west of the excavation area and between F5-2 and F5-3, was in an orientation of 5.5° west of north; the remaining part, which was 12 meters long and 1.6 meters wide, was paved with rectangular bricks on bed. Another paved path (F5L2), which was located in the southwest of the excavation area and between F5-3 and F5-4; the remaining part, which was paved with bricks and stone slabs, was 3.6 meters long and 1.35 to 1.55 meters wide. The draining ditch F5G1, which was located in the middle slightly to the west and between dwelling foundation F5-3 and paved path F5JD1, was generally in north-south orientation; the uncovered length of this ditch, which was lined with bricks, was 11.3 meters, the inner width was 0.23 meter and depth 0.04 meter.

Lin'an Prefecture Administration, as the highest ruling authority of the Southern Song Dynasty's capital, managed the civil affairs, judicial cases, taxes and levies, public security and other affairs. When the Southern Song Dynasty set its capital in Lin'an, the old seat of Prefecture Administration on the eastern side of Phoenix Mountain was adapted into the imperial palace, and the site of old Jingyin Temple was rebuilt as the new location of Lin'an Prefecture Administration. Through the designing and constructing for over one century, especially the two large-scale reconstructions in Chunyou淳祐 (1241-1252) and Xianchun咸淳 (1265-1274) Eras, the new seat of Lin'an Prefecture Administration had become an unprecedented architectural complex with tightly-arranged administrative offices up to the end of the Southern Song Dynasty. The Lin'an Prefecture School, which was local official education agency run by the local government of the imperial capital, was called as "Jingxue京学 (Capital School)" in the Southern Song Dynasty. The Prefecture School began to be built on the site of abandoned Hui'an Temple慧安寺 to the west of Lingjia Bridge凌家桥 and was extended for several times; up to the end of the Southern Song Dynasty, the School had Dacheng Dian大成殿 (Hall of Great Achievements, enshrining Confucius), Yangyuan Tang养源堂 (Hall for Nurturing Moral Nature), Yushu Ge御书阁 (Library and Archives for Books and Edicts Endowed by the Emperors), Xianxian Ci先贤祠 (Memorial Hall for Confucius' Famous Disciples) and many studies and dormitories. The discoveries of Lin'an Prefecture Administration seat and Prefecture School of the Southern Song Dynasty provided important material data for the researches on the official system and official-style architecture of the Song Dynasty and Hangzhou local history.

臨安城遺跡考古発掘報告書

南宋臨安府治と府学遺跡

　南宋臨安府治と府学遺跡は、杭州市上城区清波街道荷花池頭、旧仁和署、新民村と労働新村一帯に位置する。2000 ～ 2001 年と 2003 年に、杭州市文物考古所により数次に渡る発掘調査が行われた。

　2000 ～ 2001 年の発掘では、南宋臨安府治遺跡の建築遺構 F1 およびその前面において浄因寺の塔基壇 S2 が確認された。

　建築遺構 F1 は、主要建築、西に付属する建築、中庭、庭園などからなる。発掘区の長さは 61m で、3 か所のトレンチ間の距離 33m を含めると、F1 の南北は少なくとも 94m に達する。

　主要建築は北から南に 3 か所で発見されている。主要建築 1 は T1 の南部に位置し、南北残長 7.3m、東西幅 13.5m を測る。黄色粘土を突き固めた基壇の上に建てられており、基壇の高さは 0.65m である。基壇の北面は壇上積みが見られ、長方塼を二重に平積みにする。頂部には圧欄石を置く。また、主要建築の床には文様を施した方塼を敷く。西面も長方形の塼を平積みにし、西側に付属する建築と隔てられる。主要建築後方の軒下には無文の塼が敷かれ、西端には方形の礎石が 1 基だけ残る。主要建築後方に接する中庭の幅およびその礎石の間隔から判断すると、主要建築の広さは 3 間ほどと考えられる。主要建築 2 は T3 の北部に位置する。調査された面積は小さいが、南北残長 1.25m、東西残長 5.4m が確認された。版築基壇とその南面の塼を用いた壇上積み、前方の軒部分の遺構が残存する。基壇の高さは 0.9m で、西側付属建築よりも 0.25m ほど高い。また、塼を用いた壇上積みの上部には 2 つの圧欄石が残る。前方の軒下には無文の方形塼が敷かれる。主要建築 3 は T4 の東南部に位置し、南北 4.35m、東西 3.35m が確認された。黄色粘土を使用した基壇およびその北側の壇上積みの一部が残存する。基壇の高さは 65cm を測り、壇上積みの構造は主要建築 1・2 と同様である。また、主要建築の西部と西側の付属建築はつながる。

　ほかの版築基壇は T1 の東部に位置し、その西南部は主要建築 1 に続く。調査では、南北長さ 9.9m、東西幅 3.5m が明らかにされた。遺構としては黄色粘土の版築基壇およびその西側の壇上積みの一部のみが残存する。壇上積みは残長 5.3m を測り、長方塼を平積みする。基壇上には礎石が 1 基だけ残る。

　西側の付属建築遺構は主要建築の西側に位置し、T1、T3、T4 すべてのトレンチに見られる。それぞれ T1 では 15m、T3 では 28m、T4 では 18m の南北長が確認された。しかし、南北の両端はさらに延び、中間の未発掘部分を合わせると長さは約 94m に達する。建築は黄色粘土の版築基壇の上に建てられており、基壇の東側には壇上積みが見られる。また、壇上積みの大部分は頂部に圧欄石を置く。基壇の高さは主要建築1・3と同様であるが、主要建築2の基壇よりは0.25mほど低い。床には無文の方形塼あるいは長方塼を敷く。西側の付属建築はいくつかの単室から成り、それぞれ幅5.2m、奥行き9mほどを測り、主要建築1との連結部では前部がつながる。また、前部と後部の連結部には扉をうける石が残っていたため、両室の間に扉が設けられたことが分かる。T3の西側付属建築の前部と後部の間にも扉があったことが確認され、2つの石の距離は2.85mであった。

　中庭遺構はT1主要建築の軒下遺構北側に位置し、東西長さ12.5m、南北幅4.5～5.6mが確認されている。中庭は東北が高く西南が低い地形を呈する。西端には南北方向に西側付属建築の圧欄石と平行した散水遺構が見られ、幅1.57m、深さ0.15mを測る。横断面は「凹」字形に中央が緩やかに窪み、底部には長方塼を相互にずらしながら敷く。散水は北から南へ向かい主要建築の基壇の壇上積み底部に石で造られた排水口を抜け、主要建築の底部へと伸びる。排水溝は梯形に近い形を呈し、高さは0.34mを測る。中庭東側と南側の基壇の下にも規則的な塼積みの散水が見られ、長方塼を相互にずらしながら敷いている。その残高は0.38mを測る。東側の散水は無文の方形塼を平積みにしている。

　庭園遺構はT3、T4の西側付属建築の東側に位置する。T3では南北長さ26m、東西幅0.35～9.35m、T4では南北長さ13.3m、東西幅2.4～3.55mが明らかにされた。未発掘部分を含めると、南北の長さは約48mに達する。庭園西側には西側付属建築の圧欄石と平行して散水が見られる。散水は幅2m、深さ0.2mを測り、長方塼を積んで造られる。T4の北側にはさらに塼積みで方形の井戸が見られ、長さ0.92m、幅0.9m、残りの深さ0.38mを測る。散水は南へ向かいT4南部の主要建築3の北側壇上積みへと延びる。その途中から基壇下部へと入り暗渠となる。

　浄因寺の塔基壇遺構S2はT7東部に位置する。塔の基壇は石材で造られ、平面八角形を呈する。また、高さは0.67mを測る。上層から下層まで3層に分けることができ、底部に位置する第1層は、石材の高さ0.11m、一辺長さ2.4mを測る。8つの石材を合わせることで八角形を造り、石質は灰黒色が入り混じる大理石である。さらに外側に再び大理石を用い、周囲を縁取る。第2層は高0.13m、一辺長さ1.69mを測る。4つの同じ形状を呈する大理石を八角形に並べる。表面は滑らかで、無文である。第3層は高さ0.43m、一辺長さ1.28mを測る。2つの同じ形状を呈する灰白色の水成岩を積むことで造られる。八角形の側面にはそれぞれ山岳や海水が浮き彫りにされる。塔基壇の中心には一辺長さ0.91mの八角形の痕跡が認められ、元々この部分に須弥座を置いたと考えられる。また、各層の縁部に沿って帯状に幅0.42mの海水波浪文が浮き彫りにされる。これは側面に浮き彫りにされた山岳や海水とともに、釈迦如来のいる須弥山を中心とした仏教世界、「九山八海」を象徴している。

　F1で見られた層位、建築規格、方位など加え、関連する文献記載を併せると、ここまで述べた各遺構は南宋臨安府治の中軸線上の建築と考えられる。その中の主要建築1およびその北側の中庭、東側の付属建築は明らかに「王」字形建築の一部分である。主要建築1はその南部の東西向き建築の一部分であり、東側付属建築は南北向きに続く建築の南部分である。西側の中庭は4つの小さな中庭のうちの一つである（西南部）。主要建築2も建築の一部であり、主要建築3は府治の門跡である。

2003 年の発掘では、南宋臨安府学遺跡において時間的前後関係のある 3 組の遺構が確認され、それぞれ F7、F6、F5 とされた。

F7 は版築基壇、道路、排水溝、井戸などの遺構を含む。版築基壇 F7 － 1 はトレンチの東北部に位置し、北から西へ 2 度傾く。面積約 70 ㎡が残存し、黄褐色粘土と壇上積みなどが含まれる。基壇 F7-1 の南には軒下遺構があり、長さ 13.2m、東西幅 3.1m が残存し、長方形の塼敷きがある。F7 － 2 はトレンチの東南部に位置し、北から西へ 2 度傾く。東の壇上積みが長さ 3.7m であり、塼敷きや礎石などの遺構が確認されている。F7 － 3 はトレンチの中央西側に位置し、保存状況は極めて悪い。方位は北から西へ 0.5 度傾き、南北長さ約 1.85m、東西幅 12.05m が確認されている。遺構は一部分の版築基壇、塼積み、などが残存する。道路遺構 F7L1 はトレンチの東部に位置し、方位は北から西へ 2 度傾く。長さ 5.08、幅 4.16m を測り、路面の両側には散水を設置する。井戸遺構 F7J1 は軒下遺構の西南側に位置する。平面は長方形を呈し、長さ 0.52m、幅 0.26m、深さ 0.32m を測る。四壁のみに塼を積み、底部には見られない。

F6 は版築基壇と塼敷き路面、道路の遺構を含む。版築基壇 F6 － 1 はトレンチ東北部に位置し、保存状況は極めて悪い。方位は北から西へ 4 度傾き、南北長さ 1.64m、東西幅 4.2m を測る。床に方形塼を敷き、その下にはやや薄い灰黄色の版築基壇が見られる。塼敷き路面 F6 － 2 はトレンチの東南部に位置し、保存状況はやはり良くない。方位は北から西へ 3.5 度傾き、南北長さ 3.1m、東西幅 8.9m を測る。一部の版築粘土と塼敷きのみが確認される。道路遺構 F6L1 はトレンチの中央、F7L1 の西側に位置する。方位は北から西へ 2.5 度傾く。長さ 11.55m、幅 2.1m が残存し、長方塼を長手面を上に向けて積む。その東側と F7L1 の路面は直接つながる。F6L2 はトレンチの中西部に位置する。方位は北から西へ 2.5 度傾き、長さ 2.1m、幅 3m が残る。残存部には長方塼が敷かれ、表面は磨滅が著しい。

F5 は版築基壇、散水、小道などの遺構を含む。版築基壇 F5 － 3 はトレンチの西部、排水溝 F5G1 の西側に位置する。南北長さ 10m、東西幅 4.3m が残存し、版築基壇および塼を用いた壇上積みが見られる。F5 － 2 はトレンチの中央西側、道路遺構の東側に位置し、部分的に F3 と重複するか、あるいは切られる。南北長さ 15m、東西幅 3.4m が検出された。遺構としては版築基壇と塼を用いた壇上積み、散水が残存する。F5 － 1 はトレンチ北部に位置し、方位は北から西へ 5.5 度傾く。南北長さ 4.7m、東西幅 8m が残存し、版築基壇の一部分が確認された。F5 － 4 はトレンチの西南角に位置する。一部の版築基壇が確認されただけであり、面積は約 3.8 ㎡ほどである。小道遺構 F5JD1 はトレンチの中央西側、F5 - 2 と F5 － 3 の間に位置する。方位は北から西へ 5.5 度傾き、長さ 12m、幅 1.6m を測る。また、路面には長方塼が水平に敷かれる。F5L2 はトレンチの西南角、F5 － 3 と F5 － 4 の間に位置する。長さ 3.6m、幅 1.35 ～ 1.55m を測る。路面には塼と石板を敷きつめる。排水溝遺構 F5G1 はトレンチの中央西側、塼積みの F5JD1 と F5 － 3 の間に位置する。ほぼ南北方向に延び、長さ 11.3m、溝内の幅 0.23m、深さ 0.04m を測る。主に長方塼を積むことで造られる。

臨安府治は南宋の最高行政機関であり、京都一府九県の民政、司法、租税、治安などを統括していた。南宋が都を臨安に定めた後、鳳凰山東麓の元杭州州治を皇宮と改め、臨安城の西に位置した浄因寺址を基礎に臨安府治を創建した。百余年の間、特に淳祐年間と咸淳年間における 2 度の大規模な増築を経て、南宋末年には臨安府治内に数多くの機関が林立するようになり、その規模はかつてないほどのものとなった。また、臨安府学はこの地の官学であり、南宋臨安府の官営学校として「京学」の名で呼ばれた。紹興元年（1131年）に凌家橋西慧安寺をもとに創建され、その後次第に拡張されることで南宋末年には大成殿、養源堂、御書閣、先賢祠堂をはじめとした多くの建築が見られるに至る。南宋臨安府治と府学遺跡の発見は、宋代の官僚制度、杭州地方史、官式建築などの研究に重要な資料を提供したといえよう。

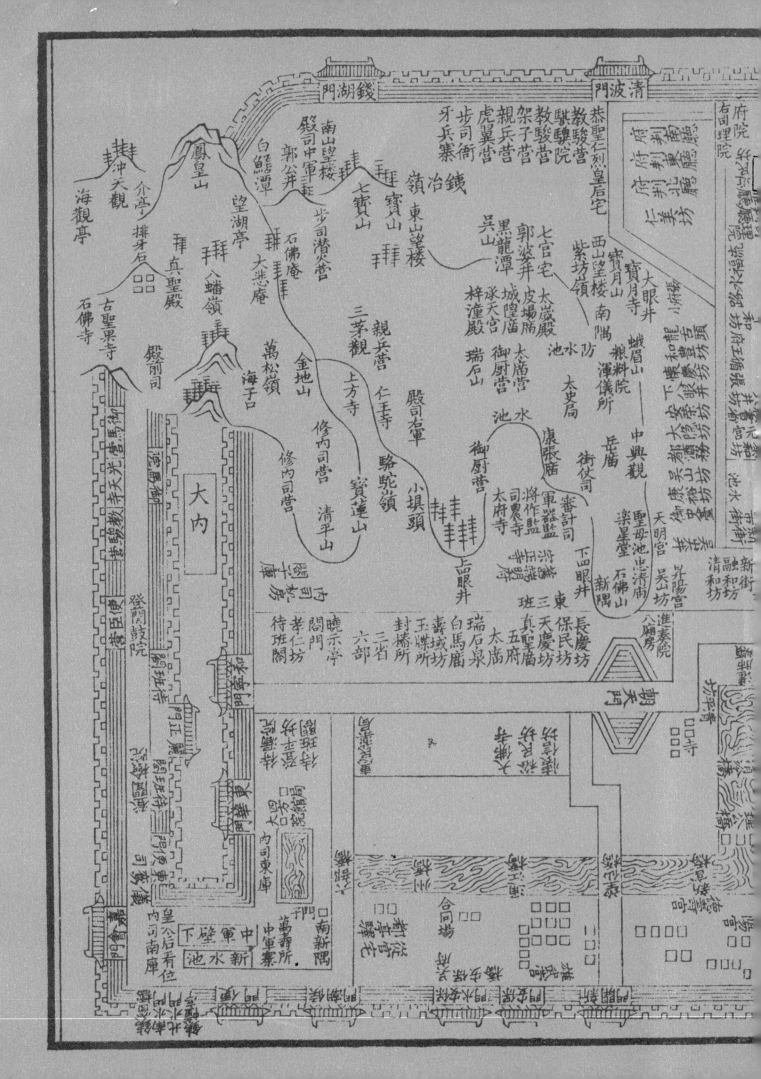